KB090300

가족학의 핵심개념

발행일 | 2013년 3월 5일 초판 발행

저자 | Jane Ribbens McCarthy, Rosalind Edwards
역자 | 전영주, 원성희, 황경란, 양무희, 배덕경, 송정숙, 이복숙, 정수빈
발행인 | 강학경
발행처 | (주)시그마프레스
편집 | 김경임
교정 · 교열 | 백주옥

등록번호 | 제10-2642호
주소 | 서울특별시 영등포구 양평로 22길 21 선유도코오롱디지털타워 A401~403호
전자우편 | sigma@spress.co.kr
홈페이지 | http://www.sigmapress.co.kr
전화 | (02)323-4845, (02)2062-5184~8
팩스 | (02)323-4197

ISBN | 978-89-97927-86-9

Key Concepts in **Family Studies**

English language edition published by SAGE Publications of London, Thousand Oaks, New Delhi, and Singapore, © Jane Ribbens McCarthy and Rosalind Edwards 2011

KOREAN language edition © 2013 by Sigma Press, Inc. published by arrangement with SAGE Publications Ltd.

＊책값은 책 뒤표지에 있습니다.

가족학의 핵심개념

Jane Ribbens McCarthy, Rosalind Edwards 지음

전영주, 원성희, 황경란, 양무희, 배덕경, 송정숙, 이복숙, 정수빈 옮김

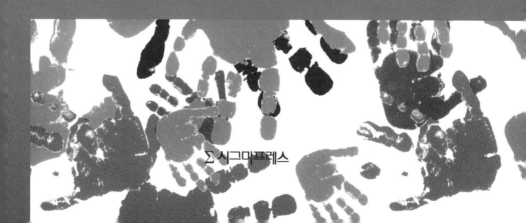

Σ 시그마프레스

차례

가족학의 핵심개념

역자 서문

이 책의 번역은 신라대학교 박사과정 대학원생들의 여름방학 세미나에서 시작되었습니다. 역자들은 아동 · 청소년 · 가족을 대상으로 현장에서 상담을 하고 있는 전문상담사들이며, 동시에 학문적으로 가족을 다루는 연구자들입니다. 이들 여덟 명의 역자가 각각 4~6개 절을 맡아 번역하였습니다.

　가족학의 핵심개념은 아동학의 핵심개념, 노년학의 핵심개념, 지역학의 핵심개념 등 '핵심개념' 시리즈 중 하나로 각 학제의 가장 본질적인 주제들과 개념에 대한 지식획득을 위해 집필되었습니다. 이 책은 기존의 가족학 도서들과 여러 면에서 다릅니다. 원서의 구조는 가족학의 토대가 되는 개념들을 알파벳 순서로 정리하고 있습니다. 저희 역자들도 원서의 구성을 따라 가나다순으로 각 장을 정리하였으나, 교정을 보는 과정에서 한국의 독자들에게 이러한 구성이 낯설다는 출판사의 의견을 받아들여 46개 절을 6개의 장, 즉 가족학의 핵심개념, 가족학의 이론적 접근, 가족과정,

가족관계, 가족과 개인, 가족과 사회로 묶게 되었습니다. 역자들이 구조화 한 이러한 방식이 이 책에 대한 원저자들의 의도를 훼손할 수 있으며, 독자 입장에서 자칫 여섯 개 범주가 작위적이라고 느낄 수도 있으나 역자들의 고민이 있었음에 대해 미리 양해를 구합니다.

　가족을 독립된 사회과학의 영역으로 인정하면서 시작된 학문이 '가족학 (family studies)'입니다. 이 책의 저자인 J. R. McCarthy와 R. Edwards 는 '가족'이 명사인지 형용사인지 동사인지, 복수인지 단수인지, 어떤 개 념들과 엮여있는지에 대해 끊임없이 상기시키면서 가족과 연결된 핵심적 개념들에 대해 논하고 있습니다. 특히 가족학이 순수한 학술적 의미에서 벗어나 종교와 정치, 특정 이데올로기의 추종자가 되었음을 상기시키며 이에 대한 경계를 잊지 않습니다. 이 책의 찾아보기는 본문 못지않은 비중 을 가지고 있으며, 독자들이 본문과 찾아보기를 오가며 여러 개념들을 씨 실과 날실처럼 엮어갈 수 있도록 구성되어 있습니다.

　이 책은 가족학에 입문하는 학부생이나 대학원생뿐만 아니라 가족학의 핵심개념을 살펴보고자 하는 가족사회학자, 가족심리학자, 가족복지전문 가 등에게도 유용한 지침서가 될 것입니다. 화요일 저녁마다 세미나실 열 쇠를 챙겨주고 커피를 준비해준 신라대학교 가족노인복지학과 정수연, 김 한정 조교 그리고 (주)시그마프레스의 관계자분들께 감사를 전합니다.

백양산에서

역자 대표 전영주

서론

가족학을 소개하며 – 이 책에 관하여

가족학은 광범위하면서 매력적인 분야이다. 이 책은 가족의 삶을 탐구할 때 사용되는 핵심개념에 대한 개요를 제공하고 이러한 개념들과 관련문헌에서의 논쟁에 대해 공정한 이정표를 제시하고자 한다. 학술적 관심분야로서 가족학은 정의하기 쉽지 않은데, 무엇보다 핵심용어인 '가족' 자체가 논란과 논쟁의 사안이기 때문이다.

'가족'이라는 단어의 의미가 일상적 삶, 정치적 논쟁, 그리고 전문적 실천 영역에서 일반적으로 분명해지고 있지만, 연구자들은 이 용어를 어떻게 사용할지, 또는 사용할지 말지에 대해 심사숙고하는 것 같다. 많은 학자들이 '가족(the family)'이 무엇을 의미하는가에 대해 신중한 태도를 취하는데, 이는 '가족'에 내재된 전형적 가족모델(이성애 부모, 부양자인 아버지와 주부인 어머니로 이루어진 핵가족)이 이 가족유형에서 벗어난 다양한 가족의 삶의 현실을 고려하지 못한 채, 이러한 가족에 대한 편견을 갖게 하거나 소외시킬 수 있기 때문이다. 가족학 내부에서도 이 딜레마에 대한 반응은 다양하다.

■ 어떤 연구자들은 거주, 혈연 및 혼인에 기반한 긴밀한 유대, 자녀돌봄 등과 같은 상호관련된 문제를 언급하는 현장에서 '가족(the family)'이라는 용어를 별 문제 없이 사용한다. 이런 방식으로 '가족'에 대해 이야기함으로써 다른 사회의 가족과 비교하거나 제도로서의 '가족'이 경제, 고용, 또는 교육체제와 같은 주요 사회제도와 어떻게 관련되어 있는지 검토하여 광범위한 유형과 구조에 대한 논의를 불러일으킬 수 있다. 존재 대상과 탐구대상으로서 '가족(the family)'의 개념을 규정하는 사회적 삶에 대해서도 의문이 제기된다. 유사하게, 정책 입안자들은 입법과 일반적 절차를 위해 '가족'이 무엇인지에 대한 명확한 모델이나 벤치마킹의 필요성을 느끼기도 한다.

■ 다른 방법은 복수형으로 '가족들(families)'이라는 용어를 사용하는 것이다. 이는 '가족(family)'으로 언급되는 생활방식의 다양성과 관계를 인정하면서 가족학에서 광범위하게 수용되는 방식을 제공할 수 있다.

■ 다른 해법은 '가족'이라는 용어를 '가족의 삶(family lives)'이라는 의미인 형용사나 '가족생활을 하다(doing family)'라는 의미의 동사로 사용하는 것이다(Morgan, D. H. J., 2003). 이는 가족이 우리가 이름 붙일 수 있는 대상인 명사라는 생각에서 벗어나, 광범위한 경험의 다양성과 삶의 다른 측면에 적용될 수 있는 기술적 용어임을 제안하는 것이다.

■ 그러나 또 다른 접근은 용어에 대해 자세히 파고드는 것(예컨대 '가족'이라는 용어가 어떻게 사용되며 어떤 맥락에서 사용되는지)이 새로운 의문의 근원이 되어 어려움을 야기할 수 있다고 본다. 여러 실증적 연구들이 이런 작업을 추적해왔다(개관을 위해 Ribbens McCarthy, 2008 참조). 이런 사고방식은 '가족'이 가정환경에서뿐만 아니라 모든 종류의 사회적 환경에서 발견될 수 있다는 가능성을 열어준다.

■ 어떤 저자들은 가족이라는 개념이 지나치게 제한적이거나 정치적으로

격론을 일으키는 것으로 보고, '친밀감'이나 다른 관계/경험과 함께 사는 하나의 유형, 그리고 '개인적 삶(personal life)'과 같은 관념과 관련된 광범위한 용어들을 포괄적으로 사용하는 것을 선호하기도 한다.

학문의 영역으로 가족학은 다른 나라보다 미국에서 좀더 광범위하게 인식되었고, 학술적으로 체계화되었으며, 주요 (가족학) 개론서가 많이 발간되었다(Boss et al., 2009; Coleman and Ganong, 2004; Collins and Coltrane, 2001; Lloyd et al., 2009). 이는 다른 나라에서는 가족학 분야가 독자적 학문영역으로 인식되지 못하고 있다는 의미가 아니다. 강조점의 차이는 있을지라도 전 세계 여러 사회의 학계에서 가족학과 관련된 중요한 업적이 만들어지고 있다.

'가족'이라는 용어를 이론화하는 것과 그것이 어떻게 이용될 수 있는지에 대해 가족학은 다음과 같은 상호연관된 주제들을 일반적으로 다루고 있다.

- 배우자 선택과 출산
- 가구형성과 인구학적 추세
- 자원과 대비자금을 포함하는 일상생활의 조직과 의사결정
- 부모됨과 다른 형태의 돌봄
- 다양한 차원의 연령, 세대, 성별, 성의 맥락에서의 친밀한 관계와 역동
- 친족과 공동체 관계
- 가정생활과 다른 사회적 삶의 영역(예 : 교육, 보건, 고용 등)과의 상호관계
- 사회정책의 측면, 이러한 주제와 관련된 법률과 전문적 실천
- 다양성, 불평등, 비교문화 및 글로벌 문제들

마지막 테마는 위의 주제들과 같은 개념을 전지구적 맥락, 또는 다른 사

회적·역사적 맥락에 적용함으로써 어떻게 연구될 수 있는지, 한 발 더 나아간 질문을 제기하고 있다. 이는 비교학적·인류학적·역사적 관점에서의 연구 필요성을 지적한다. 가족학에 기여하는 핵심적 학제는 사회학, 심리학, 인구학, 사회지리학, 법학, 경제학 등이며, 정치학과 종교학 역시 관련 영역이라 할 수 있다(Karraker and Grochowski, 2006). 그러나 각 학제는 독자적 개념을 가지고 있고, 같은 용어를 사용하고 있는 것처럼 보이는 경우에도 동일한 의미를 일컫는 것이 아닐 수 있다. 진정한 다학제성이란 항상 동일한 의미를 말하는 것은 아니며, 그것이 항상 바람직한 것도 아니다. 더 나아가 타 학문영역은 '가족'이 의미하는 바와 이론화되는 방식에 대해 다른 접근을 할 수 있다. 예를 들어 심리학의 초점은 일반적으로 '가족'으로 인식되는 광범위한 관계망보다 2인 관계(dyad, 모자관계나 형제자매관계 등)에 집중한다.

실로 이 책의 저자들처럼 우리의 주 학제가 사회학 및 사회정책이며, 우리의 이론적·경험적 지향점이 '가족'이 사람들의 일상적 삶 속에서 어떻게 이해되는지(예컨대 자녀돌봄과 관련하여 부모가 자신들의 일상생활의 실천을 어떻게 이해하는지)를 탐구하는 데 있음을 설명하는 것은 중요하다. 또한 우리의 작업은 수년간 광범위하게 여성주의 관점을 취해왔다. 우리는 여성주의 접근과 가족학 분야의 고리가 이 분야에 활력을 불어넣고 이전에는 사회과학의 바깥에 있었던 새로운 질문을 여는 데 결정적이라는 것을 알게 되었다. 실로 최근 '여성주의 및 가족학으로부터 여성주의 가족학으로 진행 중인 전이기'에서 여성주의 가족학자들은 대단한 진보를 이루었으며, 여성주의자들의 공헌 없이 가족학이 형성되었다는 것은 상상할 수 없는 일이 되었다(Allen, 2009: 3-4, 원본 강조). 가족의 삶에 대해 더 넓은 대화와 깊은 이해를 발전시키기 위한 프로젝트로서 우리의 집필 작업은 대부분의 사회과학 학문영역을 가까이하고 교류하며 다학제적 관점을 가능한 많이 끌어들였다.

가족학의 필수적인 측면은 지식토대를 확증하는 연구방법을 고려하는 것이다. 연구방법은 이 책의 직접적 실체로 다루어지지는 않았지만 분명히 전반적으로 관련되어 있다. 연구방법에 대해 더 자세히 알고자 하는 사람은 사회과학의 핵심개념(*Key Concepts in Social Research*)을 참고하기 바란다(Payne and Payne, 2004). 가족학에서 연구방법을 특별히 다룬 교재로는 Mason(2002), Ribbens and Edwards(1998), Greenstein (2006) 등이 있으며, 또한 독자들은 영국 경제사회연구위원회(UK Economic and Social Research Council)의 전국연구방법센터 (National Centre for Research Methods) 소속의 'Real Lives' 웹사이트(http://www.reallifemethods.ac.uk), 미국 미네소타대학교 가족연구의 양적 방법을 위한 온라인 출처(http://blog.lib.umn.edu/vonko002/ research) 등을 탐색하면 좋을 것이다. 다시 말하지만 학제 간에는 인과성 이론과 설명의 차이뿐만 아니라 다양한 연구방법 활용에 대한 전통의 차이가 존재한다. 예를 들어, 심리학의 어떤 분파에서는 인과적 연관성을 입증하기 위해 임의적 통제실험을 특별히 중요하게 간주한다. 조사나 질문지, 대규모 자료에 대한 통계적 분석 등과 같은 양적 방법은 어떤 맥락에서는 특별히 탁월하지만, 내러티브 접근, 생애사 면접, 민속학과 같은 질적 방법 역시 현재 가족학에서 중요하며 확고한 연구방법으로 자리잡았다. 질적 방법과 양적 방법에서 모두 가족의 삶이 시간에 따라 어떻게 변화되는지를 탐구하기 위한 종단적 또는 회고적 설계를 사용할 수 있다. 또한 많은 가족학자들이 자신의 가족의 삶에 대한 성찰적 이해와 함께 일의 중요성을 강조하며, 그것이 연구접근 및 결과물과 어떻게 관련되는지 고려한다(Allen, 2000; Ribbens and Edwards, 1998).

가족학의 다른 측면으로 학제에 따라 분석의 '수준'과 맥락, 그리고 여러 유형의 결론을 일반화하는 수준 등이 다를 수 있다. 심지어 사회학 내에서도 어떤 가족학자들은 제도로서의 가족이 사회 내 또는 사회 간에 어떻게 조직화되는지와 같이 광범위한 일반화 수준에서 작업을 한다. 반면, 어떤 학자들은 좀더 정교한 일상의 삶의 경험과 이런 경험이 참여자들에 의해 어떻게 이해되는지, 그리고 사람들이 처한 환경과 지역에서의 기회와 제약이 그들의 경험을 어떻게 형성하는지에 관해 연구한다. 가족학의 관심 중 일부는 정확하게 다른 유형의 분석에 걸쳐있을 수 있으며, 이로 인해 다른 수준들끼리 어떻게 연결될 수 있는지에 대한 질문이 제기될 수 있다. 실로 가족은 종종 개인 및 소집단, 더 넓은 사회유형과의 연결 방식을 보여주는 핵심 특징을 갖는다. 따라서 가족학은 넓은 범위의 이슈들도 다루는데, 예컨대 개인적 경험과 친밀한 관계의 복잡성, 심리내적 삶, 국제경제 체제가 글로벌유형의 이주와 관련된 방식, 고용과 돌봄, 특정 지역에서의 개별 부모와 자녀의 삶의 관계, 가족유대와 관련된 국가 및 국제적 법률체제의 시민권리에 대한 규정방식 등이 그런 주제들이다. 이러한 이유로 가족학을 공부한다는 것은 복합적이면서 매력적이다.

평가, 모호성, 실천적 개입

'가족'이라는 용어는 정치적 미사나 학계에서 사용되는 전문용어에서뿐만 아니라 사람들의 정서에서도 강력한 특징을 갖는다(Ribbens McCarthy, 2010). 가족이라는 용어에 대한 애착은 어떤 저자들이 묘사하듯이 '판타지'로서의 '가족'(Mackinnon, 2006)이나 '욕망의 대상'(Walkover, 1992)과 같은 깊은 욕구와 갈망을 불러일으킬 수 있다. 그럼에도 불구하고 가족은 국가에 의해 강력하게 제도화되어 있으며(Bourdieu, 1996), 정치인들이 이데올로기적으로 조작하는 대상(Bernades, 1985)이기 때문에 '근거가 충분한 환상'으로 간주될 수 있다. 실로 많은 사회에서 가족학은 이데올로기의 협력자로 굴복한 학문분야이기도 하다(Zvinklienne, 1996).

가족학자들이 사랑과 미움, 관용과 이타, 폭력과 학대까지 다채로운 범위를 포괄하는 가족의 삶과 관계의 정서적 특성들을 적절하게 다루는 것은 어려운 일이다. 이러한 어려움 중 일부는 권력과 사랑, 또는 돌봄과 억압과 같은 이슈를 둘러싼 뿌리 깊은 역설과 관련되는데, 실제 가족경험은 애매하고 가변적이며 관련된 감정이 매우 양가적이다. 예컨대 요리(cooking)라는 동일한 행위가 어떤 경우에는(또는 한 순간에) 타인을 돌보는 표현으로 느껴질 수 있으나, 다른 경우에는 사회적 여가활동의 형태가 될 수 있고, 또 다른 경우에는 노동의 착취 형태로 느껴질 수 있다.

이러한 이슈들은 또한 가족과 함께 일하는 사회복지사, 보건전문가, 공공보건사, 교육자, 인적자원전문가와 같은 전문가들에게 중요하다. 학문분야로서의 가족학이 어떻게 전문적 개입 및 정책결정과 관련되는지에 대한 중요한 질문들이 제기된다. 1920년대 이래 어떤 사람들은 학문분야로서 가족학이 가족관계 이해를 통해 가족의 삶과 사회의 질에 기여해야 한다고 옹호해왔다(Karraker and Grochowski, 2006). 그러나 이 관계(가족학과 정책 간의)가 얼마나 가까운지에 따라 관점도 다양하다. 예컨대 가족학자들과 가족전문가들이 협력자로 행동해야 하는가? 또는 학문이 너무 가까운 관계와 타협했는가? 많은 부분이 특정 연구 프로젝트의 목적에 달려있을 것이다. 이러한 질문들과 엮여있는 문제(앞서 제기된)는 연구자와 전문가들이 가족의 삶에 관한 개인적 경험과 감정을 어떻게 다루느냐는 것이다.

어떤 가족연구자들은 마치 학문이 가족의 삶과 관계를 외부에서 바라보는 것이 가능한 것처럼 명확한 용어로 가족의 삶과 관계를 기술하려 한다. 이는 우리가 이 책의 논의를 통해 여러 차례 설명했듯이, 타인의 삶의 경험에 대해 연구자의 내재적 평가와 가치판단을 부과할 위험을 가진다. 가족의 삶은 사람들에게 도덕적 정체성을 위태롭게 느끼게 하는 영역일 수 있고 아마도 점점 더 그러할 것이다. 따라서 그들의 도덕적 기준에 도전하는 잠재적 위협에 대해 방어의 필요성을 느낄 수도 있다. 심지어 가족학자들이 그들의 용어로 평가하지 않고 가족원의 경험을 이해하고자 노력할지라도, 사용되는 개념들은 온갖 내재된 가정과 판단을 무의식적으로 전달할 수 있다. 예컨대 '역기능적 가족', '건강가족', '아동의 발달적 욕구'와 같

7

은 용어들은 언뜻 객관적으로 보일 수 있으나, 실제로는 특정 문화적 가정에 근거한 가치판단에 의해 떠받쳐지고 있는 용어들이다. 이 책에서 우리는 이러한 가정을 무장해제하였다.

이는 가족학자와 전문가가 그들이 속한 문화적 맥락에서 모든 가족현장과 유형들을 똑같이 타당한 것으로 다루는 '상대주의 입장'을 취해야 한다는 주장은 아니다(Hollinger, 2007). 오히려 연구자와 실천가들이 어떻게, 언제, 특정 가치의 입장에 서게 되는지 분명히 할 필요가 있다는 말이다. 가족원과 어려운 개입을 결정하는 전문가들은 이것을 불편한 입장이라 생각할 수 있다. 그럼에도 불구하고 이것은 개념과 이론에 신중한 주의를 기울이도록 하는 정중하며 현실적인 접근이다. 우리는 이 책이 그러한 노력에 기여하기를 바란다.

개념의 선택과 조직

이 책은 가족학의 핵심개념들이 이해되는 방식과 관련된 주요 논쟁을 열거하였다. 가족을 연구하면서 겪게 되는 어려움 중 하나는 주제들이 너무 '친숙'해서 일반적인 사회적 대화에서 가족학 용어와 기초 이슈들을 너무 평범하게, 문제의식 없이 다룬다는 것이다. 이 책을 통해 우리는 이러한 용어들이 친숙하다는 기본 가정을 내려놓고, 이 용어들의 의미 안에 얼마나 많은 가변성이 담겨있는지를 분명히 함으로써 이 친숙한 용어들을 낯설게 만들고자 노력하였다. 가족관계는 '자연스러운' 것이며 '항상 그러했던' 방식 중 하나로 여겨져 왔기 때문에, 이 작업(친숙한 용어들을 낯설게 만드는)의 많은 부분은 알아차리기 어려울 수 있다. 실로 가족학의 역사는 가족의 삶이 '자연스러운' 것이 아니며, 어느 정도 '사회' 밖에 있고, 매우 사회적이며 정치적인 관심사와 연결되어 있다고 주장하는 여성주의 논쟁에 의해 형태를 갖추어왔다. 너무 많은 이슈들이 밀접하게 연관되어 있기 때문에, 이 책에서 어느 개념을 우선으로 다루어야 할지 결정하는 것은 어려운 작업이었다. 이 문제를 다루기 위해 우리는 연결된 용어나 하위개념 군집을 규정하고 그들을 하나의 주요 핵심개념 아래 제시하였다. 그런 용어들은 그 제목 안의 논의에서 **굵게** 표시하였다. **굵게 표시된 하위개념**들은 책의 마지막에 실린 찾아보기로 이용하여 다양한 장들에 걸쳐서 추적할 수 있다. 동시에 주요 핵심개념 간에서도 많은 교차적 연결점(cross-cutting link)이 존재하며, 대부분의 의미 있는 개념들은 각 장의 마지막에 교차참고문헌(cross-reference)에 실려 있다.

가족학에서 어떤 개념이 핵심인지 선택하는 어려움과 더불어, 우리의 주요 핵심개념에 포함되지 않은 중요한 아이디어나 테마가 있다. 여기에는 몇 가지 이유가 있다.

- 이 특정 책 안에 우리가 원하는 모든 개념을 다 포함할 수는 없었다. [그러나 독자들은 가족과 일·가정 균형에 대해 Crompton et al., 2010; Kamerman and Moss(2009); S. Lewis et al.(2009)을 참고할 수 있고, 가족과 교육에 대해 Crozier and Reay(2005), Lareau(2003)을 참고할 수 있으며, 가족과 건강에 대해 Bianchi et al.(2005)과 Broome et al.(1998) 등을 참고할 수 있다.]
- 어떤 용어들은 가족 삶의 많은 측면에서 반복되는 주제라는 이유로 핵심개념에 포함되지 않았다. 예를 들어 **시간**이라든지, **일, 소비자운동, 음식, 돈** 등은 가족경험의 모든 방식에서 주요 속성이며, 그 자체로 학문연구의 한 분야이다(Morgan, D. H. J., 1996 참조). 이런 용어들은 이 책에서 관련 장으로 제시되지 않았지만 독자들은 찾아보기를 통해 찾아볼 수 있다.
- 어떤 용어들은 가족학과 관련 연구 분야의 경계에 있는데, 예를 들어 사회적 맥락에서의 개인적 경험에 관한 연구에서 핵심개념인 **자기, 주관성, 정체성, 정서, 심리사회적** 등이 그러하다. 독자들은 이러한 용어들을 하위개념 참고문헌에서 찾아볼 수 있다.

앞에서도 주목했듯이 다른 국가적·문화적 맥락은 가족과 가족의 삶의 의의와 의미를 이해하는 데 중요하다. 우리는 전 세계에서 영어를 사용하는 선진사회(예컨대, 영국, 미국, 캐나다, 오스트레일리아, 뉴질랜드 등)와 더불어 유럽대륙의 국가들을 언급하는 주요 방식으로 '유럽과 신세계'(Therborn, 2004에서 가져옴)라고 표현한다. 또한 우리는 가끔씩 반복을 피하기 위해 친숙한 용어인 '서구의' 또는 '서구화된'을 대안으로 사용한다.

이 책을 활용하는 방법

이 책을 가장 잘 활용할 수 있는 방법은 목차에서 출발하는 것이다. 독자 여러분의 목적에 따라 특정 핵심개념의 장을 찾아봄으로써 필요로 하는 내용을 제공받을 수 있다.

차례에서 원하는 것을 찾지 못한다면 찾아보기로 가서 관심 용어가 그곳에 있는지 살펴보고, 다음에 핵심개념 장에 그것이 있는지 따라가 본다.

만일 다른 핵심개념과 교차하여 용어와 다른 내용 사이의 연결을 추적하고 싶다면, 각 장 마지막에 있는 교차참고문헌을 따라가면 찾아보기의 굵은 글씨체의 하위개념을 찾을 수 있고 다른 장의 어디에 위치하는지 알 수 있다.

하위개념이 항상 명시적으로 정의되는 것은 아니며, 다양한 장에서 어느 정도 다른 방식으로 사용될 수 있다. 그러나 의미는 논의의 맥락으로부터 이해될 수 있어야 하며, 또는 개념이 사용된 주요 장의 말미에 있는 관련문헌을 읽어볼 수 있다.

각 주요 장의 마지막에는 관련문헌을 추천하였다. 이 문헌들은 보다 심층적인 논의를 제공할 것이다. 가족학은 매우 역동적인 분야이며 따라서 특정 주제나 문제를 심층적으로 연구하려면 최근의 학술지와 저서를 읽어보는 것이 좋을 것이다.

독자 여러분들이 가족학의 탐험을 즐기시기 바란다.

제1장

가족학의
핵심개념

1
가정

정의

가정(home)은 물리적 공간이며 특히 가족이라는 관점에서 볼 때 친밀감, 안착, 소속, 결속, 안정 그리고 사생활과 같은 친족 관계에서의 사회적·정서적 이상을 전하는 곳이다.

논의

유럽과 신세계 사회에서 '가정'이라는 개념은 물리적이고 공간적인 장소로 인식되지만, 이보다 더 큰 의미가 있다. 가정은 가족구성원이 누구이며 다른 사람과의 관계에 대해 사람들이 이해할 수 있도록 정보를 제공해주는 상징이거나 개념적 또는 해석적 구성이다(Dawson and Rapport, 1998). Cieraad(1999: 11)는 가정을 **가사공간의 정서화**'라고 기술한다. 친족가구가 살고 있는 곳인 가정은 가족의 일원으로 자신을 생각하는 사람들의 물리적이며 정서적인 장소가 될 수 있다. '가족'과 '가정'이라는 용

13

어는 연대감과 **소속감**을 상징하면서 종종 서로 동의어로 사용되며 본질적으로 연결된다. 예를 들어, 자신의 집에 살고 있는 성인 자녀가 부모를 방문하는 것을 '집에 가는 것'이라 표현하고, '해체가정'이라는 단어는 **이혼** 혹은 별거 중인 가족을 나타낸다. 반대로 가족집단은 동거동재할 수는 있지만, 동거동재한다고 해서 가정이 되는 것은 아니다(숙식편의를 제공하는 곳의 경우). 이 관점에서 볼 때, 가정이란 특정한 장소를 '가정'이라 부르며 집단공동체로 살아가는 사람들(예를 들어, 자메이카사람/자메이카, 런던사람/런던), 그리고 '가정을 떠나 가정'을 만든 결혼이민자들의 **정체성**을 구성할 수 있다.

산업화과정은 가구와 같은 가정에서 일터의 분리를 야기하였으며, 서구뿐만 아니라 중국과 남아시아에도 확산되었다(Thornton and Fricke, 1987). 적어도 유럽과 신세계에서 이것은 경쟁적인 공적 세계로부터의 피난처나 안식처로서, 가족과 개인적인 삶을 위해 주요한 물리적이고 정서적인 환경으로 가정을 조망하도록 하였다. 나아가 가정은 출생지, 마을 혹은 지역을 가리키는 의미에서 가족이 거주하는 집으로 의미가 변화하고 있다(Janeway, 1971). 그럼에도 불구하고 일부 가족에게 가정은, 가족이 운영하는 호텔 혹은 유급 재택근무를 하는 일터일 수 있다. 이러한 예는 특정한 시기에 어떤 집단의 신념과 이상을 통해 가정을 안식처로 이해하는 것이 어느 정도 구성될 수 있음을 강조한다. 예를 들어, 노동자계층의 가족에게 가정은 휴식처라기보다 소득발생의 원천이었으며, 역사적으로 많은 기능을 하였다(Hareven, 1993). 지금까지 유럽과 신세계 사회 이외의 가구나 조상의 의미를 다룬 것과는 대조적으로 주류 문헌에서 가족과 관련해 비서구에서 '가정'의 문화적 의미는 거의 다루지 않았다.

앞에서 언급한 대로, 가정에서 제조업의 쇠락은 가정에서 일어나는 **사생활**에 대한 규범적 관념과 관련된다. 현대 북유럽 사회의 사생활은 자신의 가구에서 독립적인 가족생활을 통해 형성되었다. 부모 집을 떠나서 자신의 보금자리로 향하는 것은 **성인기**의 **자율성**과 독립을 달성하는 상징적 표시이다. 가정에서의 가족 삶을 일컫는 사생활의 개념은 생활방식과 혈통의 비밀과 같은 사회적이고 정서적인 **의미**가 가려질 수 있으며, 또한 연구자가 가정생활에 대해 사실적으로 묘사하고 접근하기 어렵다는 것을 의미한다. 사생활이 국가의 간섭으로부터 가정과 가족생활을 보호하는 점과 반대로, 가정은 보호 자원으로부터 멀어져 '닫힌 문 뒤에서' 학대와 **폭력**의 장소가 될 수 있다는 불리한 점에 대해 관심을 가진다.

가정은 **성별**과 **세대**에 따라 가족원에게 다른 것을 의미할 수 있다. 예를 들어, 가족 공간인 가정의 생성과 유지는 **남편**과 아이들을 위한 여성의 무임금 **전업주부** 노동과 관련되므로 가정은 사회와 문화 영역에서 압력과 잠재적 **불평등**, 성별화된 노동이 일어나는 장소이다(Low and Lawrence-Zúñiga, 2003). 여성은 가정의 겉모습에 특히 책임을 느낄 수 있다. 그러나 가정생활이라는 일상 경험을 하는 곳인 가정의 표면적이고 실제적인 특성은 에너지, **자원**, **시간**과 **정서**가 관리되어야 한다고 기대한다. 이 노력은 20세기 중반부터 남성이 보다 가정 중심적으로 되어왔음에도 불구하고, 전통적으로 여성의 영역이며 책임이었다.

공동으로 **식사**하기, 노동분업 등과 같은 가족원의 활동을 통해 가정의 물질적 · 정서적 관념은 형성된다. 이 관점에서 볼 때 가정생활의 일상성은 어떤 가족원이 다른 가족원에 대한 권력의 행사를 포함하며 동시에 연대감을 만들어내기도 한다. 나아가 가정의 조직과 환경은 가정에 거주하는 가족의 상태에 대한 명백한 징후로 작용할 수 있다. **복지국가** 사회에서 사회복지사 또는 방문간호사와 같은 사회복지 전문가는 가족생활과 관계의 반영으로 청결함이나 초라함 등을 해석할 수 있다.

사회의 어떤 집단은 다른 집단보다 가족가정을 형성하기 더욱 쉽다. 소외된 가족은 복지 전문가로부터 가능한 감독과 개입에 직면했을 때 사적인 가정생활을 유지하는 것이 어렵다는 것을 깨닫게 된다. 성별화된 억압의 장소라기보다 적대적인 세상으로부터의 안식처와 같은 가정의 개념은 유럽과 아메리카의 소수 **민족** 어머니와 아이들 그리고 **노동자계층**에게 특히 중요하다(예 : Gillies, 2007; Hooks, 1991). 아동도 역시 **스쿨링**의 요구로부터 벗어나 가족 공간으로 분리되어 있는 가정을 원할 수 있다(Edwards and Alldred, 2000). 나아가 가족가정은 여성이 창조성과 권력을 경험할 수 있는 공간일 뿐만 아니라 노동의 장소도 될 수 있기 때문에, 여성에게 가정은 복잡하고 모호한 감정을 경험하는 곳일 수 있다. 더욱이 가정에서 여성의 일은 중요한 책임을 지는 반면에, 중요한 상징적 의미뿐만 아니라 물질적 의의를 전달할 수 있다(Martin, 1984). 남성과 여성은 가정 내의 지배적인 성별 활동에 도전하여 가사에 대한 **책임감**을 공유하거나 바꾸기도 하지만(예 : Van Every, 1995), 그럼에도 불구하고 가정은 가족원 사이의 돌봄이 일어나는 가장 적절한 곳으로 계속 간주되어 왔다.

가족 돌봄을 수행하는 규범적인 장소로서 가정은 돌봄을 담당하는 가족원뿐만 아니라 돌봄을 받는 쪽에도 영향력을 가지고 있다. 아동기 연구에서 가정은 논쟁적으로 토의되는데 유럽과 신세계 사회의 아동기는 점차 육체적이고 이념적으로 가정에서 길들여왔다. 아동은 가정에서 많은 시간을 실제로 보내야 할 뿐만 아니라, '가정에서 혼자' 지내기보다 부모의 돌봄 아래 학교 이외의 시간을 보내야 하는 '적절한' 장소로서 가정이 인식되어야 한다는 의견도 있다. 어떤 아동은 이혼이나 별거 후의 **생물학적 부모**와 자녀의 관계유지 및 공유된 돌봄의 중요성이 강조됨에 따라 두 가정에서 시간을 보내기도 한다. 일부 취업한 어머니들은 특히 어린 아동의 **보육**을 위해 가정이 최적의 장소라는 것에 영향을 받아 아동을 위해 가정스타일의 환경을 모방한 보육시설을 선호한다. 아동과 가족가정 사이의 규범적인 연계는 노숙 아동의 연구를 뒷받침해준다. 노인을 위한 집단적 거주 돌봄도 하나의 가정인 것처럼, 국가보육으로 아동을 돌보기 위한 거주용 시설도 하나의 가정으로 간주된다.

요약

가정은 물리적인 공간일 뿐만 아니라, 자신이 누구이며 자신의 가족관계에 대한 사람들의 의식과 관련된 사회적·정서적 의미를 전한다. 산업화는 작업장과 공적 세계의 여러 측면으로부터 가정이 분리되도록 촉진하였다. 유럽과 신세계 사회에서는 이러한 분리가 특히 성적 불평등과 사생활의 규범적인 개념에 대해 여러 가지 결과를 초래하였다. 공간적 구조와 반복적인 가정생활은 불평등을 통해서 그들이 단절되는 것과 동시에 가족의 유대감을 느끼도록 만든다고 한다. 어떤 사회적 집단은 다른 집단보다 가족가정을 쉽게 형성한다. 또한 가정은 아동이 학교에 있지 않을 때 있어야 할 장소로 간주해야 한다는 주장이 점차 증가하고 있다.

관련문헌

유럽과 신세계 사회와 관련해서 Mallett(2004)에서는 훈육의 범위에 대한 가정에서의 언어를 검토한다. David H. J. Morgan(1996)에서는 가족가정의 공간적 위치와 관련하여 해석상의 문제를 제기한다.

관련개념 아동기/아동; 노동분업; 가구; 공과 사

2
가구

정의

가구(household)란 가족이 될 수도 있고 그렇지 않을 수도 있는 개인이나 사회적 집단을 포함하는 물리적 구조이다. 보통 가족은 같은 지붕 아래서 잠을 자고 여러 가지 가사활동을 나누며 함께 지낸다. 따라서 가구의 개념은 일상적이고 실질적 삶의 형태에 직접적 관심을 둔다.

논의

흔히 '가구'란 용어는 사람들에게 집이나 쉼터를 제공하는 물리적 구조를 의미한다. 또한 가구는 일반적으로 집의 개념과 가족이 생활하는 장소와 관련되어 있다고 생각된다. 그러나 '가족'과 '가구'의 개념은 각각 상이한 개념과 분석상의 문제를 가지고 있다. 오늘날 영국과 미국에서, 대다수의 가구는 같이 살고 있는 가족구성원으로 이루어지며 상식적으로 '가족'과 '가구'는 같은 의미로 여겨진다. 그럼에도 불구하고 두 용어는 개념적으로

서로 다른 실재 또는 과정에 관한 것이며 별개의 것이다. 예를 들어, 한 가구는 한 개인으로 구성될 수 있다. 개인은 가족과 함께 **거주**하지 않더라도 다른 지역에 살고 있는 가족과 여전히 관계를 유지하며 살아간다. 실제로 **'독신생활'**, 다시 말해 단독가구는 최근 수십 년 동안 미국과 영국을 포함한 부유한 사회에서 두드러지게 증가하였다. 그러나 미국의 국가**조사**에서는 가족과 가구를 하나로 연결한 '가족-가구'라는 특별한 범주를 사용하고 있다. 이 용어는 오직 **혈연**, **결혼** 혹은 **입양**으로 맺어져서 함께 살고있는 사람들을 의미하는 것으로, 동거하는 커플은 가족-가구의 범주에서 제외된다.

가족과 가구를 연결하는 방식에 대한 의문은 제쳐두고라도, 혈연, 결혼, 입양에 의해 맺어지지 않은 사람들이 살고 있는 공동주거의 경우, 이것을 한 가구 또는 여러 가구로 어떻게 결정할 것인가에 대한 의문이 제기된다. 예를 들어, 한 주택에 여러 명의 학생이 살고 있는 환경에서는 조리된 **음식**과 **가사**, 생활비 분담과 같은 여러 가지 가사활동의 공유는 가구를 규정하는 적절한 규준으로 사용되어 오고 있다. 가구수준을 기준으로 연구자료가 수집되므로, 같은 주소지에 사는 사람들 간의 관계를 분명히 할 필요가 있다. 과거에는 논쟁의 여지가 많은 개념인 **'가구주'**에 초점을 두었는데 남편이나 남성파트너가 가구주라고 당연시 하였다. 최근 가장 일반적인 연구전략은 '가장'이라는 개념대신 **세대주** 또는 주택을 소유하거나 임대한 주택소유자를 확인하는 것이다(Thomas, 1999).

가구가 가족과 중복되든 또는 그렇지 않든, 가구는 연관된 사회집단의 특징, 형태, 크기, 그리고 그들이 일상생활을 구성하는 방식, 또한 그들이 거주하는 생활공간의 구조와 **경계**에 따라 상당히 다양할 수 있다. 가구는 사람들이 일상생활방식을 바꾸고 가족, 친족집단, 공동거주지를 전입·전출하는 것에 따라 유동적이다. 이것은 가구를 구성하는 것들이 시간과 맥락에 따라 변한다는 것을 의미하는 것이며 또한 다음과 같은 의문을 갖게 한다. 한 가구로 인정받으려면 어느 정도의 가사활동을 분담해야 하는가?

또는 한 가구의 구성원이 되려면 가구 내에서 얼마나 자주 잠을 자야 하는 가? 예를 들어, 부모가 이혼 또는 별거를 하여 주중에는 어머니와 주말에는 아버지와 사는 아이들은 두 가구의 구성원인가? 또한 공식적으로 가구를 정의하는 것은 시대에 따라 변한다(예 : Celsius, 2010). 그러나 유럽 국가들뿐만 아니라 한 국가 내에서도 인구조사를 할 때 가구를 다양하게 정의하므로 비교연구가 어렵다.

앞에서 언급한 바와 같이, 또 다른 이슈는 가구와 집의 개념이 겹치는 정도에 관한 것이다. 예를 들어, 만족스럽지 못한 주거 시설에서 살고 있는 사람은 거처는 있지만 집으로 여길만한 공간에서 살고 있다는 느낌을 가지지 않을 것이다. 대부분의 유럽과 신세계 사회에서는, 가족가구에서 벗어나 '자신 소유의 집'에서 거주하는 것을 **자율성**과 바람직한 목표를 달성한 것으로 본다. 커플, 부모와 자녀들은 자신만의 가구를 소유하고 있을 것이라고 일반적으로 생각한다. 하지만 예를 들어 20세기 중반 영국의 경우, 젊은 **노동자계층**의 부부가 본가나 처가의 부모님과 같이 사는 것은 비록 그 기간이 결혼 후 약 1년 남짓이었기는 하였지만 꽤 일반적 현상이었다(Gittins, 1989). 커플돔과 가족이 한 가구라고 보는 단순한 방식에 도전하는 것으로 **따로 또 같이 삶(LAT족)**[1]이 있다.

또한 인류학 연구들은 전 세계 여러 나라의 문화에 따라 가구를 정의하는 방식이 다양함을 밝히고 있다. 예를 들어, Mead(1971)의 연구는 사모아에서 아이들이 어떻게 자신이 살고 싶은 가구를 선택하는지 보여주었다. 한편 다른 사회와 시대에서는 사람들이 지금과 같이 구획이 그어진 단독가구에서 생활한 것이 아니라 복합주택단지 또는 보호구역 안에서 군집으로 함께 생활하기도 하였다. 가구, 집, 경제활동 간의 경계를 구분하는 것이 가구가 집인 동시에 일터가 되는 농업경제에서는 모호해질 수 있다.

따라서 어떤 문화에서는 가족과 가구 사이의 겹쳐지는 부분이 **핵가족**인

---

1) 따로 또 같이 삶(LAT족): '떨어져 살면서, 그러나 때로는 함께하기'를 의미하며, LAT족은 가급적 바로 이웃하거나 가까운 곳에 자그마한 스튜디오(독신자용 원룸 아파트)를 얻는다. -역자 주

데 반하여, 다른 문화에서는 겹쳐지는 부분이 가구와 **확대가족** 또는 다른 형태의 친족집단인 경우가 더 일반적일 수 있다. 인류학자들은 전통적으로 가구의 형태를 형성하는 **가계**패턴을 연구하는데, 특히 가구가 남성 혈통 또는 여성 혈통 중에서 어떤 혈통을 중심으로 형성되었는지를 분석한다. 이러한 가구 구조는 한 사회의 문화적 원칙과 사회경제적인 과정을 나타내는 것처럼 보인다. 인류학자들은 가구를 정의하는 다른 방식들이 경제적 **재산**상 이익에 기인한 것인지 또는 다른 요소와 관련된 것인지 논쟁하고, 구조적 조직과 권력계통이 겹치는 정도에 대해 논쟁한다(Lowie, 2004). 영국과 미국의 흑인 가족생활의 특징 중 하나는 어머니가 가장의 역할을 하는 **모계중심**가구라는 점이다. 가구에서 흑인 남성 부재의 원인은 **빈곤**이다. 흑인 모계가구의 이러한 모습에 도전하는 것으로 흑인 아프리카 카리브지역의 가족생활과 가족구성의 범위와 유동성을 보여주는 경우도 있다(Reynolds, 2002).

가구 개념은 함께 거주하는 사람들 간의 **자원**분배와 노동분업 등을 강조하지만, 가족 개념은 **세대** 간 연대와 돌봄과 같은 이슈를 다룬다. 이 분야의 연구는 소득과 가구공간을 포함한 다른 자원들이 가족가구 구성원 간에 동등하게 분배되는 것보다 **성별**과 **연령**에 따라 불평등하게 분배되는 것을 다룬다(예 : Himmelweit, 2000). 경제학자들이 특히 선호하는 이러한 분석적 틀을 통해, 가구 내 소득과 다른 자원이 획득되고 분배되는 방식 그리고 **노동**이 조직되고 분배되는 방식에 대해 폭넓은 연구와 논의가 가능해졌다.

요약

가구의 개념은 함께 생활하고 있는 사람들의 식량과 자원공급과 같은 기본적 이슈에 관심을 기울인다. 함께 생활하고 있는 집단을 가구로 볼 것인지 여부를 결정짓는 기준이 주요 관심사지만, 현대에서는 '가족'과 '집'을 가구와 동일시한다. 정부의 인구 및 사회조사에서는 가구를 좀더 명확하게 정의할 수 있다는 가정하에, '가족'보다 '가구'에 초점을 맞추는 경향이 있다. 그러나 행정적 정의는 사람들의 일상생활과 관계의 패턴이 바뀜에 따라 계속해서 변한다. 전 세계에 걸쳐, 가구는 좀더 복잡한 방식으로 나타날 수 있다. 예를 들면, 특정한 혈통 혹은 가계를 기준으로 구성될 수 있는 집성촌처럼 하나의 물리적 공간에 다양한 친족 혹은 가구집단으로 조직될 수도 있다.

관련문헌

Gubrium과 Holstein(1990)에서는 가족과 집 그리고 가구가 개념적으로 어떻게 연결되어 있는지 논의한다. Allan과 Crow(2001)에서는 가구와 가족에 대한 논의를 검토한다. Himmelweit(2000)에서는 경제와 관련된 관점을 포함한다. Reynolds(2002) 및 Casper와 Bianchi(2002)에서는 영국과 미국의 흑인가족가구에 대해 각각 논의하는 반면, Lowie(2004)에서는 비교 문화적으로 가구구조에 초점을 둔다.

관련개념 노동분업; 가정; 친족; 권력

3
가족유형

정의

'가족유형(family form)'은 가족생활과 관계의 다양한 양식과 구조에 관심을 가진다. 때로는 가족 간의 관계를 설명하는 방식에 대한 기술적 이슈를 다루기도 한다.

논의

학자와 정책입안자들은 특별한 용어를 사용하여 가족유형을 규정한다. 가족은 이 특별한 용어에 대해 자신이 느끼는 가족방식과 일치하거나 또는 일치하지 않는다고 느낄 수 있다. 사람들은 자신과 관련되어 알고 지내는 다양한 가족을 개인적 용어를 사용하여 생각하는 것을 더 좋아하는 것 같다. 그러나 시간이 흐르면서 가족변화가 대중매체와 공공정책의 논의 대상이 되면서, 사람들도 학술 전문용어에 익숙해지는 것 같다. 예를 들면, 현대 유럽과 신세계의 일반대중들은 핵가족이라는 용어가 일상용어가 아니라 사회과학자들이 사용했던 용어임에도 불구하고 핵가족과 계부모자녀가족 간의 차이점을 잘 이해하고 있다. 이것은 연구대상에 대한 사회학적 관점이 객관적인 관찰이 아니라 연구대상(여기서는 가족)에게 영향을 미친다는 것을 의미한다. 즉, 가족으로 하여금 가족을 생각하는 방식과 미래 가족의 변화에 대한 정보 제공과 같은 영향을 미친다는 것이다.

가족개념은 가족이 자신만의 권리를 가진 구조로서 존재한다는 가정을 근거로 정해진다. 가족을 객관적인 구조로 보는 이 견해는 가족의 양식과 경향에 관한 통계적 개요를 얻기 원하는 정책입안자들에게는 매우 중요하다. 가족구조는 **동거**, 친족유대, 자원분배, 책임감, 정기적인 접촉 및 상호작용과 같은 다양한 특징들을 기준으로 결정된다. 이러한 특징들이 모두 함께 있다면, 가족구조를 설명하기도 쉽고 논란의 여지도 없을 것이다. 그러나 다른 양식으로 분류될 수 있는 다양한 특징들이 있기 때문에, 가족유형을 명명하고 기술하는 방식은 어려울 수밖에 없다. 그러므로 가족에서 자녀가 반드시 있어야만 하는가 또는 동거커플(예 : LAT족[3])이나 **동성커플**도 가족유형에 포함시켜야 하는가와 같은 이슈들이 논란의 중심이 되고 있다.

서구의 사회과학자들은 핵가족, 확대가족, 한부모가족, 계부모자녀가족과 같은 용어를 사용하여 다양한 가족을 설명하고 있다. 어떤 인류학자(예 : Hendry, 1999)는 이러한 용어들을 비판한다. 왜냐하면 이 용어들은 핵가족을 기준으로 그 차이점을 가지고 다른 가족유형을 설명한다는 것이다. 사실, 핵가족 개념은 어떤 사회와 시대에서는 부적절한 개념일 수도 있다. 또한 핵가족을 기준으로 하는 이 접근법은 국제 **이주**와 디아스포라[2]의 역사를 가진 민족의 가족생활을 무시한다는 점에서 도전을 받고 있다.

그럼에도 불구하고 **핵가족**이라는 용어는 학문분야와 이데올로기 용어로서 강력한 영향력을 끼치며 널리 사용되고 있다. 이 용어는 결혼(또는 동

----
2) 디아스포라(diaspora) : 다른 나라에서 살며 일하기 위한 유대인들의 이동 또는 고국을 떠나는 사람의 집단 이주를 의미한다.-역자 주

거하고 있는)을 한 이성애 부부와 그들의 부양가족인 생물학적 자녀로 구성된 가족과 같은 특정한 거주배열을 의미한다. 가끔 핵가족을 **전통적 가족**이라는 개념과 유사하다고 생각한다. 그러나 이처럼 두 용어를 유사하다고 보는 것은 아무런 도움이 되지 않는다. 왜냐하면 그러한 사고에서는, 핵가족유형이 발생한 특정시대와 사회적 맥락에 대해 더 이상 궁금해 할 필요가 없어지기 때문이다. 핵가족의 '핵'은 가족유형이 가족유대를 형성하는 기본 구성요소이며, 특정 시대의 유럽과 신세계의 백인 중산층과 관련이 있다는 가정을 근거로 한다.

어떤 가족역사학자(예 : Goldthorpe, 1987)는 핵가족이 북서 유럽사회에서 꽤 오랫동안 타당한 형태였다고 주장한다. 북서 유럽사회는 가구구성과 자녀양육의 토대를 **일부일처제** 관계에 두고 있었기 때문이다. 그러나 다른 유럽사회에서는 성인의 삶에서 거주와 경제적 배열에 큰 의미를 부여하고 부모자녀관계를 기반으로 하는 확대가족의 역사를 가지고 있다. **확대가족**은 세대 간 그리고 폭넓은 가족관계에서 거주와 접촉, 다양한 형태의 지지와 통제라는 중요한 특징을 가진 가족유형이다. 어떤 문화권에서는 **결합가족**[3]이라는 용어를 사용하기도 한다. 왜냐하면 성인기에 접어든 형제간, 부모와 자녀 간, 그리고 세대 간 유대가 가구와 가족의 일상생활 중심이기 때문이다.

확대가족은 산업화 이전 사회의 특징으로, **산업화**와 도시화가 진행되면서 핵가족이 생겨났다고 오해하는 경우가 가끔 있다. 사람들은 핵가족 경향이 더욱 지속될 것이며 그 결과 방계가족 간의 접촉과 지지를 잃어버리게 될 것이라고 염려한다. 그러나 영국의 역사 인구학자들(예 : Anderson, 1971)은 산업화 이전에는 핵가족(그러나 때로는 견습생이나 하인과 같은 다른 사람들과 함께 살기도 했다)으로 구성된 가구가 많았으

---

3) 결합가족(joint family): 합동가족이라고도 하며, 2세대 이상의 혈통자가 동거하는 가족 단위를 의미한다.—역자 주

며, 오히려 사람들이 시골에서 도시로 삶의 터전을 이동하게 되면서 확대가족이 중요한 위치를 차지하게 되었다고 말한다. 역사학자들에 의하면, 과거 영국사람들에게 있어 '가족'이라는 용어는 여러 가지 의미로 사용되었다고 한다. 어떤 것은 현대의 의미와 전혀 다르다(Tadmor, 1996). 확대가족은 사회계층에 따라 다르기는 하지만, 많은 사람들의 삶에 중요한 일부분이다. 예를 들어, 노동자계층 가족에서는 지리적 이동은 별로 없지만, 가구와 세대 간의 빈번한 접촉(특히 여자들끼리)은 일상생활에서 중요한 의미를 지닌다. 반면 중산층 가족에서는 지리적 이동을 더 많이 한다. 확대가족 간의 유대는 다양한 형태의 정기적인 접촉(컴퓨터를 이용한 접촉도 포함)에 의해 영향을 받는다.

흔히 **계부모가족**을 현대서구 가족생활의 특징이라고 생각하지만, 영국의 역사를 살펴보면 20세기후반뿐만 아니라 19세기에도 이 가족유형은 보편적이었다(Haskey, 1994). 차이점은 19세기에는 **이혼**이 아닌 **사별로 홀로되어** 계부모자녀가족을 이루는 경우가 더 일반적이라는 점이다. 계부모자녀가족의 개념은 핵가족 개념과 비교하면 더 잘 이해할 수 있다. 이 가족은 자녀를 둔 이성애 부부로 구성되어 있으나 성인커플 중에 한 사람은 자녀 중 적어도 한 사람의 생물학적 부모가 아니다. 사람들은 종종 자신의 가족관계를 말할 때 '계부모자녀가족'이라 불리는 것을 불편해하며(Ribbens McCarthy et al., 2003), 이러한 가족이 전통적 핵가족 개념에서 벗어난 것이라고 여긴다. 계부모자녀가족과 유사한 용어로는 **혼합가족** 또는 **재구성가족**이 있다. 또한 복잡한 주거와 경제, 그리고 아동양육 방식을 기준으로 가족**경계**를 규정하는 대신 **계부모자녀군집**이라는 용어를 사용하기도 한다.

역사적 관점에서 보면 **한부모가족**이라는 개념 역시 잘못 이해되고 있다. 예를 들면, 영국의 한부모가구의 비율이 20세기 중반에서 후반으로 가면서 가장 낮은 출발점에서 시작하여 급속하게 증가한 것처럼 보이지만, 20세기 초반의 통계자료를 추적해보면 이러한 양식이 지속되었음을 알 수 있다(McRae, 1999). '한부모' 가족이란 마치 우산 모양처럼 한부모(대부분 어머니)가 자녀를 부양하는 주거단위를 의미한다. 그러나 한부모라는 우산을 만드는 방식은 다양하다. 예를 들면, 어떤 경우는 비혼모 또는 아이의 아버지와 함께 살고 있지 않은 **싱글맘**이 자녀를 낳아서 될 수도 있고, 이혼이나 사별로 인해 그렇게 될 수도 있다. 또한 한부모가 가족이라고 할 수 없거나 함께 거주하지 않는 파트너와 관계를 맺고 있는 경우도 있을 수 있다.

유럽과 신세계 여러 나라의 경우를 살펴보면, 여성 한부모가족 출신의 아동들이 두 성인으로 이루어진 가구에서 성장한 아동들보다 빈곤한 생활을 하는 것으로 나타났다. 경제적 취약성과 더불어, 결손가정의 청소년 행동, 즉 무단결석 또는 비행과 같은 사회적으로 환영받지 못하는 문제행동 간의 잠재적 관련성에 관한 오래된 논쟁에서 알 수 있듯이, 사람들은 여성 한부모가족에 대해 부정적 견해를 가지고 있다. 또한 **비동거(비양육) 아버지**의 영향에 관한 관심도 핵가족을 기준으로 생겨난 가정이다. 어떤 연구자들(예 : Wilson and Pahl, 1988)은 주거단위(또는 가구)에 초점을 맞추었기 때문에 한부모가족이라는 용어가 잘못 되었다는 것을 간과했다고 주장했다. 그들의 주장에 따르면, 세상의 모든 아동들은 비록 양쪽 부모와 살고 있지 않거나 만나지 못하는 경우가 있다고 할지라도 양쪽 부모를 가지고 있다는 것이다. 그럼에도 불구하고 여성 한부모가족은 때때로 '도덕적 공포'를 일으키는 대상으로 주목받고 있다(Duncan and Edwards, 1999).

여성 한부모가족이라는 이슈는 현대가족을 둘러싼 오래된 논쟁으로, 특정한 유형이나 구조를 가진 가족을 범주화하는 것이 타당한가에 대한 관심을 불러일으켰다. 이러한 가족을 한부모가족 또는 여성 한부모가족이라고 명명하는 것이 유용한가? 가족과 자녀의 경험에서 범주와 정체성 중 어떤 것이 더 중요한가? 왜냐하면 소수민족이나 노동자계층의 경우, 자신의 가족경험에서 가족유형보다 민족성이나 계층을 더 중요하게 생각할 수도 있기 때문이다.

횡단적 관점은 세계 다른 지역에서 유럽과 신세계로 이주해온 소수민족 집단의 가족생활 및 가족유형을 다르게 이해한다. 이 대안적 관점에서는 가구를 가족유형의 중요한 특징으로 보지 않고, 오히려 유동적 친족관계를 참고하여 가족양식을 폭넓게 이해하려고 한다. 어떤 가족학자들은 가족연구에서 가족-가구라는 경계를 넘어선 네트워크가 중요하다고 주장한다(Widemer and Jallinoja, 2008).

요약

가족유형과 측정에 대한 초점은 시대에 따른 특정 가족구조의 주요한 변화 및 양식과 명확한 특징을 규정하는 데 유용하다. 그러나 이러한 접근은 핵가족이 기준이라는 가정을 유지하게 하여, 가족유형과 일상생활의 가족 의미를 형성하는 데 영향을 주는 계층, 성별, 민족성과 같은 특성들을 다루지 못하게 한다. 또한 가족관계에서 동거의 중요성을 과대평가하고 있다.

관련문헌

Goldthorpe(1987)에서는 서구가족의 핵가족 관련성 및 역사적 개관을 다룬다. Duncan과 Edwards(1999)에서는 여성 한부모가장, Ribbens McCarthy(2003)에서는 계부모자녀가족을, 그리고 Finchi(1989)에서는 확대가족을 논한다. Scanzoni(2004)에서는 가족 다양성과 관련된 지표와 영향력을 다룬다.

관련개념 인구학; 가족담론; 가족변화와 지속성; 가구

4
가족행위

정의

가족행위(family practice)[4]의 개념은 개인이 속해 있는 형식이나 제도로서의 가족에 초점을 두지 않고 활동으로서의 가족 '행위'에 직접적 관심을 둔다. 그러므로 확고하게 규정된 개념이라기보다는 광범위한 방향성을 가진다.

논의

'가족행위'의 개념은 가족사회학자인 David H.J. Morgan(1996, 1999)이 개발한 개념으로, 가족을 거주지, **혈연**, 법체계에 의해 정의된 고정된 범주나 구조가 아님을 강조한다. Morgan에 의하면, 사람은 복잡하고 유

---

4) 가족행위(family practice): 이 책에서는 기존의 가족을 위한 개입적 활동인 가족생활교육, 가족상담, 가족옹호 등의 가족실천(familiy practice)과 차별화되는 '가족문제와 관련된 가족의 전반적 활동'을 의미한다. -역자 주

29

동적인 사회에서 살고 있기 때문에 가족은 가족원들에 의해 구성된다는 것이다. 즉, 가족은 사람들이 존재하는 그 무엇이 아니라 개인의 '행위'와 관련이 있다는 것이다. '가족행위'란 용어의 의미는 광범위하다. 왜냐하면 이것은 '가족문제와 관련이 있는 가족관계와 전반적 활동'을 포함하기 때문이다(Morgan, D.H.J., 1996: 192). 이 용어를 '간단히 결혼 또는 파트너링(partnering)과 부모역할과 세대'와 관련된 활동을 의미한다고 정의할 수 있다(Morgan, D.H.J., 2003: 2). 여기에는 사람들의 친족관계, **결혼**, 파트너십, 부모됨, 부모역할과 같은 것에 영향을 미치는 생각의 토대가 되는 인지, 이해, 감정, 가치관, 상호작용과 활동이 포함된다. 또한 이와 관련된 기대와 **책임감**도 포함된다. 가족구성원들에 의한 실제적인 행위, 다른 사람들에 의한 이러한 행위들에 대한 **평가**나 판단 그리고 이에 대한 통계학적 집계나 개요도 포함된다.

종종 **자연적** 또는 주어졌다고 간주되는 이러한 관계와 활동들은 개인과 사회 모두에게 있어 **도덕적** · 정서적으로 중요하다. 그것은 좋거나 또는 거부적이거나 역기능적이라고 인식될 수 있다. 그러한 평가들은 관련된 개인이나 사회 전체가 내릴 수 있다. 가족의 본질에 대한 논쟁은 그 자체로 가족행위의 한 형태이다. 이러한 방식으로 가족행위는 **자기**와 사회를 연결한다.

David Morgan은 현대 사회의 가족을 이해하기 위해 다각적 과정을 강조하였으며, 그는 가족행위의 개념을 6개의 주요 특성들로 정의했다. 아래에서 자세히 살펴보겠지만, Morgan이 사용한 '행위'(그 스스로가 언급함: 1999: 21)라는 용어는 Bourdieu(1990)의 '행위' 이론에서 사용한 것과 일치하는 부분이 있다. Bourdieu와 Morgan 모두 행위를 유동적이며 협상 가능하고 다른 행위와 교차할 수 있다고 보았으며(Bourdieu는 **계층** 행위를 강조) 사회적 · 역사적 차원의 생활 행위를 강조하였다. 그러나 Morgan은 기존행위를 재생산하기보다는 도전과 재구성을 포함한다는 면에서 자신의 견해가 더 개방적이라고 주장한다.

David Morgan에 의하면, 가족행위의 첫 번째 특징은 우리로 하여금 행위자와 관찰자(다른 가족구성원들, 사회복지사 또는 사회연구원)에 대한 관점과 두 관점 간의 상호작용에 주의해야 한다. 두 번째 특징은 그 개념이 목표보다 활동에 초점을 둔다는 것이다. Morgan(1996: 189)은 '가족구조'와 '가족행위'라는 두 가지 용어를 비교하면, 가족구조는 고정적이고 구체적인 그 무엇인가와 같은 양식을 말하는 것이고 가족행위는 행위와 활동과 같은 양식과 관련이 있다."고 하였다. 세 번째, 이 개념은 사람들의 일상적이고 평범한 가족생활을 의미한다. 즉, Morgan은 아이목욕, **식사**준비와 같은 일상의 돌봄과 아이들을 수영장에 데리고 가는 것과 같은 **여가활동**과 같은 소소한 활동들이 가족생활의 **의미**라는 더 큰 체계와 연결된다고 한다. 다른 말로 하면, 가족행위 개념은 사회의 더 넓은 가족담론 내의 가족일상경험의 한 부분이다. 네 번째, 가족생활의 '**일상성**'과 관련된 이 용어는 특별한 활동보다는 규칙적이고 반복적인 활동을 의미한다(예 : 매일 저녁 7시에 아이를 목욕시키는 것).

다섯 번째, 이전에도 말한 바와 같이, David Morgan은 이 개념의 가변성을 강조하였다. 우리도 알고 있듯이 가족행위는 일상적이고 반복적이며 또한 개방적이다.

가족행위는 독립적인 것이 아니라 더 넓게 현장과 행위, 그리고 가치와 연결되어 있다. 예를 들어 **민족적**이거나 **종교적** 행위의 이해(예 : 특정민족이나 종교집단의 가족생활방식), **성별**에 관한 행위(예 : 어머니역할이나 아버지역할에 대한 기대), 연령에 관한 실천(예 : 자녀에 대한 부모의 책임)이나 **신체**에 관한 행위(예 : 신체접촉의 가능여부에 대한 대상 · 시기 · 장소)와 관련되어 있다. 이것은 앞에서 언급한 바와 같이 행위자와 관찰자가 같거나 또는 다른 관점을 가짐에 따라 가족행위를 한 개 또는 그 이상의 방식으로 이해할 수 있다는 것을 의미한다.

Morgan의 여섯 번째 특징은, 가족행위가 **역사**와 개인 **전기** 간의 연결을 통해 구성된다는 것이다. 가족생활이 이루어지는 역사적 맥락은 가족행위와 관련이 있으며, 변화될 수 있고, 동시에 가족행위는 개인의 **생애사**와 경험 속에서 뿌리내리고 생성된다.

David Morgan의 가족행위에 대한 개념은 영국의 가족사회학 특히 경험주의 조사연구에서 커다란 영향을 미쳤다. 다음에 더 자세히 다루겠지만 가족행위와 관련된 발전과 비평은 우선, 가족행위의 개념은 사람들이 가족생활방식의 양상을 발견하는 데 근간이 되는가에 관한 것이다. 특히 개인의 활동을 상위하는 단위로서 가족의식을 유지하는가에 관한 것이다. 두 번째는 그러한 시도가 보다 다양한 개인의 활동을 중심화하려는 노력을 통해 대안적이고 다양한 개념을 채택할 수 있는가에 관한 것이다.

Finch는 의미와 가족행위가 어떻게 연결되는가를 설명하고자 **디스플레잉 가족**(displaying families)[2]이라는 개념을 도입하였다. Finch는 David Morgan의 가족행위를 근본적으로 사회성이라고 보는 생각과 활동가와 관찰자 간의 반복, 더 넓은 의미체계의 강조를 더욱 강조하였다. Finch는 만약 활동들이 가족행위로서 효과적인 것이 되려면, 가족의 구성과 존재에 대한 의미는 타인에 의해 전달되고 이해되어야 한다고 주장한다. 즉, Finch는 "가족의 행위가 실행될 뿐만 아니라 실행되는 것이 보여져야 한다."고 말한다.

Morgan의 생각을 확대한 Smart는 가족행위의 주요양상을 설명하는 부분에서는 Finch와 다른 생각을 가지고 있지만, 가족행위의 주요양상을 설명하려는 시도와 의미를 더 확고한 상태로 가져가려는 열망을 가지고 있다는 점에서는 Finch와 유사하다. Smart는 **개인생활**이라는 개념을 도입했는데, 이것은 가족행위보다 더 넓은 개념이다. Smart는 가족행위를 중요하게 생각하는 Morgan의 개념을 이해함에 있어 급진적인 전환을 하여, 가족행위에서 다루지 않는 가족생활과 다양한 친밀함과 관련된 개인의 이미지 · 기억 · 기대와 관련된 활동에 중점을 둔다. 사실, Smart는 가

----

5) 디스플레잉 가족(displaying families): Finch의 가족실천에 대한 개념으로, 그는 가족의 행위가 실행될 뿐만 아니라 실행되는 것이 보여져야 한다고 주장하였다.−역자 주

족은 현대사회의 연구와 이해의 대상이 되는 개인적 관계의 한 형태일 뿐이라고 주장한다. 개인생활의 개념은 David Morgan의 가족행위의 개념에 내적 정서가 덧붙여진 것이다.

요약

'가족행위'는 개인이 살아가고 이해하는 가족생활과 더 넓은 사회에서의 가족에 대한 평가와 본질에 관한 개념적 관련성을 제공한다. 행위자와 관찰자라는 관점뿐만 아니라, '가족행위'는 일상의 반복적 활동양식을 강조한다. 가족관계와 활동을 이해하고 수행하기 위해, 개인의 일생과 사회적·역사적 맥락에 의해 형성되는 방식을 설명하고 있다. 가족행위는 또한 가변적이며, 성별, 연령, 민족성과 같은 다른 '행위들'과 함께 겹쳐질 수 있다. 가족 행위의 개념은 조금 더 작은 개념의 '디스플레잉' 가족의 정의와 더 넓은 개념의 '개인적 생활'을 통해서 점점 발전하고 있다.

관련문헌

가족행위가 포함하고 있는 경험주의적 예시들 : 별거나 이혼 후의 친자관계에 대한 Smart와 Neale(1998); 양부모역할에 대한 Ribbens McCarthy(2003); 자매의 정체성과 관계에 대한 R. Edward 등(2006) 참고.

관련개념 가족담론; 친밀감; 개인

5
가족영향

정의

'가족영향(family effect)' 이란 가족경험이 개인에게 어떤 결과로 나타나
는지를 가리키는 광범위한 용어이다.

논의

일부 사회과학자들은 가족생활유형이 보다 넓은 과정, 예를 들면 경제발
전에 영향을 주는 방식을 고찰한다. 그렇지만 오늘날 가족영향에 관한 연
구는 다양한 가족경험들이 어떻게 해서 개인에게 영향을 미치는가에 중점
을 둔다. 그러한 질문은 정치적 및 정책 이슈와 관련된다.

　가족영향에 관한 연구는 일반적으로 다음과 같은 내용을 가정한다. 초
기 삶의 사건과 과정은 개인 삶의 궤적을 구체화하는 데 도움이 되며, 이것
은 아동발달이나 애착이론과 밀접하게 연결된다. 경제적인 자원, 가족유
형, 스트레스를 주는 생활사건, 개인의 특성을 포함해서 다양한 시각들을

가지고 이러한 영향을 설명하고 있다. 특수한 가족형태의 중요성 (Golombok, 2000)이나 부모관계 및 **양육스타일**에 특별한 관심이 집중되고 있고, 특히 형제자매에 관한 연구를 집중적으로 하고 있다. 어떤 관점을 채택할 것인가는 **인생의 기회**를 향상시키는 정책을 수립하기 위해 무엇이 최선인가를 의미한다.

아동기에 경험했던 (매우 초기의)양육이나 돌봄은 이후 삶의 경험을 형성하거나 계속해서 영향을 미친다는 생각이 심리학 연구의 중요한 특징이 되어 왔다. 그럼에도 불구하고 이러한 연결의 필연성에 이의를 제기하는 연구도 있다. Clarke와 Clarke(1976, 2000)는 초기 아동기의 역경이 이후의 보상적인 돌봄에 의해 역전될 수 있음을 보여주는 증거를 제시한다. 게다가 아동기의 경험보다는 성인기의 다양한 경험이 개인에게 유의미한 영향을 줄 수 있다고 주장한다. 그밖에 **유전**의 중요성을 주장하는 연구가 있는데, 이러한 주장은 가족영향의 범위를 제한할 수 있다(Belsky and Pleuss, 2010). 어떤 연구는 아동의 가족경험이 그들의 삶에 영향을 미치는 과정에서 아동 자신이 **주체**로서 적극적으로 참여한다는 것을 강조한다 (Brooker and Woodhead, 2008).

가족영향의 복잡성을 해결하는 것은 주요한 도전을 제기한다. 상관연구 접근법으로 양적 연구와 질적 연구가 있다. 예를 들면 **양적** 연구는 대규모의 데이터 통계 분석이며, **질적** 연구는 개인의 **생애사**에 관한 심층분석이나 **임상사례연구**가 있다. 때로는 양적 연구와 질적 연구를 혼합한 연구도 있다. 예를 들면, 미국의 취약가족과 아동복지 연구(http://www.fragile families.princeton.edu/) 또는 국제 청년생애 연구(http://www.young lives.org.uk/)이다. 앞에서 제시한 방법들을 사용하는 연구들은 시간적으로 한 시점만 다룰 수 있다. 예를 들면, 사람들의 성격과 현재 환경에 관한 **횡단적** 통계자료를 제시하거나, 생애 이야기를 **회고**하는 것이다. 또는 동일한 인물을 대상으로 다양한 시점에 걸쳐서 수집된 데이터(질적 또는 양적)를 분석하는 **종단적 연구**도 있다. **코호트 연구**는 특정 시대에 출생한 사람들에 대한 대규모의 양적 연구를 포함하는데 수년에 걸쳐서 추적연구를 하게 된다. www.cls.ioe.ac.uk/의 예를 참조하라.

개인의 생애사나 전기연구는 개인의 생애과정에서 발생하는 사건이나 환경이 상호작용하는 것을 추적해볼 수 있게 한다. 이러한 방법은 가족관계나 사건이 관련된 개인에게 어떤 의미를 갖는지 통찰할 수 있도록 하며, 보다 넓은 역사적 · 사회적 맥락과 이러한 맥락이 개인의 전기와 얽혀있는 모습을 고려해볼 기회를 제공한다. 그러나 특정 유형의 사람들만이 생애사에 관해서 심층면접을 할 수 있도록 허용한다. 그리고 연구에서 도출된 결과를 어떻게 해석할 것인지도 문제가 된다. 특수한 가족환경이 어떤 영향을 미치는지 통찰할 수 있다고 해도, 이러한 방법론이 '가족영향'을 어떤 직선적인 방식으로 구체화할 수는 없다.

대규모 양적 연구는 사람들의 상이한(또는 다양한) 삶의 양상을 연구하는 데 사용된다. 양적 연구를 하려면 다양한 경험을 적절하고 명확하게 측정할 수 있어야 하며 그 다음에 분석을 한다. 예를 들면, 아동기의 특정 경험이 이후 삶에서 특정 가족영향의 가능성 증가와 **통계적 연관성**이 있는지를 보기 위해서 분석하는데, 이런 접근방법에서는 일반적으로 '**결과**'라고 부른다. 어떤 결과들은 시간이 지남에 따라 상당히 달라지거나 장기간이 지나서야 나타나기도 한다.

이러한 방식으로 연구된 대부분의 결과들은 바람직스럽지 못하거나 환영받지 못하는 것으로 간주되는 삶의 양상과 관련이 있다. 어떤 연구는 다음과 같은 점을 시사하고 있다. 즉, 보다 '긍정적인' 결과를 추구하는 것은 문제가 되는 가족영향은 물론 유익한 가족영향을 잠재적으로 강조하면서, 다른 유형들을 드러내는 것이 틀림없다고 한다. 더구나 결과들은 다양한 의미를 갖고 있을지도 모르며, 상이한 사람마다 상이한 방식으로 그리고 다양한 문화적 맥락에 따라 평가될 수도 있다.

결과를 연구하는 것은 연구대상이 되는 아동의 수가 많을 때 어떤 광범위한 경향이나 패턴을 입증하지만, 이러한 연구결과를 가지고 개별 아동에 대해 추정할 수는 없다. 게다가 통계적 연관성의 크기는 성인을 대상으로 해서 나타난 결과의 적은 부분만 단일 아동기 사건에 근거해서 '설명될' 수 있다는 것을 의미한다. 바꾸어 말하면, 상이한 성인 결과들을 보이는 집단 내에서 많은 편차가 있을 수 있다는 것이다. 특정 아동기 사건과 관련되었음을 확인하는 것이 실제로 거의 소용이 없을 수 있다. 사실상 상이한 아동들이 유사한 사건에 매우 상반된 방식으로 반응할지도 모른다. 예를 들면, 어떤 아동들은 부모의 죽음으로 인해 학교에서 더 열심히 노력하지만 다른 아동들은 자신의 기대를 낮추기도 한다. 그러나 통계분석을 하기 위해서 개별 측정치를 모을 때 이러한 점이 간과될 수 있다. 그리고 이렇게 단순하게 관련짓다 보면 다른 관련 요인들을 고려하지 않을 수 있다. 예를 들면, **선택 영향**이라는 것은 가족형태가 사회적으로 불리한 결과를 창출하기보다는 오히려, 사회적으로 불리한 조건에서 생활하는 사람들이 특정한 가족형태와 결과를 보일 가능성이 많다는 것을 의미한다.

특정한 아동기 경험이 환영받지 못하는 결과를 증가시킬 가능성이 있는데, 이는 의료적인 어려움(Garmezy, 1994)이나 사회정책 관심사(예를 들어 사회적 배제)(Bynner, 2001)에서 **위험요소**로 간주된다. 어떤 단일 변수가 중요한 것이 아니라 위험요인군이 중요하다는 점을 비로소 인정하게 되었다. 그러므로 나머지 모집단은 긍정적인 결과를 추출하는 데 적합한 '표적'이라고 추정하는 것과는 달리, 이러한 위험요인에 근거해서 결과를 평가하거나 **예측**하는 방향으로 연구해야 한다. 게다가 아동기 경험이 이러한 결과의 '원인이 되었다'고 추론하는데, 사실상 '결과'라는 용어 자체에 그러한 **인과관계**가 내재하지만 '인과관계'가 의미하는 것이 복잡하다는 점을 함축적으로 암시한다. 더구나 특정 아동기 경험이 특정한 결과와 관련된다고 통계 조사에서 주장할 수 있는 것은, 연구 중인 모집단을 표집하는 데서 발생한 무작위 효과에 기인할 가능성이 없다는 점에서만 가능하다.

인과관계 구축의 어려움 때문에 횡단적 연구보다는 코호트 연구나 종단적 연구를 더 선호할 수 있다. 사건이 어떻게 발생하고 생애과정에 걸쳐서 어떻게 상호관계를 맺는지 보여주는 보다 세련된 **모델**과 함께 **다변량 통계분석**은 여러 변수들을 동시에 고려할 수 있도록 개발되었다(예 : Schoon and Parsons, 2002). 이러한 모델은 개인, 가족, 사회적 요인, 구조적 요인을 포함하는데, 이러한 요인들은 시간이 지나면서 아동이 점점 더 해로운 결과에 처하도록 하는 방식으로 상호작용한다. 또한 모델은 보호효과를 갖는 아동의 생활이나 성격 특성을 구축하려고 노력한다. 보호효과란 역경으로 인해 위험한 상태에 있는 아동이 사실상 부정적인 결과를 나타내지 않게 하는 것이다. 이것을 때로 '**탄력성**'이라고 부르는데, 이 용어가 아동 또는 가족의 질을 의미하는지에 대한 여부가 명확하지 않다는 비판을 받고 있다.

대규모의 양적 연구는 사회정책에 영향력이 있다. 왜냐하면 정책 수립가들은 전체 인구의 행동과 경험을 다루는 전략을 개발하는 데 관심이 있기 때문이다. 예를 들면, 사회적 배제의 위험이 커지는 어떤 집단에 관한 증거들이 특정 지역이나 인구집단에 대해 자원을 집중시키는 데 사용될 수 있다. 또한 시민들이 그들의 삶에서 특별한 결정을 하도록 격려하기 위한(예 : 결혼을 지지하는) 정책개발에 사용될 수도 있다.

요약

특정한 가족경험이 개인의 삶에 미치는 영향이 연구자나 정책 수립가들에게는 중요하지만 이러한 영향을 결정적으로 입증하는 것은 매우 어렵다. 특정 사건과 이에 수반되는 결과가 서로 연결됨을 보여주는 광범위한 경향을 확립하기 위해 어떤 연구들은 다변량 통계분석에 의존한다. 다변량 통계분석을 사용하는 연구자들은 복잡한 과정 모델을 발전시켰다. 그러나 대규모 자료에 의거하여 추정하는 연구는 인과관계와 위험과정을 지나치게 단순화할 수 있다. 다른 연구방법으로 임상사례연구를 해석하거나 개인 전기를 탐색하는 것이 있다.

관련문헌

Schoon(2006)에서는 위험과 탄력성 개념을 소개하고, 영국 자료를 가지고 초기 가족의 역경이 장기적인 영향을 미친다는 점을 개관한다. Luthar 등(2000)에서는 탄력성 개념과 탄력성과 관련된 일반적인 문제를 논의한다. Amato(2004)에서는 미국의 사례를 들면서 이혼이 아동에게 미치는 영향을 논의한다. Karraker와 Grochowski(2006)에서는 미국 상황에서 위험과 탄력성에 관해 대략적으로 논의한다.

Phelps 등(2002)에서는 미국의 종단적 연구를 개관한다. McLeod와 Thomson(2009)에서는 질적 방법을 사용하여 시간에 따른 관계변화에 대한 연구를 보여준다.

관련개념 애착과 상실; 아동발달; 가족변화와 지속성; 부모됨

6
가족생활주기와 생애과정

정의

가족생활주기(family life cycle) 개념은 시간의 흐름에 따라 주기적 패턴으로 특징지어지는 가족변화의 방식을 제시하는 반면 생애과정(life course) 개념은 특히 다양한 역할과 경험을 통해 변화하는 개인적인 삶의 궤적에 대해 관심을 가진다.

논의

가족생활주기와 생애과정에 대한 개념은 구체화된 문화적 범주의 교차에 근거하였으나, 각각은 가족과 시간을 이해하는 방법에 있어 상당히 다른 관점을 가지고 있다. 전체적으로 이 분야는 사회학, 인류학, 심리학 그리고 역사학을 포함하여 여러 전문 분야의 연구가 참여하고 있다.

　'가족생활주기'는 가족이 원가족 단위에서 새로운 가족의 형성으로 말미암아, 순환적 과정을 따라 명확하게 구분되는 단계를 통과한다는 의미

40

를 가진 용어이다. 시간의 경과에 따라 가족이 변화하는 방식을 순환적인 패턴으로 가정한다. 가족은 두 성인의 결합으로 시작된다. 그러므로 **결혼**이나 커플됨은 이 과정의 첫 번째 단계이다. 다음 단계들은 새로운 부모됨, 초기 아동기와 십대까지의 새로운 세대의 양육, 젊은 세대가 집을 떠나 다른 곳으로 이동하기, 결혼하여 부모 떠나기, 은퇴와 노년기, 마지막으로 죽음에 이르는 과정이 포함된다. 이처럼 젊은 세대는 새로운 부부관계로 이동하고 그 다음에는 부모가 되며, 이 주기는 다시 시작한다. 각각의 단계는 개인의 삶에서 역할을 해나가는 '자연적인' 부분으로 이해된다. 가족생활주기는 특히 20세기 중·후반 가족사회학에서 하나의 아이디어로 사용하였으며, 이는 **핵가족**의 관점에서 폭넓게 이해되는 **가족형성**에 있어 규칙적인 패턴처럼 보였던 시기였기 때문이다.

인류학자는 시간의 경과에 따라 가족원이 집을 떠났다가 들어오거나 새로운 가구를 시작함으로써 가구가 다양한 유형으로 변화해가는 방식을 가리켜 가구 혹은 가정 **발달주기**라는 관련개념을 사용하였으며, 이것은 문화에 따라 독특할 수 있다(Fortes, 1958). 가족생활주기가 이런 발달적 관점에서 이해될 때, 생활주기단계 간의 전이는 다음 단계로 성공적으로 옮겨가기 위해 완수되어야 하는 구체적인 발달과제로 구성된다.

20세기 후반 유럽과 신세계 사회에서 가족패턴 및 유형이 변화함에 따라 가족생활주기 개념은 잘못된 것처럼 도전받게 되었다(Cheal, 1991). 가족생활주기라는 명칭은 '정상적 그리고 자연적'이라는 말로(생물학적 발달 기초에 대한 함의까지 포함하여) 그 단계를 설정함으로써 이 패턴에서 벗어나는 것은 탈선이나 **역기능**의 표시로 보일 수 있어 비판받았다. 나아가 이것은 가족의 범위를 넘어 사회적 과정 내의 교차보다 생물학적인 연령과 관련된 단계를 더 강조하고 있다. 또한 이 개념은 특정한 가족은 태도와 행동을 다음 세대로 전달하여 **빈곤의 순환**에 빠져있는 하위계층으로 이끈다는 개념과 연결된다.

생활주기에 대한 개념은 개인에게도 적용될 수 있지만, 보다 널리 사용

41

되는 용어는 '생애과정'이다. 생애과정은 어떤 순환적 패턴을 가정하지 않고 가족과 역사적 변화의 맥락에서 생물학적 변화, 사회적 역할 및 지위 간의 상호작용에 대해 유연한 분석을 한다. 생애과정접근은 **출생**, 아동기, **청년 혹은 청소년기**, **성인기**, **노년기** 그리고 **죽음**을 포함하여, 각 개인이 지나온 일과 관련된 역할에 대해 연령과 관계된 생애단계를 제안하였다. 여기에도 특히 발달적 관점이 채택된다면 고정된 생물학적 순서를 가정하는 위험이 있다. 개인과 가족이 역사적으로 매개된 전이를 어떻게 경험하는지를 고려하기보다 정적인 **연령지위** 범주에 초점을 두는 위험이 있다. 나아가 어떤 연령지위(예 : 아동기)는 다른 연령지위(예 : 성인기)보다 더 많은 연구자의 관심을 받았다. **개인적 전기**에 대한 초점은 사회적·역사적·문화적·정치적 맥락에서 다른 연령지위 범주 간의 전이와 개인적 일대기를 교차분석 할 수 있게 하므로 이런 문제를 제거할 수 있다. 이런 궤적은 역시 다른 궤적들과 서로 맞물려 있는 '결정의 집합체'(Casper and Bianchi, 2002: xxiv)로 이루어져 있다. 생활사건에 대한 개인의 이해, 삶의 선택들은 이런 사건이 일어나고 선택이 이루어졌던 사회적 맥락과 역사적 시기와 더불어 분석될 수 있다(Elder et al., 2003). 이런 전기는 회고적인 **생애사** 접근 혹은 **질적 종단연구**에서 시간의 경과에 따라 개인에게 여러 번의 인터뷰를 통해 연구될 수 있다.

생애과정 접근은 연대기적 **연령**에 대한 사회적 의미와 연령지위와 관련된 사회적 구성 모두 관심을 가졌다. 이와 관련 있는 개념은 특히 인생의 후기 단계를 참고하며, 개인의 생애에 초점을 두는 **생애주기**이다. 연령지위는 여러 문화에서 기간 및 구조에 따라 상당히 다를 수 있다. 나아가 각각의 연령지위는 사회적 유대뿐만 아니라 서로 다른 혜택과 가족관계의 책임감을 포함하여 다양한 역할과 관련되기 쉽다. 이 역할은 공간적 위치와 역사적 시간뿐만 아니라 **성별**, **계층**, **민족성**에 따라 변할 수 있는 것으로 구축되고 이해되는 경향이 있다.

위에서 언급한 것처럼, '**전이**'라는 용어는 연령지위 간 사람들의 변화를 포착한다. 어떤 이들은 전이 개념에 사람들의 생애에서 그들이 중요하다고 생각하는 변화를 포함시키며, 다른 이들은 폭넓게 공유되고 인식된 변화에 대해 이 개념을 사용하도록 제한하는데, 전이는 일정기간 동안 지속하며 개인의 정체성에 대한 의미도 지닌다(Teachman et al., 1999). 규범적 사고는 일정한 나이가 되면 전이가 발생할 것이라고 암시한다. 연령지위 간의 전이는 다소 명확하게 구분될 수 있지만, 상대적으로 기간이 더 짧아지거나 더 길어질 수 있을 것이다. 학교 입학이나 졸업, 아동기 때 집 떠나기, 독립적인 가구형성, 노동인구에서 은퇴 등과 같은 삶의 분명한 표시들은 유럽이나 신세계 사회에서는 보통 전이의 중요한 순간으로 인식된다. 어떤 전이, 예를 들어 청년에서 성인으로의 전이는 점점 늦어지며 노동인구와 교육 및 급여체계의 최근 변화와 더불어 모호해지고 있다. 나아가 청년기 자체는 아동기에서 성인기로의 전이에 있어 오래 지체되는 단계로 이해될 수 있다.

일부 문화에서는 관습적인 의례의 실천에 따라 특정 거주지의 안이나 밖으로 이동하는 것을 포함하여 분명하게 삶의 전이를 표시한다. 이러한 전이를 평가하는 방법은 증가되는 이점이나 손실의 근거에 따라, 또는 보다 중립적인 변화의 표시에 따라 차이가 있다. 그럼에도 불구하고 생애과정 개념 역시 개인이 통과해야 할 전이와 지위에 대해 너무 고정된 것처럼 보일 우려가 있다. 다른 개념으로 생애과정을 통해 경험된 역할의 집합이나 순서를 가리키는 **궤적**이 있으며, 반면 **전환점**이라는 개념은 개인의 삶의 방향에 있어 주관적이거나 객관적인 변화를 가리킨다(Elder et al., 2003).

생애과정 접근의 장점으로는 **일**, **교육**, 가족 등 사회적 경로를 통한 개인 경험의 다양한 측면에 관심을 가지며 이들이 어떻게 교차하는지에 대해 분석하는 것이다. 개인의 생애에 대한 초점은 그들의 가족과 관련되는 경험, 관계, 전이에 대해 세밀한 관심을 나타낸다. 이 접근은 **연결된 삶**이라는 개념을 사용하여 시간의 경과에 따라 여러 가지가 서로 관련된 개인의 생애과정을 추적할 뿐만 아니라, 시간이 지남에 따라 연결될 수 있는 **거시 및**

미시 사회 맥락처럼, 서로 다른 '수준'의 분석방법에 대해서도 고려한다.

삶을 연결하는 것은 시간이 지남에 따라 집단에서 떠나거나 들어오며 이동하는 개인에게 가족에 대한 의미를 제공한다. 시간의 경과에 따라 개인 및 가족전이의 교차를 탐색하는 **다차원적 발달경로분석**은 가족연구의 유동성과 다양성에 보다 관심을 가졌다(Bernardes, 1986). 이런 관점에서 보면 가족은 시간의 흐름에 따라 구체적인 사회 맥락에서 맞물리는 개인 궤적들의 집합으로 구성되어 있다. 실제로 시간은 **개인시간**(개인적 전기의 변화), **가족시간**(가족이나 가구단위의 전이), **역사적 시간**(개인 및 가족시간이 일어나는 동안의 역사적 기간)으로 구별되는 생애과정 접근의 중요한 요소이다(Elder, 1999).

시간의 이슈는 개인적 및 역사적 시간이 교차하는 생애과정에 걸쳐 관계에 초점을 두고 가족을 이해하기 위해 **세대**의 중요성을 알려준다. 세대의 의미는 또한 **코호트**(특정한 역사적 기간에 태어난 사람들 집단)와 밀접할 수 있다. 미국에서 1930년대에 일어났던 대공항의 시기 중, 부모의 가족궤적이 변화했을 때, 이것이 그들 자녀의 후기 삶 전이에 영향을 미치게 됨으로써 가족 내에서 연결된 삶의 의미를 나타낸다. 사람들이 자신의 미래 생애과정이나 궤적 그리고 자신의 생애과정에 대해 자신이 어느 정도까지 형성할 수 있거나 책임져야 하는지에 대해 이전 세대보다 더 많은 불안을 느끼는 것을 의미하는 **탈근대성**의 상황에 대한 논쟁이 있다. 또한 어떤 연령대의 코호트나 세대는 그들의 생애과정에서 가족과 관련되는 전이에 있어 다른 코호트나 세대보다 더 많은 다양성을 경험할 수도 있다.

요약

'가족생활주기'와 '생애과정'은 시간의 흐름에 따라 가족과 개인의 삶이 어떻게 발생하는지 강조하는 용어이다. 가족생활주기는 가족형성과 해체에 대해 사회적으로 형성된 패턴의 의미를 전달하는 반면, 생애과정은 사회적으로 구성된 연령과 가족지위를 통한 개인의 궤적에 관심을 갖는다. 생애과정 관점은 사회적이고 역사적인 시간에 위치하고 있고 다른 가족원의 생애궤적들과 섞여 있는, 지위위치(status position) 간의 전이 혹은 개인의 변화에 대해 특히 관심을 가진다.

관련문헌

Cheal(1991)과 David H.J. Morgan(1985, 1996)에서는 생애과정과 가족생활주기를 논의한다. Elder 등(2003)에서는 생애과정접근의 일부에 대해 개관한다. Gubrium과 Holstein(2000)에서는 생애과정에 대해 구성주의 접근을 다룬다.

관련개념 가족변화와 지속성; 가족유형; 가족체계론

7
가족변화와 지속성

정의

가족변화(family change)와 지속성(continuity)이라는 주제는 가족생활과 가족관계의 변화와 양식에 관한 주요 논쟁에 관심을 둔다.

논의

유럽과 신세계 사회의 중요한 현대 논쟁은 산업화 이후 21세기까지 진행되고 있는 가족의 전례 없는 변화에 초점을 둔다. 가족변화에 대한 하나의 관점은, 가족변화가 더 큰 사회체계로의 변화 욕구에 관한 반응, 특히 경제적 욕구에 대한 반응이라고 보는 것이다. 이 관점에서는 가족을 사회의 **미시수준**과 **거시수준**의 중간위치에 있다고 보며, 가족변화는 보다 큰 거시수준으로 변화하는 것이라고 본다. 그리고 개인과 가족의 결정이 누적되어 경제적 변화를 포함한 보다 큰 사회과정에 영향을 미칠 수 있다는 대안적 가능성을 제시한다. 역사적으로 가족변화에 관한 연구 중에서 이 관점은 두드러진다(예 : Davidoff and Hall, 2002). 이 관점을 가진 역사학자들은 가족생활과 다른 사회유형 간의 변화를 일으키는 상호작용 관련성을 밝히려면 시간의 경과에 따른 변화에 주목할 것을 제안한다. 어떤 학자들은 세계 여러 나라의 가족변화에 영향을 끼친 이념이나 신념과 같은 '관념의 힘'에 초점을 두는데, 특히 관념은 서구 가족을 **경제발달**에 적합한 가족유형으로 변화하는 데 영향을 미쳤다. 이러한 관념의 힘은 **교육**, 도시화, **종교** 또는 **대중매체**를 통해 형성된다(Jayakody et al., 2008). 동시에 장기적이고 지속적인 '지구문화(geoculture)' 연구에서도 가족체계는 시대와 지역에 따라 공통점이 있지만, 차이점도 있음을 밝히고 있다(Therborn, 2004). 또한 정치권력과 법구조의 변화도 가족을 변화시키는 데 큰 영향을 미칠 수 있다(Abbasi-Shavazi and McDonald, 2008; Therborn, 2004).

역사학자들은 유럽과 신세계 사회의 가족생활이 지속적인 변화와 더불어 반복적 특성이 있으며, 대중은 긴 역사 동안 가족변화에 대한 불안감을 가졌다고 주장한다. 그러나 가족변화를 입증하려는 지나친 노력 때문에 가족의 **순환적 변화**과정이 아닌 선형적 변화과정이라는 잘못된 개념을 제시한 것 같다. 이것은 새로운 구성요소를 오래된 양식과 분류의 틀에 끼워넣은 것이다(Edwards, R., 2008). '가족'이라는 용어는 역사적으로 의미 자체가 변하고 있으며, 과거의 삶은 **역사적 원형**(historical arc)을 재고함으로써 정의된다. 현재의 문제와 욕구는 과거의 미덕과 연결되어 보다 좋은 미래로 발전하게 되는 것이다(Clarke and Fink, 2008). 흔히 가족변화는 **전통**에서 근대성으로 이동되었다고 이야기하지만, '전통적'이라는 개념을 정의한 적이 없고 근대가족의 변화를 입증할 수 있는 경험적 증거도 없다. 예를 들면, **산업화**와 더불어 고립된 **핵가족**으로의 전환이 일어났다는 가정에도 불구하고 친족 네트워크는 여전히 중요하다. 또한, 초기 산업화로 인해 **농경사회**의 확대가족이 도시화된 핵가족으로 변화되었다는 일반화는 상세한 역사적 증거들에 의해 반박되고 있다.

현대 사회학에서는 가족변화를 시대별로 구분하여 논의한다. 예를 들면

근대성, 후기근대성(late or high modernity) 그리고 **탈근대성**(post modernity)으로 나눈다. 근대성은 후기 계몽주의 **산업화된 사회**와 자본주의 경제구조, 그리고 합리적 과정에 대한 신념의 특성을 나타내는 용어이다. 산업화와 근대화 과정은 전통적인 농경사회로부터 이동하게 하였으며, 가정과 일에 대한 이데올로기와 물리적 분리를 이끌어냈다고 설명된다. 또한 어머니됨과 아동기를 위한 적절한 장소로서 가족 같은 가정이라는 이상을 만들어냈다고 설명된다.

근대성의 특성은 산업화가 국제화됨에 따라 변화되었다고 주장한다. 어떤 이들은 '후기근대성'을 설명하면서, 20세기 후반과 21세기 초반의 산업화 사회는 세계 자본주의가 입지를 굳히고 시민에 의한 감시와 통제가 만연한 시기였다고 설명한다. 그러나 다른 학자들은 그러한 사회를 불확실성, 불안정, 신념상실의 특성을 지닌 탈근대적 사회로 구분한다. 이러한 사회에 속한 개인은 자신이 누구인지 세상의 본성이 무엇인지에 대한 엄청난 불확실성을 지닌다고 주장한다. 이러한 개념 틀에서는 성별화된 노동분업이 분명히 이루어지는 핵가족을 근대성의 특징으로 본다. 반면에, 탈근대성의 특징은 개인 생활양식의 일부분인 파트너됨과 부모역할의 **다양성**과 유동성이다. 그러나 어떤 학자들은 탈근대성이 선택의 자유와 개별화의 지표도 되지만, 다양한 가족생활은 저렴하고 유연한 노동력을 필요로 하는 다국적 자본주의의 욕구와 부합한다고 주장한다. 그 결과로 남성들의 실업과 여성들의 취약한 저임금의 취업이 탈근대성의 특징이 되었다.

다양한 공적 정치적 논쟁을 통하여 많은 유럽과 신세계 사회에서 20세기 중반 이후 일어난 가족변화에 대해 주요 세 가지 해석이 존재하게 되었다.

1. 큰 변화가 진행되었고, 그것은 부정적이다(가족해체와 방계가족의 지지 상실은 사회적 동요와 무질서를 가져온다).
2. 큰 변화가 진행되었고, 그것은 긍정적이다(사람들은 개인의 생활양식을 자유롭게 발전시킨다).

3. 변화와 더불어 지속성이 존재한다(과거와 같은 가족변화가 일어나는 것에 대하여 도덕적 공황상태, 인종과 계층에 따른 가족과 사회적 분리가 지속된다).

때로는 이러한 논쟁에 대한 결과인 사회적 정책으로 인해 예기치 않던 가족변화가 일어나기도 한다. 예를 들면 몇몇 유럽국가의 출산율 저하는 취업모에 대한 지원 정책과 관련이 있을 수 있고, **성인노동자 모델**을 통한 가족생활의 지원은 지역사회생활과 가족돌봄의 약화라는 의도하지 않은 결과를 가져올 수도 있다(Lewis, J., 2003).

많은 유럽과 신세계 사회의 가족변화 양상은 **양적** 연구를 통해 분명히 알 수 있다. 예를 들면 **혼인율** 감소, **결혼연령** 및 **출산연령**의 증가, **가족과 가구규모**의 감소, **이혼율** 증가, 결혼과 출산에 대한 거부, **모자가구**(lone mother households)의 비율 증가, **다세대가구**의 감소가 여기에 속한다(Hantrais, 2004). 또한 20세기 후반에는 풍요로운 서구 국가들이 급격하게 변하였고, 최근에는 비록 같은 수준은 아니지만 변화율이 감소하고 있다. 동시에 유럽과 신세계 국가들이 경험하는 가족변화가 나라마다 다르고 다양하다. 예를 들면, 미국에서는 20세기 중반에 비해 만혼이 늘어나기는 했지만, 대다수의 성인은 결혼을 압도적으로 선택한다(Casper and Bianchi, 2002).

그러나 가족변화에 대한 일반화는 방법론적 기반에 관한 어려운 질문에 직면한다. 그 질문은 일반화를 이끌어낸 범주와 사람들이 느끼는 의미와 중요성에 대한 근거를 포함한다. 더구나 이러한 자료들은 가구유형에 초점을 두는데, 가족양식은 시간이 지남에 따라 지속될 수 있다. 더 나아가 문화적 가치체계와 가족유형은 **인구학적 전이**의 증가와 같은 다른 가족변화와 함께 지속적으로 변한다(Kağitçibaşi, 2007). 그러므로 가족변화와 지속성의 정도와 본질을 평가하기 위해서는 인구와 가구통계의 구성과 해석에 대한 깊은 관심이 필요하다.

통계적 유형의 변화 이외에도, 관계의 의미와 가족유대에 관한 논의가 가족변화와 지속성의 해석에 중요한 역할을 한다. Giddens(1991, 1992) 및 Beck와 Beck-Gernsheim(1995, 2002)에 따르면, 사람들의 성적인 것과 성별화된 관계 및 자녀에 대한 사고방식이 급격하게 변화되었으며, 그 결과 선택과 자기결정이 증가하여 때로는 **개인주의** 또는 개별화로 보이기도 한다고 주장한다.

그러나 '가족'의 일과 관계, 친족유대, 동반자 의식의 지속을 위한 바람, 그리고 자녀의 욕구에 대한 헌신 같은 지속성이 중요하다는 증거도 있다(Williams, 2004). 심지어 가구형성은 변하지만, 가족실천의 유형은 변하지 않고 지속되기도 한다. 그 결과 오히려 자녀의 삶에 대한 부모의 책임은 점점 더 커지며 견고해지고 있다.

가족의 삶은 역동적이고 다양하기 때문에, 가족변화와 지속성에 대해 합의된 견해에 도달하기에는 방법론적 및 이론적 어려움이 있다. 변화의 범위와 분석수준에 대한 질문이 달라짐에 따라 결과도 다르게 나타나며 사회적, 경제적, 정치적 그리고 개인적 과정이 모두 서로 연결되어 있다. **성별**(그 자체가 **이성애 규범성**과 연관됨)은 변화에 관한 논쟁의 주요 요소이다. 왜냐하면 권력관계와 여성 역할의 변화는 성별화되어있기 때문이며, 이것들은 지금 위기에 처해있다. 강한 도덕적 견해, 가치판단과 정치적 입장은 앞선 논쟁을 지지할 수도 있을 것이며, 문화적 가정은 분명히 중립적 논의를 근거로 할 수도 있을 것이다(예 : 자녀의 욕구에 관해). 만약 변화가 발생한다면, 변화 문제의 결정방법과 이유 그리고 경로와 관련된 보다 복잡한 질문을 해볼 수 있을 것이다.

요약

유럽과 신세계 산업 사회의 사회변화에 대한 이론에서는 초기 산업화의 특성으로 근대성과 후기 산업화, 후기 또는 탈근대성을 언급한다. 가족생활과 가족유형은 이러한 다양한 특징과 관련되어 변화한다. 가족변화와 지속성의 본질과 정도를 구분하는 것은 복잡하다. 특히 가치판단이나 정치적 논쟁과 관련되어 있는 경우에는 더욱 그러하다. 어떤 사람은 변화의 정도를 강조하고, 그 변화의 정도는 사회와 개인에게 이익을 주거나 해를 끼칠 수도 있다고 생각한다. 또 어떤 사람은 시간의 경과에 따른 가족생활 지속성의 정도에 초점을 두기도 한다.

관련문헌

Charles 등(2008), Gillies(2003), J. Lewis(2003)와 Williams(2004)에서는 가족변화와 지속성의 쟁점에 대해 개관한다. Cheal(1991)에서는 탈근대적 가족에 대해 논한다. Davidoff 등(1999)에서는 역사적 논의를 제공하고, Hantrais(2004)에서는 최근 유럽의 인구 통계학적 변화의 개요를 제공하며, Casper와 Bianchi(2002)에서는 미국에 대해 동일하게 제공한다. Therborn(2004)에서는 20세기 세계 가족 행동변화를 개관하며, Jayakody 등(2008)에서는 그 밖에 비관념적 관점에서 개관한다.

관련개념 비교학적 접근; 인구학; 가족유형; 개별화

제2장

가족학의
이론적 접근

1
기능주의

정의

기능주의(functionalism)는 '가족'을 사회질서가 유지되고 사회가 지속되기 위해 반드시 수행되어야 할 특정한 기능을 하는, 사회의 기본적인 단위를 구성하는 제도로 간주한다.

논의

사람들은 가족이 수행하는 기능을 언급할 때, 그 의미는 상당히 불확실할 수도 있다. 단순히 가족생활이 자녀양육과 같은 어떤 효과나 결과를 갖는다는 것을 의미할 수도 있고, 사회를 위해 가족이 수행하는 의도에 대한 사회학 이론으로 기능주의를 포함시킬 수도 있다.

　기능주의는 수십 년 동안 가족사회학 분야에 영향력을 행사했다. 사회학 이론으로서 기능주의의 기원은 간혹 특별히 19세기 프랑스 사회학자 Durkheim의 연구까지 거슬러 올라가는데, 그는 사회가 각 개인 행동의 총합보다 크며 사회는 오직 거시사회 수준에서 이해될 수 있는 체계적인 특성과 유형을 보여준다는 것을 설명하고자 했다. 이러한 생각은 20세기 중엽에 북미의 사회학계 내에서, 특별히 Talcott Parsons에 의해 생겨난 것으로, 그의 영향력 있는 저서들은 이론적 모델로서 기능주의를 완전하게 발전시킨 것으로 알려졌다(Parsons, 1964). Parsons는 사회가 지속적으로 존재하기 위해서는 수행되어야만 하는 어떤 '기능'이 있으며, 이것은 사회의 핵심제도를 통해 이루어지는데, 가족이 그 중 하나라고 주장했다. 기능주의는 '가족'을 가족원 개인의 행동을 초월하는 특징과 영향을 주면서 스스로 존재하는 견고한 대상으로 간주한다.

Parsons는 가족이 사회를 위해 두 가지 핵심 기능을 수행한다고 본다. 첫 번째는 다음 세대의 사회화인데, 이것은 미래의 사회를 위해 질서를 구현하며 헌신할 잠재력이라는 면에서 완전하게 기능을 수행하는 사회 구성원이 되기 위한 능력을 갖추는 것이다. 이것은 기능주의 이론에서 두 가지 측면을 구성하는데, 아동의 일반적인 학습, 사회적 규범의 **내면화**와 기대의 **문화전수**, 그리고 성인으로서 사회에서 수행할 특별한 역할에 대한 **역할할당**이다. 가족의 두 번째 주요한 기능은 친밀한 관계를 발전시킴으로써 **성인성격의 안정화**와 성인 인격에 충족감을 주고 조화로운 사회질서를 창출할 수 있도록 돕는 역할을 제공하는 데 있다. 이러한 기능들은 **핵가족**을 통해 특히 산업사회에서 가장 잘 수행된다. 남성들은 특히 유급노동을 통해 그들의 가족을 위한 공급과 공적 세계를 다루는 성숙한 **도구적 역할**을 수행할 것을 요구받는 반면, 여성은 **가사영역**을 책임지면서 자녀와 다른 부양가족을 돌보는 성숙한 **표현적 역할**을 수행하도록 요구받는다. 이상화하자면, 이 그림은 1950년대 중반 미국의 일반적인 가족의 모습에 대한 평범한 묘사라고 할 수 있다. 이것은 단지 무슨 일이 벌어지고 있는 것을 묘사하는 것이 아니라, 이러한 가족 모습이 사회를 위해 최적화되었다는 것을 시사하는 이론적 틀을 의미한다. 소위 가족 '해체'의 효과에 대한 두려움을 뒷받침하기 위해 느슨하게 지속하는 관점을 의미할 수 있다. 이러한 관점에서 보자면, 만약 가족들이 이러한 '기능'을 수행하는 데 실패한다면 사회질서는 달성되지 않을 것이다. 그리고 이 사회이론 내에서, 가족은 모두에게 이익이 되는 보다 광범위한 사회의 요구에 대응하여 **미시적 상호작용**을 **거시적 사회수준**에 연결하도록 한다. 그러므로 현대 미국인, 즉 백인 중산층의 가족생활에 대한 Parsons의 기술적 설명은 어떻게 사회가 조화로운 전체로 기능하는가에 대한 그의 이론적 모델과 분리해서 생각할 필요가 있다.

모든 사회기능을 수행하기 위해서는 가족을 필요로 한다는 주장, 가족은 모든 사회를 초월하여 보편적으로 발견되는 것이라는 Murdock (2003)의 주장과도 연결될 수 있다. 그러나 기능주의적 접근의 어려움 중 하나는 만약 현존하는 제도적 장치들이 항상 기능적으로 보인다면, 어떻게 사회변화가 발생하는가를 설명하는 것이다. 가족이 현대 산업사회에서 몇 가지 중요한 측면에서 수행해왔기 때문에 가족이 변화할 때, 이것은 사회의 기능 속에서 무엇인가 해체되고 있다는 표시이거나 또는 사회의 다른 측면, 예를 들면 경제적 변화, 가족이 경제 체계에 의해 단순한 방식으로 형성된다고 보는 **경제적 결정론**의 한 유형으로 연결됨에 따른 요구에 대응해 가족들이 변화하고 있는 것이다.

어느 쪽이든, 기능주의적 접근은 가족변화를 위한 기술과 설명의 일정한 방식을 발견해야 한다. 그런 설명 중 하나는 특히 가내영역으로부터 대규모 공장 영역으로의 생산이동과 의무교육 체계의 확립과 함께 산업화가 가족이 수행해야 하는 기능을 축소시켰다는 것을 말하는 것이다. 가족에게 남겨진 기능, 특히 사회화와 성인 인성의 안정화는 그 비중을 강화해왔다는 주장이 일부 있기는 하지만, 이러한 관점에서 보자면 사회에 대한 가족의 중요성은 감소하고 있다. 게다가 가족은 가장 주목할 만하게 **소비자 운동**을 위한 중요한 제도라는 새로운 기능을 획득하고 있다고 할 수 있다.

전반적으로 거대 사회이론으로서 기능주의는 많은 이유로 강력하게 비판받아왔는데, 20세기 후반에 이르러 크게 냉대받았다. 사회변화에 대한 제한적인 설명 외에도, 기능주의가 권력관계를 다루는 데 실패했다는 비판과 사회 내에서 비판적인 이익집단, 다른 사람들을 넘어서는 특정한 그룹의 이익보다는 모두를 위한 이익을 위해 작동하는 사회적 과정과 함께 사회를 조화로운 것으로 보는 비현실적인 관점을 무시했다는 것을 포함했다. 그것은 또한 사회를 '구체화했기' 때문에, 그리고 실수로 기능주의를 '작동'을 중단할 수 있는 기계 또는 '존재'하기를 중단할지도 모르는 유기체와 유사한 것으로 간주했기 때문에 비판받았다. 마지막 주요 비판은 개인을 사회적 힘의 수동적 반응자로 취급하며 인간 **주체**를 허용하지 못한 것이다.

그럼에도 불구하고 기능주의 이론의 어떤 특징들은 현대 가족학에 적절할 수 있다. 여기에는 가족의 상호작용이 단지 개별적인 과정으로 축소될 수 없는 사회적 합의를 생산한다는 가능성을 포함한다. 각각의 개인은 가족집단 내에서 특정 역할이나 부분을 수행할 수 있다. 또한 가족생활은 일부 사회적 과정에 영향을 미치며 다양한 사회적 기관들과 통합적으로 묶인다. 사실상, 가족에 대한 대다수 정치적인 논쟁은 가족들이 **사회질서**를 위한 주요 구성요소이거나 혹은 주요 구성요소이어야 한다는 관점에 집중되어 있다.

요약

기능주의는 사회가 서로 연결된 체계로서 작동하는 방식을 설명하는 복잡한 사회이론이다. 이러한 관점에서, 가족은 전체 사회체계의 부분을 형성하고 아동의 사회화와 성인의 인성과 역할의 안정화를 통해 사회를 위한 필수기능을 수행하는 하나의 제도이다. 하나의 이론으로서 기능주의는 비판받아왔지만, 이 이론은 가족생활이 사회의 다양한 전반적인 특징과 밀접한 관계를 맺는 방식을 강조한다는 면에서 여전히 어느 정도 가치가 있을 수 있다.

관련문헌

Parsons와 Bales(1955)에서는 가족의 기능주의 이론을 가장 완벽하게 설명한다. 기능주의 이론의 전성기에 대한 포괄적인 토론은 David H.J. Morgan(1975)을 참조하고, 기능주의 접근법의 관련성은 Kingsbury와 Scanzoni(2009)를 참조하라.

관련개념 가족변화와 지속성; 역할이론; 사회화

2
역할이론

정의

역할이론(role theory)은 사람의 특정 사회적 지위에 따라 기대되는 행동 또는 행동양식의 발달과정을 설명한다. 예를 들면, 할아버지, 어머니, 딸, 숙모, 사촌과 같은 용어는 친족, 세대 그리고 성별과 관련된 가족관계 내의 여러 가지 역할을 의미한다.

논의

역할이론은 연극의 은유(metaphor)를 사용하기 때문에 종종 극적이라는 평가를 받는다. 이 이론은 개인의 행위와 경제·문화적 양식, 구조 간 두 방향의 관련성을 증명하고자 한다. 가족생활 내의 개인적 경험은 집단관습에 의해 형성되며, 사회적 기대는 가족역할 행동에 의해 형성된다. 특정한 가족역할에 대한 전형적인 **정서**와 행동에 대한 기대는 그 역할을 담당하고 있는 '행위자'(예 : 가족구성원, 이웃, 보건전문가, 판사)로부터 올 수 있다. 어떤 가족의 역할은 **생득적**(예 : 아버지 또는 딸의 역할은 생물학적으로 고정된 것임)이며, 어떤 역할은 관계의 발전과 성취를 통하여 **획득된**(예 : 아내 또는 **계부**) 것이다. 역할이론은 일상적이고 내면적인 가족관계와 관련행동, 즉 '어머니로서의 역할'을 다루거나, 가족생활을 학문적으로 이해하고 설명하고자 한다.

역할이론의 중심내용은 개인의 **정체성**과 행동이란 그 사람이 속한 사회적 지위에 의해 형성된다는 것이다. 그러나 역할이론도 분파에 따라 그 내용이 다르다. 역할이론의 사회학적 견해를 표방하는 기능주의자들은 역할이 사람들에게 사회적 지위를 제공하는 것으로 미리 정해져 있고 학습되는 것이며, 때로는 생물학에 기반을 두고 있다고 주장한다. 이 접근과 유사한 **구조주의자**들은 가족과 사회적 역할은 사회기능을 원활하게 하도록 '문서화'되고 반복적인 상호작용을 통해 강요된 '각본'을 따른다고 강력하게 주장한다. 예를 들어 가족의 어린 **아들**과 **딸**은 아동기 동안 자신의 **성별화**된 역할에 맞추어 사회화된다. 한편, **상징적 상호작용주의**에서 역할은 여러 유동적인 사회생활에 대한 의미, 지침서와 같은 것이라고 주장한다 (notably stemming from Goffman, 1959). 이 접근에서 사람들은 기존의 역할을 단순히 '답습'하는 것이 아니라 가족을 포함한 여러 분야의 역할을 협상하고 발전시키며, 다른 사람과의 상호작용을 통해 그들의 역할과 관련된 정서와 행동을 개선한다고 주장한다. 또한 사회심리학과 관련이 깊은 인지적 역할이론은 개인이 역할기대와 행동을 협상하는 방식을 강조하며, 특히 역할에 대한 일치가 아닌 불일치가 있는 경우를 더 강조하였다.

남편과 부인의 **부부역할**은 모든 역할이론 관점들이 관심을 두는 주제이며, 특히 사회학적 개념을 형성하고 가족생활을 이해하기 시작하던 20세기 중반 고전적 연구에서는 더욱 그러했다. 기능주의자인 Talcott Parsons (Parsons and Bales, 1955)는 **생계부양자 남편**과 아버지로서 남성 가구주는 '천성의' **도구적 역할**을 수행하고, **돌봐주는 아내**와 어머니로서의 여성은 **표현적 역할**을 수행한다고 구분하였다. 기능주의자들은 이러한 역할

61

구분을 최고의 효과를 나타낼 수 있는 '상보적인' 관계라고 생각한다. 반면 Berger와 Kellner(1964)는 **결혼**에 대한 해석적 연구를 통해 **남편**과 아내가 어떻게 자신의 역할을 선택하고 행동하는가의 중요성을 밝혔다. 그들은 결혼이라는 현실은 배우자 간 협상과 주장을 통해 구축해가는 과정이라고 주장하였다. Bott(1957)는 보다 구조주의적이며 고전적인 연구를 통해 부부역할을 두 가지 유형으로 구분한다. 구분된 역할은 아내와 남편의 성별에 따라 분명한 노동분업이 이루어지는 것을 말하며, 공동의 역할은 남편과 아내가 의사결정과 집안일을 함께 하는 것을 말한다. 지난 수십 년 동안 유럽과 신세계 사회에서 부부역할이 덜 구분되었다는 점에 대해서는 의견이 분분하지만, 특별히 성별과 관련된 부모의 '**역할 바꾸기**'가 일어났다는 점에는 잠정적이고 지속적으로 동의한다. 예를 들면, 어머니가 생계부양자가 되고 아버지가 돌봐주는 역할을 담당하는 경우이다.

현대사회는 아버지역할과 어머니역할에 대한 기대와 관련하여 역할긴장, 역할갈등, 역할과부하에 대한 관심이 높아졌다. 이 용어들은 사회적 규범과 행위 간, 또는 역할들 간의 선택적 행동에 따른 긴장을 묘사할 때 교체하여 사용되기도 한다. 그러나 용어들 간에는 미묘한 차이가 있다. 예를 들면, '과부하'라는 뜻은 달성해야 할 역할이 너무 많다는 것을 강조하며, '갈등'은 다른 역할들 간에 모순이 많다는 것을 강조하지만 이 두 가지는 동시에 발생할 수도 있다. 예를 들어, 현대의 아버지는 자녀를 부양할 수 있는 충분한 돈을 벌기 위해 열심히 일하는 **생계부양자** 아버지역할과 자녀의 일상 양육에 참여하고 행동하는 좋은 착실한 아버지 사이에서 시달린다. 마찬가지로 현대의 어머니들은 어머니역할, 아내역할, 배우자역할, 임금노동자역할, 때로는 연로한 부모에 대한 딸의 역할 등과 같이 자신과 타인으로부터 다양한 기대 때문에 느끼는 스트레스가 많다. 이러한 이슈들은 종종 **일·가족 균형** 정책의 기반이 된다. 가족 내 자녀가 차지하는 역할에 대한 관심은 적은 편이지만, 청소년들은 가족과 또래집단의 기대 간에 역할갈등을 경험할 수 있다.

역할이론에 대한 비판은 주로 구조주의자에 대한 것으로, 가족의 복잡한 실제 행동을 과도하게 단순화시킨 것은 위험하다고 강조한다. 또한 가족생활과 행위의 실제와 강조점을 형성하는 데 영향을 미치는 역사적·사회적·규범적 맥락의 변화와 다른 물질적·구조적 환경을 무시하였다는 점에서 비판 받는다. 유럽과 신세계 사회에서 발달한 역할이론은 **문화제국주의적**일 수 있다. 왜냐하면, 다른 지역에서는 있을 수 없는 특정 유형의 가족역할 개념을 강요하는 경우도 있기 때문이다.

어떤 여성주의자들은 역할이론이 **가부장제**를 지지하고, 가족 안의 **불평등**, 권력과 저항을 외면하며 성의 정치학을 고려하지 않았다는 점에 대해 비판한다(Rapp et al., 1979). 예를 들면, 긴장은 여러 역할들이 맞물려질 때 생기는 것을 의미하며 여성이 더 많이 느낀다. 긴장은 많은 역할을 정리하거나(여성이 전업주부가 되거나) 또는 자신이 하는 일에 능숙해지면(여성이 보다 잘 훈련을 받게 되면), 역할들 간에 조화가 생길 것이라고 가정한다. 역할이론에 대한 또 다른 의문은 개인의 정체성과 행동을 타당성 있게 설명할 수 있는가에 관한 것이다. 왜냐하면 가족관계에서 어머니란 존재는 변호사, 비서, 학생과는 다른 존재이기 때문이다. 역할이론은 **사랑**, 눈물, 노력 그리고 양가감정이 포함된 복합적인 정체성을 생성하는 가족관계의 중요성을 간과하고 있다. 그럼에도 불구하고, 역할이론은 특정 역할을 수행함에 있어 개인 정체성의 지각과 정서혼란 때문에 불편함을 느낄 수 있다는 것을 강조한다.

요약

역할이론은 연극의 은유를 활용하여 개인의 행동과 경제·문화적 양식과 구조 간의 관련성을 설명하는 이론이다. 역할이론은 관점에 따라 여러 분파로 나뉜다. 기능주의에서는 가족과 다른 역할은 미리 정해져 있고 학습되는 것이며, 사회기능을 원활하게 하는 데 필요한 것이라고 본다. 구조주의자들은 사회에서 규정해준 가족 내 역할에 초점을 둔다. 상징적 상호작용주의자들은 가족과 다른 역할을 타인과 상호작용을 통해 협상하고 사회생활에 의미를 부여하는 것이라고 말한다. 역할이론은 가족생활과 관계를 지나치게 단순화시켰다는 점에 대해 비판받는다.

관련문헌

Biddle(1986)에서는 다양한 해석의 역할이론 개관을 제공하며, Cheal (2002)에서는 일반적 가족생활의 관계에서 역할이론을 논한다.

관련개념 커플돔; 노동분업; 기능주의; 현상학적 접근

3
합리성

정의

가족생활에서 '합리성(rationality)'[6]이라는 개념은 가족이 어떻게 선택을 이해하는가와 어떻게 올바른 선택을 결정하는가에 대한 이론적 접근을 제공한다. 합리성의 개념틀에는 두 가지 주요한 접근법인 경제적 합리성(호모에코노미쿠스, *homo economicus*; 경제인간)과 도덕적 합리성(호모 소시올로지쿠스, *homo sociologicus*; 사회학적 인간)이 있다.

논의

가족생활을 분석함에 있어서 '합리성'을 사용한다는 것은 사람들이 자신의 삶을 선택하고 자신의 선택을 결정하는 방식을 이해하고자 한다는 것

---

6) '합리성'이라는 주제는 이론적 접근보다 철학의 영역에 들어갈 것이다. 그러나 역자들은 합리성이 가족학의 주요 관점인 선택이론이나 교환이론의 철학적 근간이 되므로 이 장에 포함시키기로 하였다.–역자 주

을 전제로 한다. 예를 들어, 독신으로 살 것인가? 결혼을 할 것인가? 자녀를 낳을 것인가? 언제 자녀를 낳을 것인가? 남녀 간에 책임과 자원을 어떻게 분배할 것인가 등과 같은 내용이 포함된다. 합리적 개념틀 안에서 어떻게 선택이 이루어지는가를 설명하는 두 가지 개념이 있다. 하나는 합리적 선택이론이며 다른 하나는 도덕적 합리성이다. 각각의 이론들은 인간 동기에 대한 다른 관점들을 가지고 있다.

합리적 선택 이론은 가족들의 행동에 대한 고전적 · 신자유주의적 · 경제적 아이디어를 적용하며, 유럽과 신세계 사회의 후기 산업화 계몽주의 사고와 긴밀하게 연결되어 있다. (합리적 선택이론에서는) 사람을 일관된, 정렬된 선호도(취향)를 가진 개별적이고 개인적인 주체로 간주한다. 사람들은 선택을 할 때, 다른 선택과 비교하여 비용과 이익을 합리적으로 계산하며, 최대한 실현 가능한 이익(유용성)을 가져다줄 것이라고 생각되는 것을 선택하려고 한다. 이러한 과정은 선택과 선호도를 생성하고 형성해주는 '외부' 사회상황과 분리된 것처럼 보인다. 도구적 개인을 표현하는 용어는 호모에코노미쿠스(*homo economicus*, 경제인간)이다. 자신의 이익을 추구하는 이 접근은 종종 **유전적 추동** 논쟁에 대한 경제적 버전으로 보인다.

Becker는 **가족경제**라는 용어를 개발하기 위한 개념틀을 만들었으며, 이 개념을 가족생활의 국면에 적용한다. 그는 **결혼**이 공급과 수요의 경제법칙에 의해 통제되며, 특히 남자는 노동시장에서 **생계부양자**로 여성은 돌보는 사람과 **전업주부**로서 배우자 각자 자신만의 질적 수준과 경험(**인적자본**)을 소유하고 있다. 그들은 생산성과 효율성을 극대화하기 위하여 자신들의 상호보완적인 전문성을 '교환'하고자 파트너와 계약을 맺는다. 사람은 미혼으로 있거나 다른 사람과의 결혼에서 더 많은 이익을 얻을 수 있을 때 결혼을 선택한다(Becker, 1976). **이혼** 결정도 이와 유사하다. 여성의 **고용증가**와 가정이 아닌 외부에서 제공하는 아동보육의 발달로 인해 비용과 이익에 관한 방정식이 변할 수 있지만, 그 원칙은 그대로이다. 유사하게, 경제적 불안 맥락에서 혼외 **출산**과 동거 또는 **홀어머니**의 증가는 합리적 선택의 결과이다. 여성이 고학력이며 직무경험과 고용기회가 더 많은 경우, 저임금이거나 실업 상태인 남성과 결혼한다는 것은 경제적으로 이해되지 않는다(Moffitt, 2000).

이와 반대로, **도덕적 합리성**은 경제적·개인적 이익보다는 사회적·관계적 이익을 더 우선순위에 두는 개념이다. 이 관점에서 경제적 합리성은 사회적으로 생성된 규범적 이해가 없이는 진행될 수 없다고 본다. 즉, 가족 행동에서 도덕적 합리성이 우선이며 합리적 경제적 선택은 이차적 요소라고 본다. 사람들은 여전히 합리적으로 행동하기는 하지만 자신이 살고 있는 사회적·문화적 맥락 안에서 옳은 것과 적절한 것을 평가할 때는 **상호주관적**으로 한다. 경제적 고려는 여전히 중요하지만 도덕적·규범적 선택을 하는 경우에는 논리적으로 이차적 요소로 간주된다. 이러한 입장의 도덕적 행위자는 경제적 인간이 아니라 사회적 인간이다.

예를 들면, Jordan 등(1994)은 높은 직장임금을 받는 커플을 대상으로 한 연구를 통해, 경제적 합리성은 성별화된 분업에 대한 도덕적 헌신을 지지하고 합법화함에 있어 이차적인 방식으로 사용된다고 주장한다. Duncan과 Edwards(1999)는 어머니의 유급**노동**의 이용과 관련하여 보다 '성별화된 도덕적 합리성'이라는 사회적인 개념을 연구하고 있다. 그들에 의하면, 어머니는 유급노동과 부모역할에 대한 결정을 단순히 경제적 비용과 이익 계산만을 토대로 하는 것이 아니며, '좋은' 어머니의 구성에 대한 도덕적 가치를 우선으로 둔다고 주장한다. 이러한 것들의 토대가 되는 결정과 가치는 다양한 사회적 네트워크와 사회집단, 문화적 환경 맥락 안에서 협의된다. 그러므로 사람들의 적절하거나 옳은 행동에 대한 이해가 각자 다르다.

전체적으로, 가족이 고정된 선호도와 자기이익을 감안한 자신의 행동의 경제적 결과에 따라 행동한다고 보는 합리적 선택 이론은 비판을 받았다. 왜냐하면, 사람들이 사회적 맥락 안에서 자신의 삶을 결정하고자 도덕적 추론을 사용한다는 것을 놓쳤기 때문이다. 이에 대응하여, Becker(1996)는 자신의 합리적 선택 '가족 경제' 모델에 개인적 그리고 **사회적 자본** 개념을 통합시킨다. 이것은 논란의 여지가 있다. 또한 그의 가설은 20세기 중반 미국에만 제한적으로 적용되는 것 같다(Therborn, 2004). 그럼에도 불구하고, 어떤 사람들은 특정한 방식에 있는 사람들을 동기화하기 위한 현대 가족 정책계획에서 분명히 또는 암암리에 적용할 수 있는 것은 합리적 · 경제적 선택의 개념틀이라고 종종 주장한다. 이러한 관점에서 보면, 합리적 경제선택이론과 정책수행은 '합리성의 실수'가 되고 있다(Barlow et al., 2002).

요약

합리성은 가족이 어떻게 선택을 이해하고 최선의 행동을 결정하는가를 설명하는 개념이다. 다른 모델들은 인간의 동기에 대해 다른 견해를 가지고 있다. 합리적 선택이론에서는 인간을 자신이 최대한 실현 가능한 이익을 얻고자 경제적 비용과 이익결과를 계산하는 도구적 개인인 호모에코노미쿠스(경제인간)라고 추정한다. 도덕적 합리성, 특히 성별화된 도덕적 합리성에서는 인간을 호모소시올로지쿠스(사회학적 인간)라고 하며, 인간을 다양한 사회적 네트워크와 문화적 환경 맥락 안에서 옳고 적절한 것을 협상하는 사회적 행위자로 본다.

관련문헌

경제학과 철학의 주제는 일반적으로 이성과 합리성을 논의한다. Casper와 Bianchi(2002)에서는 가족생활과 지속적으로 이용하는 부분의 경제적 · 합리성 이론을 소개하며, White와 Klein(2008)에서는 충분한 논의를 제공한다. Carling 등(2002)에서는 경제적 합리성에 의해 주관되는 가족관련 행동의 비판, Brynin과 Ermisch(2009)에서는 가족과 관계의 분석을 위한 경제적 · 사회적 접근들을 비교한다.

관련개념 노동분업; 가구; 협상; 역할이론

4
가족체계론

정의

가족체계(family system)의 개념은 가족이 완전한 독립체이며, 각 구성원들은 상호간 밀접하게 연결되어 있다는 것을 설명하기 위하여 공학에서 비롯된 체계개념을 기초로 한다.

논의

가족체계이론에서 가족은 서로 연결된 단위로 바라본다. 가족구성원은 각자의 주관적인 경험을 하기도 하지만, 상호교환적인 방법으로 서로에게 지속적인 영향을 끼친다고 이해된다. 가족 간의 행위나 역할은 **상호의존적**이므로, 가족구성원 중 한 사람의 기능변화는 필연적으로 다른 구성원의 기능을 변화시킬 수 있다. 비록 가족 간 상호의존성의 정도는 다를 수도 있지만, 그러한 상호의존성은 항상 존재하는 것으로 여겨진다.

가족을 바라보는 이러한 접근은 유기체나 기계에 적용되었던 일반체계이론에서 유래되었다. 체계는 요소와 그 특성, 그리고 이들 간의 관계로 구성된다. 다른 요소들은 비교적 안정적인 관계를 나타내며, 이것을 구조라고 볼 수 있다. 그리고 체계의 다른 부분들은 이 구조 안에서 서로 인과적으로 연결되어 있다(Tufnell et al., 1998 참조).

체계이론은 다양한 **가족치료**의 가장 기본이 되는 이론이다. 체계이론은 가족 내에서 '잘못된' 것을 확인하고 설명하며, 그것을 '올바르게' 하도록 돕는 적용이론이다. 이러한 관점에서 어떤 가족체계는 역기능적이라고 보는 반면, 어떤 가족체계는 건강하거나 기능적이라고 본다. 체계이론은 (정신)건강 문제와 삶에서 어려움을 겪고 있는 개인의 치료는 다른 가족원이 치료에 참여해야만 성공할 수 있다고 본다. 왜냐하면 개인의 행동, 신념 그리고 정신적 상태가 가족체계의 필수적인 부분이기 때문이다.

가족체계의 중요한 국면은 가족이 가족체계를 위해 특별한 기능을 수행하고, 개인의 변화는 체계의 다른 개인에게 영향을 미친다는 점이다. 예를 들면, 어떤 한 개인이 가족의 '희생양(scapegoat)'이 되어 다른 가족원으로부터 자신의 '잘못된 행위'에 대한 비난을 '감당해야'만 하는 경우가 있다. 형제자매들 사이에서는 한 아이가 '말썽부리는' 아이의 역할을 맡을 때, 다른 아이가 '착한' 아이의 역할을 맡는 경우이다. 그런데 말썽부리는 아이의 행동이 변하기 시작하면 그 행동이 전체 체계에 영향을 미치고, 그 결과 착한 아이가 예전보다 말썽을 피우기 시작한다. 가족체계의 관점에서 개인은 특정한 '가족 각본(family scripts)'(Byng-Hall, 1985)에 의해 행동하므로, 개인의 행동을 이해하기 위해서는 그 개인이 속한 전체 맥락을 이해해야 한다. 또한 개인은 '직소 퍼즐(jigsaw)'의 한 조각처럼 가족체계의 한 부분을 차지하며, 이러한 조각들을 통해 전체가족이 구성된다. 심지어 자신이 맡은 부분 때문에 비난이나 처벌을 받는 경우도 있다.

가족체계의 개념은 세분화되거나 확대될 수 있다. 예를 들면, 가족체계는 형제자매 하위체계나 부부 하위체계로, 개인은 '내적' 하위체계로 세분화되어 구성된다. 또한 가족체계는 **메타체계**에서 보면 **외부환경**과 연결되어 있다. 가족체계는 변화가 일어날 때 균형 또는 안정적 상태인 새로운 '**항상성**'을 유지하려는 **피드백 메커니즘**을 가지고 있다. 그러나 어떤 이들은 가족연구에서 변증법적 관점의 유용성을 주장한다. 변증법적 관점에 의하면, 어떠한 균형도 순간적일 뿐이며 그러므로 가족을 둘러싼 변화, 관계 그리고 갈등에 따른 다양한 긴장감이 항상 존재한다고 주장한다(Chandler Sabourin, 2003). 또한 가족체계이론은 **시간**에도 관심을 기울이며, 이전 세대의 가족과정이 현재 가족체계에 영향을 미친다고 본다.

Bronfenbrenner(1979)는 일련의 상호작용체계인 가족을 자세히 설명하기 위해 가족의 심리내적 작용에 영향을 미치는 다층체계모델을 제시하였다. 만약 가족체계가 해결하지 못하는 가족환경의 변화나 가족체계 자체의 변화(예 : 가족 구성원의 질병이나 죽음)가 일어난다면, 그 변화에 대한 반응은 반드시 직면해야 하는 순응적인 도전으로 이해된다. 그러나 어떤 사람들은 **생태학적 모델**이 가족체계를 둘러싼 환경에 관심을 갖게 한 점에서 공헌을 하였지만, 맥락에 대한 보다 복합적이고 상호작용적인 이해가 더 필요하다고 주장한다(Uttal, 2009).

초기 가족체계이론에서 '가족'의 개념은 종종 제한적이고 자민족중심주의였으며, **핵가족**이었다. 시간이 지나면서 이 '체계'는 구성방식과 '가족'의 여부보다 장기간의 지지적인 관계를 고려하게 되었다. 그럼에도 불구하고 여전히 **이성애 규범성**(Leslie and Southard, 2009)을 기반으로 두고 있는 것 같다. 개인이 어떤 가족체계의 구성원에 해당하는지를 조사하고 그 체계의 내부와 외부를 **경계** 짓는 것은 필요한 작업이다. 그러나 어떤 사람은 체계이론이 가족생활에 부적절하게 적용되었다고 주장한다. 가족은 서로 연결된 내부적 집단과 외부환경 사이의 명확한 물리적 경계를 가진 기계적·생물학적 체계와 동등하지 않다. 가족경계는 관계를 맺고 있는 사람들에 대한 인식과 이해에 따라 유동적이고 불확실하다.

게다가 체계이론에서 보편적인 기준들을 제시하였다고 말하지만, 가족체계 내에서 말하는 '건강한' 기능의 기준은 특정 문화에만 해당될 수 있다. 예를 들어 '밀착된' 가족개념은 인간 개인의 경계에 대한 명확한 지각 없이 가족 구성원들이 서로 다른 사람의 삶에 과도하게 관여하는 것을 말한다. 그러나 문화에 따라 개인의 **자율성**과 가족 **연결성**(Dilworth-Anderson et al., 1993) 사이의 적절한 균형에 대한 생각이 다르며, 그 두 가지를 갈등이라고 보지 않을 수도 있다(Kağitçibaşi, 2005). 최근에는 가족 내 '**역기능**'이라는 개념에 의문을 품는다(Levner, 1998). 가족치료의 다른 접근법을 구성하는 함축적인 가치와 더불어 치료자의 중요성과 치료자가 구성하는 치료적 만남의 방식은 논쟁의 주제가 되고 있다(Melito, 2003).

가족체계이론에 대한 또 다른 주요 비판은 외부체계에서 생겨난 구조적으로 정형화된 권력차원(예 : **성별, 계층, 민족성**)을 설명하지 못했다는 점이다. 왜냐하면 외부체계는 가족체계 내의 역동적인 상호작용에 영향을 미치기 때문이다(Miller and Perelberg, 1990).

가족체계이론이 가족치료에 끼친 공헌은 개인의 행동과 기능을 그가 속해 있는 관계망의 맥락에서 고려했다는 점이다. 가족치료자는 개인뿐만 아니라 사람들 사이에서 어떤 일이 있어나는지에 대하여 관심을 두고, 문제 해결책은 개인보다 관계를 맺고 있는 사람들에 대한 치료에 있다고 본다. 그럼에도 불구하고 가족문제보다 개인을 강조하는 실천 전문가들도 많다.

요약

가족체계이론은 가족 관계망의 상황에서만 이해될 수 있는 개인의 행동들이 연결되어 가족을 구성했다고 보는 치료적 접근의 기초이다. 체계이론에서 가족체계는 환경 또는 다른 적응과제에서 살아남기 위해 내부적 균형을 유지하려 한다고 가정한다. 체계적 치료는 건강한 기능에 대한 평가방식과 가족체계의 정의방식에 대해 비판을 받는다. 그리고 다양한 사회적 과정에서 유래된 권력에 따른 차별에 대한 이해가 부족하다는 점에서 비판을 받는다.

관련문헌

Horne과 Ohlsen(2002)에서는 가족치료에 대한 다른 접근법을 소개한다. Sutcliffe 등(1998)에서는 가족위기에 대한 체계접근법의 예시를 든다. Leslie와 Southard(2009)에서는 가족치료에 대한 여성주의 영향을 논한다.

관련개념 아동발달; 기능주의; 문제가족

5
갈등이론

정의

갈등이론(conflict theory)은 가족 내에서 그리고 가족들 사이에서 발생하는 권력 불평등에 주목한다. 이 이론은 가족을 억압적인 제도라고 보는 견해를 가지고 있다.

논의

갈등이론은 권력이 어떻게 가족생활의 주요 특징이 되는지를 광범위하게 설명한다. 그리고 권력이 어떻게 가족유형과 불평등을 초래하는지에 대해 설명한다. 이 개념 틀은 변화가 필요하다는 책임감에서 시작되었다. 어떤 갈등이론은 대인관계의 역동에 초점을 둔다. 예를 들면, 가족 내 존재하는 잠재적 긴장과 신체 및 심리적 폭력을 주장한 정신과 의사 R.D. Laing (1971)의 이론이 여기에 속한다. Laing은 정신분열과 같은 어떤 정신질환은 가족 간의 관계와 의사소통 유형에 그 원인이 있다고 주장했다. Laing

은 가족생활의 정치 혹은 권력역동은 실제로 가족에서 일어나는 사실을 왜곡하는 의사소통으로 이끌 수 있으며, 개인을 정신이상으로 만들 수 있는 '이중구속(double-bind)' 상황에 놓이게 할 수 있다고 하였다. 이 맥락은 난해한 언어적 의사소통이 가족 간 갈등관계를 만들어낼 수도 있음을 이해하게 해준다. 그러나 이 접근은 가족생활에 대한 다른 대안을 이론화하여 제시하지 못했다는 점에서 비판받는다.

대부분의 갈등이론은 사회의 권력 역동에 보다 큰 관심을 둔다. 특히 마르크스주의와 여성주의 접근이 여기에 속하며, 이 접근들은 특수한 가족경험의 실제에 충분한 관심을 두지 않았다는 점에서 비판받기도 한다. 이 접근이 기능주의적 접근과 유사한 점은 가족의 **미시적 상호작용**에서 **거시적 사회질서**와 연결방식에 관심을 둔다는 점이며, 차이점은 갈등이론이 이러한 과정을 집단에 따라 이익과 손해가 달라지는 사회체계로 본다는 것이다.

일부 저자들은 가족이 모든 형태의 **불평등**과 차별이 일어나는 주요 사회적 맥락이며, 이것은 성별, 세대, 연령(Ribbens, 1994)과 같이 '당연한' 것으로 받아들여지는 가족관계의 분리 경험과 '그들과 우리'라는 **경계**를 만들어내는 가족경험에서 발생한다고 주장한다(Bernardes, 1985). 가족의 이러한 경험은 사회적 불평등과 위계 관계(예 : 어른과 어린이 간의 관계)가 '정상적'이며 필연적이라는 사고를 갖게 할 수 있다. 그 결과 이러한 불평등이 가족생활에 더 깊이 내면화되고, 이후 자녀들의 학교와 일터까지도 영향을 미칠 수 있다. 그러나 동시에 가족들 개개인이 일터와 학교로부터 위로와 더 높은 위계를 갖게 될 것이라는 믿음(예 : 아이가 **성인**이 되는 경우, 또는 연령에 의해 더 높은 지위를 갖게 되는 경우)을 얻게 된다면, 불공정과 불평등을 조율해 나갈 수도 있다.

마르크스주의 이론은 특히 **계층**의 이익을 바탕으로 한 갈등에 초점을 둔다. 이 개념 틀에서 모든 사회는 일상생활에 필요한 생산수단을 통제하는 이익집단이 존재하며, 이러한 지배집단은 다른 집단보다 이익을 더 차지한다고 본다. 특히 **자본주의 사회**의 **지배계층**은 노동자계층의 노동에 대한 보상을 제대로 하지 않고 그들의 생산물을 가져가며, 이것은 **잉여노동가치**를 취득한 것이라고 주장한다. 그러나 이러한 **착취**는 종교와 같은 이데올로기에 의해 철저히 가려져 있으며, 이른바 '**허위의식**'으로 그러한 상황을 수용하도록 피지배계층의 사람들을 '현혹하고' 있다고 주장한다.

이러한 관점에서 가족은 자녀를 허위의식 속에서 사회화함으로써 현존하는 불평등을 재생하게 된다고 본다. 자녀양육의 사회화보다는 불평등이 음식과 주거지를 위한 노동력의 물리적 유지를 위하여, 다양한 일상생활 방식에서 **재생산**된다는 것에 더 관심을 가진다. 또한 어른들은 **가족유대**를 위해 사회의 안정을 바라는 역할을 고수할 수도 있다. 예를 들면, 한 집안의 중심 **생계부양자**인 노동자계층의 남성은 직위박탈의 위험 혹은 더 나아가 가족에게 주어질 수도 있는 불이익을 감수하면서까지 자본주의 생산시스템의 불평등에 대항하지는 못할 것이다. 정부는 가족생활을 규제하기 위하여 이 과정을 지지한다. 왜냐하면, 특정계층의 특권과 착취를 영구화하는 데 필요한 생산욕구에 부합하는 재생산이 필요하기 때문이다(MacIntosh, 1979).

허위의식 중에 하나는 권력 불평등을 정당화하기 위해 사용되는 일련의 신념인 **가족이데올로기**이다. 유럽과 신세계 사회에서 이 신념은 **부르주아 가족유형**(예 : 사적인 **핵가족 가구**)의 삶 속에 숨겨져 있다. 자본주의 사회의 부르주아 가족유형은 사유재산의 양도와 경제동맹의 창출에 대한 욕구를 기반으로 가장 우선시된다. 그러므로 가족을 지배계층의 사유재산과 특권이 전달되는 경로라고 본다. Engels(1884)는 자본주의가 엘리트 남성이 여성의 성을 지배함으로써 그들의 부와 재산을 확실히 **상속**할 수 있게 되었다고 주장했다. 그리고 가족연구에서는 가족을 자본주의 사회의 욕구에 적합하며 조화롭고 중요한 가족 이데올로기를 재생산하는 **제도**로 생각하기 때문에 비판적 분석을 못하고 있을 수도 있다.

마르크스주의 이론에서 계층의 이익은 가족생활을 통해 표출되며, 이것은 노동자계층의 손해를 통해 이루어진다고 본다. 이 관점에 의하면 '인종'과 민족성에 대한 불평등은 가족양식을 통해 영속되며, 이 불평등은 또한 계층착취와 연결된다. 그럼에도 불구하고, 노동자계층인 흑인과 소수민족의 가족생활을 다룬 갈등이론 저서에서 애매모호한 부분이 발견되기도 한다. 왜냐하면 가족은 계층과 인종에 의한 착취와 같은 억압적 자원이기도 하지만, 사회의 다양한 인종차별과 명예훼손으로부터 보호해주는 방벽과 피난처일 수도 있기 때문이다.

갈등이론은 여성주의자들이 가족 내에서 여성보다 남성의 위치를 더 높다고 평가하는 성별위계와 권력 불평등을 연구하는 데 공헌하였다. 이 연구의 장점은 여성에 대한 착취(예 : 무임금 노동인 **가사**와 자녀 돌봄)와 비교되는 임금노동을 통한 **자원**의 접근성과 이들 간의 권위/권력관계를 살펴볼 수 있다는 점이다. 이것이 **가사노동논쟁**이며, 이 이론은 여성의 가족기반 노동이 착취를 위한 수단이므로 가사노동에 대한 임금이 지불되기를 촉구한다. 즉, 여성주의 접근법의 주요 공헌은 가구 내 **경제적 거래**를 강조한 점이다. 여성주의의 한 분파인 마르크스주의 페미니즘은 계층 간 불평등을 보완하고 증폭시키는 원인을 성별 간 불평등이라고 본다. 또한 급진적 여성주의는 가족 내 여성착취의 근본적인 원인을 **가부장제**로 본다. 여성주의는 폭력과 학대에 대한 가족갈등의 개인적인 경험들을 조명하는 데 매우 중요한 역할을 하였다.

요약

갈등이론은 가족을 양육과 사랑의 장소로 바라보는 일상적 생각을 넘어서 그 '이면에 숨겨진' 갈등과 권력역동을 가시화한다. 마르크스주의와 여성주의 접근은 자본주의 또는 가부장제를 기반으로 발생하는 다양한 사회적 불평등과 관련된 갈등 및 권력문제를 분석한다. 이러한 관점들은 가족가치와 가족이데올로기에 의해 드러나지 않을 수 있는 가족생활이나 관계에 있어서 학대, 폭력, 억압을 다룬다.

관련문헌

David H.J. Morgan(1975, 1985)에서는 갈등이론에 대한 다양한 접근을 개관한다. Barrett와 MacIntosh(1982)에서는 성 착취를 근거로 한 갈등이론에 가족을 접목시킨 영향력 있는 접근을 제시한다. 최근의 개관은 Farrington과 Chertok(2009), White와 Klein(2008)을 포함한다.

관련개념 노동분업; 여성주의; 기능주의; 권력

6
여성주의

정의

여성주의(feminisms)는 가족과 그 영향력을 해석하는 방식에 따라 여러 학파로 나뉜다. 그러나 모든 여성주의는 여성을 가시화하면서, 성별(젠더) 정책에 관심을 가지며 권력의 주요 장소인 가족, 특히 어머니역할을 이해하고자 한다.

논의

여성주의는 여러 물결로 나뉘어 발전하였는데, 첫 번째 물결은 19세기 유럽과 신세계에서 발생하였으며, 두 번째 물결은 20세기 중반에서 후반, 그리고 세 번째 물결은 21세기 초반에 발생하였다. 여성주의자는 연구를 통해 가족은 사회조직 내 사회제도로서 특정한 역할을 담당하고 있다고 주장하며, '선천적' **성역할**이라는 개념에 도전해오고 있다. 여성주의의 가장 큰 공헌은 어머니됨과 가사노동에 대한 새로운 질문을 던졌고 가정**폭력**을 가시화한 점이다. 여성주의 이론은 자유주의적 관점, 사회주의적 관점, 급진주의적 관점으로 분류된다. 그러므로 '여성주의(feminisms)'라고 표기할 때는 단수형태가 아니라 복수형태로 표현한다. 각각의 여성주의 접근법은 사회제도로서의 가족과 가족관계의 장단점에 대해서 다른 강조점을 둔다. 여성주의는 지적인 연구 활동뿐만 아니라 때때로 여성해방운동이라고 불리는 정치활동을 통해 세계여성의 권리를 위해 힘쓴다. 그러나 어떤 연구자들은 여성주의적 연구와 활동이 가족학 연구에 중요한 영향을 끼친 점도 있지만, 가족학 연구에 여성주의적 사상과 관련지은 것을 '교착상태에 빠진 혁명'이라고 주장한다(Allen, 2009: 9).

모든 여성주의에 대한 보편적인 가정은 '반가족(anti-family)'이다. 사실, 비평가들은 여성주의의 제2물결 등장이 전통적인 양쪽 부모, **남성 생계부양자가족**의 붕괴에 책임이 있다고 말한다(예 : Dench, 1997). 여성주의가 가족과 가족관계를 강압적인 것으로 보는 것은 분명하지만, 그것을 장점으로 보는 관점도 있다. 여러 학파들 간에는 가족이 여성 종속화의 원천인지 아니면 저항과 권한의 장소인지에 관해 끊임없는 논쟁을 반복하고 있다. 또한 여성 자신이 가족생활을 모호한 방식으로 경험한다는 것을 기억하는 것도 중요하다.

우선, 자유주의 여성주의자는 가족을 비판하며 여성을 전업주부와 어머니역할만 하도록 제한하는 것은 이들의 잠재력과 능력을 탄압하는 것이며, 만약 그러한 탄압이 없다면 교육, 고용, 정치와 같은 공공분야에서 여성이 두각을 나타낼 수 있을 것이라고 주장한다. 여성의 **빈곤**은 이러한 제약 때문에 발생된다고 본다. 왜냐하면 자녀양육을 책임져야 하는 이혼모와 비혼모, 그리고 여성노인은 높은 임금을 주는 직장에서 경력을 쌓기보다는 최소한의 정부보조금에 의존하여 생활할 수밖에 없기 때문이다.

또한 마르크스주의 및 사회주의 여성주의자도 여성의 공공분야 진출에 관심을 두고 있으며, 사적인 영역에서의 평등한 분업을 강조한다. 그러나 여성의 가족 내 불평등한 위치의 근원인 억압체계에 관해서는 다른 생각을 가지고 있다. 마르크스주의 여성주의에서는 여성의 종속화는 **자본주의**에서 유래한 것이라고 본다. 여성들은 현재의 노동자(남편, 아버지, 남자 형제)를 무상으로 돌봐주고 미래의 노동자와 부양자(아들과 딸)를 재생산하고 양육한다. 여성은 자신의 **섹슈얼리티(성)**와 돌봄을 제공하는 대가로 남성에게 경제적으로 의존한다. 이를 두고 Engels는 **결혼**을 성매매의 한 형태라고 기술하였다(1884). 물질론적 여성주의자인 Delphy와 Leonard(1992)는 결혼을 남자와 여자 간의 동급 관계로 보고 있다. 왜냐하면 아내와 어머니가 생산이라는 가정의 착취적인 양식에 갇혀 있다면, 노동자는 생산이라는 자본주의 양식에 갇혀 있다고 보기 때문이다. 마르크스주의와 물질주의에 영향을 받은 비평가들은 **여성의 일**로 치부되어온 아동양육과 가사노동과 같은 가족책임과 일상과업을 공영화하거나 돌봄과 **가사노동임금**을 지불할 것을 주장하며, 이를 통해 여성의 일에 대한 본질을 규명하고 여성에게 자기원천소득을 제공하고자 하였다.

그러나 사회주의 여성주의자는 억압체계인 자본주의와 **가부장제**를 구분하며, 비록 두 제도의 관심이 항상 일치하는 것은 아니지만 여성을 두 제도에 의한 피억압자로 간주한다(Hartmann, 1979). 가부장제는 '아버지에 의한 통치'란 뜻으로 권위와 자원이 아버지에게서 아들로 상속된다는 의미이다. 그러나 이 용어는 지위와 권력 측면에서 남성의 여성에 대한 제도화된 지배를 언급할 때도 사용된다. 성별분업은 가족을 성 불평등과 성별에 따른 아동 사회화의 차이를 영구화하는 주요장소라는 논쟁을 불러일으켰다. **정신분석 여성주의**(예 : Dinnerstein, 1987)는 가족의 성별화된 가부장적 구조에 따른 여성과 남성의 **정체성**, 자기와 타자, 지배와 종속화의 성립에 관심을 갖고 있다. 그리고 정신분석 여성주의자는 가족 내 성별 간의 평등한 가사노동과 돌봄을 증진시키는 것에 관심을 갖고 있다.

급진적 여성주의 또한 남성권력의 근원인 생물학과 가부장제를 중점적으로 다루고 있으며, 가장 기본적이고 보편적인 억압형태가 성차별이라고 주장한다. 지배적 가부장제 **이성애** 가족구조 속의 여성은 아버지와 남편의 통제(때로는 폭력)와 성 착취, 무보수 가사노동 그리고 출산과 자녀양육을 숙명적으로 받아들이도록 억압받고 있다고 주장한다. Firestone (1979)은 생물학적 역할을 **재생산 기술**로 대체하는 것만이 여성을 자유롭게 할 수 있다고 주장한다. Firestone의 연구에서 비롯된 분리주의 여성주의자들은 남성을 배척하고 이성애를 거부하며, 여성중심의 성과 가족생활을 확립하려고 한다. 이 학파에 속하는 Rich(1977)는 남성이 여성을 통제하는 이유는 자신들의 권력이 빼앗기게 될까봐 두려워하기 때문이며, 여성은 선진사회의 남성에 의해 제도화된 **출산**과 **자녀양육**의 통제권을 되찾을 필요가 있다고 주장한다. Rich의 주장은 여성을 억압하는 제도로서 어머니됨과 개인적 경험인 어머니역할을 구분하자는 것이지만, 그것이 임파워먼트의 가능성을 주는 정서와 활동의 원천이면서 동시에 광범위한 가부장 사회에서 형성된 것이라는 점에서 구분하기가 모호하다.

한편, 또 다른 여성주의 학파는 모든 유형의 가족이 여성의 삶과 사회에서 보다 긍정적인 역할을 담당하고 있다고 평가한다. 예를 들어, 흑인 여성주의자는 소수**민족**의 관점을 중요하게 생각하지 않는 많은 여성주의자들의 사고방식에 대해 관심을 갖는다. 백인 중산/상류 **계층**의 여성은 가족을 억압의 원천으로 경험할 수도 있지만, 소수민족 노동자계층의 여성에게 가족은 인종차별주의적이고 불평등한 사회로부터 피난처이자 저항의 장소일 수도 있기 때문이다(Hill Collins, 1990/2008). 어떤 사람은 여성주의적 가족연구는 **상호교차성**과 **초국적주의** 이슈를 다루는 것에서부터 시작되어야 한다고 주장한다(Allen, 2009).

어떤 여성주의자는 여성을 속박하지 않는 일반적인 가족관계가 보다 도덕적이고 정의로운 사회를 만들기 위한 모델이 된다고 주장한다. 예를 들어, Elshtain(1981)은 가족이 자본주의 사회에서 경쟁적으로 이익을 추구하는 것이 아니라 사랑과 돌봄을 제공한다고 말한다. 사람은 가족, 특히 어머니역할의 활동을 통해 **의무**와 친밀함 그리고 연민을 배우고 경험한다. 만약 이러한 특성들이 공적 시민의 삶의 중심에 자리한다면, 보다 좋은 세상을 더 빨리 재구성할 수 있을 것이다. 유사하게 Ruddick(1990)은 '**모성적 사고**'의 특징은 양육과 보호이며, 여러 사회에 그러한 사고가 널리 퍼지는 것이 유익할 것이라고 주장한다. 그러나 이에 대한 비판으로 가족이 역기능적일 수도 있고, 어머니가 학대적이고 폭력적이며 무관심할 수도 있으며, 어머니 역시 자율적인 삶이 필요하다는 주장이 있다(Flax, 1984).

넓은 의미에서, 여성주의운동은 여성의 가족생활에 미친 여성의 영향력 때문에 칭찬을 받기도 하지만 비난을 받기도 한다. 앞에서도 언급한 바와 같이, 혼외 출산율과 이혼율의 증가는 여성주의의 발전에 영향을 받은 것으로 알려져 있다. 어떤 사람은 이러한 경향을 사회 붕괴라고 말하며, 어떤 사람은 **민주화**의 한 부분이라고 말한다. 지속적인 여성주의 캠페인 활동 덕분에 유럽과 신세계의 많은 사회에서 부부강간, 가정폭력 및 학대를 위법행위로 규정하고 있으며, 육아보조정책과 육아휴가 또한 국가적 차원으로 관심을 두고 있다.

요약

여성주의는 가족생활의 조직방식에 대한 가정에 중요한 도전을 해왔다. 여성주의를 구성하는 관점은 다양하며, 가족을 여성종속화의 원천으로 볼 것인가 아니면 저항과 임파워먼트의 원천으로 볼 것인가에 대한 학파 간 논쟁이 있다. 여성주의는 가족에 대해 여성의 교육적 · 직업적 · 정치적 잠재력을 탄압하고 불평등한 성별 분업과 권력, 권위를 사용하여 여성을 억압했다고 비판한다. 그러나 사회적 제도로서의 가족과 어머니됨 그리고 여성 개인의 경험으로서의 가족생활과 어머니역할을 분명히 구분하는 것은 어렵다. 또한 어떤 여성주의는 가족을 불평등한 사회에서 벗어나 쉴 수 있는 휴식처와 같은 것이며, 가족관계가 여성에게 힘을 주고 도덕적이며 정의로운 사회를 위한 발판을 제공한다고 말한다.

관련문헌

Budig(2007)에서는 여러 가지 여성주의 학파와 가족에 대한 학파 간의 주요 생각들을 개관하여 소개한다. Sommerville(2000)에서는 20세기 후반 미국과 영국에서 가족이 어떻게 공적 관심이 되었는가 그리고 이것이 어떻게 여성주의와 역사적으로 연결되었는가를 보여준다.

관련개념 갈등이론; 노동분업; 어머니됨; 권력

7
현상학적 접근

정의

현상학(phenomenology)이란 사람들이 자신의 가족이나 친밀한 관계에서 가족에 부여하는 의미와 면대면 상호작용에 초점을 두고 있는 가족학의 다양한 접근을 포함하는 포괄적인 용어이다.

논의

현상학은 다소 상이한 강조점에도 불구하고, 심리학자와 사회학자 모두가 사용하는 철학적 접근방법이다. 주요 지향점을 인간 생활에 두고 있다는 것은 현상학이 사람들의 일상생활 경험의 의미와 지각을 통해 이해된다는 것임에 틀림없다. 현상학은 다수의 관련 접근법을 포함하는데, 정교하게 철학적인 접근으로서의 현상학 그 자체를 포함해서 **사회적 상호작용론, 민속방법론, 해석학, 사회구성주의** 그리고 **심리사회적** 접근을 포함하고 있다. 그뿐만 아니라 사람들이 자신의 전기에 대해 어떻게 의미를 부여하는

지에 대해 탐구하는 **내러티브** 방법론도 포함된다. 철학적인 틀로서 의미를 강조하는 것은 때로 (성경)**해석의** 전통을 따르는 것이라고 할 수 있다.

사회과학 내에서 현상학적 접근은 일상생활 경험과 관련된 가족생활, 즉 **미시적** 수준에서 이론화하는 것으로 **거시적** 수준과 대조를 이룬다. 거시적 수준은 가족을 포함해서 제도가 전체 사회 내에서 어떻게 서로 관련되는지에 초점을 둔다. 그러나 다양한 미시적 이론들을 구분해서 인식하는 것과 미시적 이론과 거시적 이론 간의 관련을 생각하는 것이 중요하다. 갈등이론과 여성주의 연구의 많은 영역들 또한 매일의 상호작용과 가족의 삶을 이해하는 데 관심을 갖고 있다. 더 나아가 많은 이론화 작업들이 개인적인 삶(미시)과 보다 넓은 사회적 유형과 구조(거시) 간의 관련에 관심이 있다.

가족생활에 대한 미시적 분석은 일상의 그리고 당연시되는 가족생활의 양상들에 주의를 기울이면서 수많은 핵심 주제들을 포함한다. 그 목적은 개인들 간의 복잡한 성취로서 매일의 삶의 **일상성**(Apthekar, 1989)을 이해하는 것이다. 여기에는 개개인이 특별한 실재의 관점을 창출하기 위해 의미를 형성하는 과정에서 이야기(talk)와 구체화된 실천 둘 다를 포함한다. 의미란 타자(청중으로서) 간에, 우리 자신과 타자 간 그리고 우리 자신 내(내부적으로)의 상호작용을 통해 만들어진다. 이러한 접근은 가족원(혹은 사회적 행위자)의 관점(**자기**에 대한 정의와 그 **상황에 대한 정의**)을 취하는 것을 강조하는데, 이는 그들 자신의 용어로 그들을 이해하기 위함이다. 일상의 의미에 주목하는 것은 **정서, 평가**(혹은 도덕성) 그리고 인지를 포함해서 여러 가지 요소들로 구성된다.

현상학적 접근은 또한 사회연구자 자신이 연구과정에서 발생하는 가족원들과의 만남에서 실재를 구성하는 과정에 어떻게 참여하는가에 관한 이슈를 제기한다. 이러한 점에서 연구자는 가족생활에 관한 객관적인 사실을 수집하는 외부 관찰자로 간주되는 것이 아니라 가족생활에 관한 의미가 구성되는 상호작용에서 공동참여자로 간주된다.

현상학적인 틀은 가족과 매일 상호작용하는 개인이 **사회질서**를 창출할지도(또는 그렇지 않을지도) 모르는 일상적이고 평범한 방식에 주의를 기울인다. 이러한 질서는 취약하며 투쟁과 협상을 면할 수 없다. 게다가 사람들이 세상에 의미를 부여하고 자신의 삶을 어떻게 살아갈 것인가를 이해하도록 하는 인간적·사회적 실재를 개인들이 함께 구성해나갈 때, 그러한 가족 상호작용을 통해 사람들은 안전감을 경험할 수 있다. 사람들이 자신이 누구인지에 대해서, 그리고 그들의 관계와 환경에 대해서 확고한 느낌을 경험하는 것을 '**존재론적 안전**'이라고 부른다. Berger와 Luckmann(1971)은 가족관계에서의 일차 사회화가 가족이 견고하다는 존재론적 환상을 발생시키며, 개인이 처음 경험하는 사회적 실재를 구성한다고 하였다. 이 사회적 실재는 모든 것이 다 불가피하게 이차적이다. 이와 비슷하게 **결혼**(또는 친밀한 커플) 관계도 관련된 성인들 간에 함께 실재를 구성하는 것으로 이해될 수 있다. 이러한 실재는 시간이 지나면서 당연시되고 견고한 것으로 경험될 것이다. 이러한 공동구축(co-constructions)은 관련된 두 사람에게 있어서 독특할 뿐만 아니라, 남편과 아내가 되는 것이 어떤 의미인지에 대해서 보다 광범위하게 공유된 기대를 토대로 한다.

현상학적 접근은 개인적인 의미와 가족 내부의 상호작용적인 힘의 역동(예를 들면 남자와 여자 또는 부모와 자녀 사이)을 만들어내는 권력과 불평등의 사회구조를 간과하고 있다는 비판을 받아왔다. 여기에는 사실상 다음과 같은 중요한 이슈가 있다. 즉, 어떻게 개별 가족원의 관점에서부터 상호작용과 다양한 의미를 분석하는 것으로 이동할 것인지, 그리고 어떻게 이러한 것들을 사회구조적 과정 및 역사적 과정에 구현되어 있는 보다 광범위한 사회적 패턴과 연결시킬 것인지에 관한 것이다. 이와 비슷한 분석상의 어려움은 다음과 같은 경우에도 관련된다. 즉, 사회과학자들이 어떻게 일상의 용어와 이해(**일차구조**) 가까이에 머물러서 개인적인 관점을 기술하는 것에서부터 보다 넓은 관련성을 갖는 사회학적 개념(**이차구조**)으로 개인적 관점을 교차해서 보는(또는 재구성하는) 해석적인 틀로 나아갈 것인가이다.

일련의 상호 연결된 복합적인 실재들을 탐구하는 한 가지 방법은 **가족문화** 개념을 통해서이다. 이것은 '정상적'이고 평범한 행동 방식으로 보여질 수 있는 다양한 현상들, 그러나 특정 가족들에게는 특이한 것일 수 있는 현상들과 관련된다. 어떤 것은 가족사진, 실내가구, 자동차 선택과 같이 물질적일 수 있다. 어떤 것은 직업이나 금전관리 태도, 자녀양육에 관한 신념 또는 독립적인 사람이란 무엇을 의미하는지와 같이 보다 덧없는 것일 수 있다. 따라서 가족을 일련의 개인들로 이해하는 것과 그들 고유의 특별한 가족 실재의 현장으로 보는 것 사이에는 긴장이 있다. 가족의 실재는 개별 부분들의 총합보다 더 크다. 그럼에도 불구하고 긴장과 견해의 차이를 기꺼이 받아들이면서 가족 문화를 역동적인 것으로 보는 것이 중요하다(Davidoff et al, 1999).

가족현상학이 치료적인 접근을 위한 토대로 사용될 수 있기 위해서는 다양한 가족원들의 복합적인 실재들을 탐색함으로써 학문적인 분석을 넘어설 수 있어야 한다. 의미에 대한 강조는 **의미 재구성**이라는 견지에서 치료적인 개입을 위한 토대를 이룬다(Neimeyer and Anderson, 2002). 그리고 여러 형태의 체계적 치료와 관련된다.

요약

현상학적 접근은 일상생활의 경험과 의미를 강조하며 이를 우선순위에 두고 있다. 이 접근은 가족생활이 매일의 상호작용에서 당연시되는 일상의 과정을 통해 어떻게 관리되는지에 관해 상세하게 설명한다. 행위자의 상황 정의를 강조하기 때문에 풀기 어려운 이슈가 제기되기도 한다. 예를 들어, 어떻게 개인을 넘어서는 해석을 발전시킬 것인지, 어떻게 복합적인 실재를 고려하고 보다 광범위한 사회적 · 역사적 과정과 연결할 것인지에 관한 이슈들이다.

관련문헌

David H.J. Morgan(1985)에서는 가족학 맥락에서 현상학적 접근의 주요 주제를 설명한다. 스탠포드 철학백과사전 웹페이지 http://plato. stanford.edu/entries/merleau-ponty/_는 현상학적 철학에서 중심적인 생각을 제공한 철학자 Merleau-Ponty의 연구에 서론을 제공한다. Daly(2003)에서는 몇몇 가족이론이 일상의 가족경험을 어떻게 간과하고 있는지 논의하며, 반면에 White와 Klein(2008)에서는 사회적 상호작용론이 가족이론에 기여한 바를 고찰하고 있다.

관련개념 갈등이론; 가족담론; 협상; 사회화

8
가족담론

정의

가족담론(family discourse)은 사회생활을 이해하는 데 있어서 언어와 의미의 중요성을 강조하는 사회과학적 접근이다. 그러므로 '가족'과 (변화가능한) 가족정체성을 만들어내는 가족의 의미와 영향에 초점을 두고 이론화할 것이다.

논의

가족담론은 가족생활을 이해하는 데 있어서 언어와 의미의 중요성에 주목한다. 연구의 주요 요지는 **가족담론**의 개념에 관한 것이다. 여기에는 첫째, 아동의 언어습득과 부모와 자녀가 함께 공유된 가족가치를 완성해 나가는 방식에 관한 연구가 포함되며, 둘째, 성별, 권력, 연관성, 연대, 신념 및 가치들과 같은 다른 사회적 과정의 영향을 받는 담론이 발생하는 장소인 가족 간의 상호작용에 관한 연구가 포함된다. 그러나 여기서 우리는 의미 있는 사회적 대상인 가족이 어떻게 담론을 통해 구성되는가에 대한 연구에 중점을 둔다. 이것은 가족 연구에 중요한 이슈이며, 그것 자체가 가족담론이 구성되는 과정에 관한 것이다.

어떤 점에서 가족담론 개념은 종종 비현실적인 방식으로 가족을 이상화하는 신념체계인 **가족이데올로기**에 대한 오래된 논의를 능가한다. 어떤 담론은 다른 담론에 비하여 보다 광범위하고, 구조적이거나 제도적인 권력과 관련성이 있는 반면에, 가족담론은 유동적이고 임시적인 일련의 의미와 이미지를 제시한다. 또한 가족담론은 근원이 되는 '실재'를 덧입히거나 왜곡하지 않는다는 점에서 가족이데올로기와 다르다. 오히려 가족담론은 대화가 조직 되는 방식과 영향력에 대해 강조한다. 가족담론을 포함한 모든 담론은 권력과 불평등에 대한 관점을 지닌 어딘가의 견해를 나타낸다. 그러므로 가족담론은 일상 경험, 실재성, (구조적) 권력과 언어 사이의 상호관계의 복합체이다.

이론적 틀로서 담론분석은 사회과학의 **후기구조주의** 접근의 한 부분으로 발달하였으며, 순차적으로 **사회구성주의자**와 **상징적 상호작용주의** 관점에서 발달되었다. 이러한 접근들은 사람들이 상식적으로 이해하는 의미를 이해하지 않고서는 사회적 행동들과 사회적 생활들을 이해할 수 없다는 주장을 제기한다. 그러나 언어와 의미를 강조한다는 공통점이 있기는 하지만, 담론분석에는 다양한 독특한 접근법이 있다. 여기에는 예를 들면, **대화분석, 담론심리학, 푸코식접근, 비판적 담론분석** 그리고 **상호작용적 사회언어학** 등을 포함한다. 앞에서도 언급한 바와 같이, 어떤 접근법은 가족과 관련된 협상, 불화, 결속, 노동분업과 같은 다양한 분야의 활동연구에 관심을 가지고 있다.

가족담론의 일반적 관점에서, 가족을 구체적인 물리적 대상으로 연구하는 것은 도움이 되지 않는다. 대신에 가족이 말하는 것을 이해하기 위해 사람들이 가족**언어**(구어 또는 문어)를 어떻게 사용하는지, 다른 문맥 속에서 그 언어가 무엇을 의미하는지, 사람들이 자신의 관계를 구축함과 사회적 삶을 조직함에 있어 언어의 중요성에 초점을 둔다(Gubrium and Holstein, 1990).

그러나 가족의 언어를 강조한다는 것은 가족담론의 틀이 가족을 단순히 한 단어로 취급하는 것을 의미하지 않는다. 단어들은 그 자체로서 매우 영향력이 세기 때문이다. 가족은 여러 측면에서 단순한 단어 그 이상이다. 첫째, 사람들은 가족을 일상생활 내의 구체적인 대상이라고 간주한다. 사람들은 가족을 확실한 **경계**를 가지고 자신들 밖에 존재하는 견고한 '그것'이라고 언급할지도 모른다. '그' 가족의 개념은 정책가, 전문가 또는 가족에 의한 사회적 행동의 영향과 함께 인식할 수 있는 구체적 대상에 대한 감각을 강조한다.

둘째, 가족담론은 사람들이 어떻게 그들의 삶을 살고 있는지를 명확하게 하는데, 예를 들어 누군가가 말하길 "내 가족이 허락하지 않을 것이기 때문에 나는 여기를 떠날 수 없어."라고 말한다는 것은 가족이 실제적인 상황에서 얼마나 영향력이 있는가를 이해하게 해준다. 때때로 가족담론의 권력은 도덕적 형태이거나 정치적 수사(가족이데올로기와 유사함)이다. 이것은 가족을 연구하는 사람들이 가족생활의 **평가**를 반드시 하도록 만든다. 왜냐하면 그들의 학문적 가족담론이 도덕적 그리고 정치적 판단에 의해 영향을 받을 수 있기 때문이다.

가족담론은 내용도 다양하며, 보다 광범위한 권력 구조 안에서 불확실하고 지엽적이거나 체계적으로 구체화된 방식이라는 측면에서 다양하다. 어떤 가족담론은 정부나 기관의 권력과 결합했을 때, 그 사회에 보다 큰 지배력을 가진다. 따라서 권력은 담론을 통해 영향력을 가지지만, 담론 또한 권력을 만드는 데 도움을 준다. 어떤 가족담론은 전문가적 의견과 권력을 통해 새겨지거나 표현될 수도 있지만, 많은 담론들은 갈등에 휩싸이거나 개인이 담론에 저항하거나 그것들 간에 창의적 선택을 할 수 있는 것을 발견할 수도 있을 것이다. 가족담론은 어떤 환경이나 문맥에 의해 제한되어 표현될 수도 있으며, 다른 환경에서 창의적으로 표현될 수도 있다.

권력이 담론과 엮이게 되면, 자신들의 담론을 강력하게 하고자(**헤게모닉**, 패권주의)하는 집단에 의해 권력투쟁의 장소가 되고 다른 방식으로 생각하지 못하게 된다(가족이데올로기와 유사함). 예를 들어, 아동의 욕구충족이라는 중요한 생각과 관련하여, 유럽과 신세계 사회에서는 교육에서 부모의 개입이라는 담론에 대해 어떠한 의심도 가지지 않는다.

가족담론은 관련된 언어를 통해서만 보아서는 안 된다. 담론은 구체적인 실천과 물질적 대상, **신체**, 물리적 공간, **기술**이 사람들에게 부여하는 의미를 만들고 표현하는 데 있어 중요하다. 그리고 그 반대도 마찬가지로 가족담론은 가족생활 방식이 고정적이거나 '자연적'인 방식임을 강조하는 것이 아니라, 사회-문화와 역사적 맥락 안에서 존재하는 사회적 생산물임을 강조한다. 그러나 **물질성**이라는 의미는 가족담론이 무한한 순응성이 아니라는 것이다.

'가족담론'의 개념은 가족에 대한 이론적 관점뿐만 아니라 연구방법론도 제시한다. 가족연구는 사람들이 자신과 다른 사람의 삶을 묘사하는 방식에 대한 관심을 통해 모여진 통찰이 사람들 자신의 의미로 변했으며, 이것은 다른 사람의 기술에 대한 연구이자 기술의 토대가 되었다. 또한 가족담론은 단순히 '가정이라는 사적 장소'에서 발생하는 것에만 관심을 갖는 것이 아니라, 다양한 사회적 상호작용과 문서를 통해 묘사되는 가족의 생활방식도 중요하게 생각한다. 여기에는 의료상담, 교육과정, 사회적 서비스모임, 정부정책문서 등이 포함된다.

요약

가족담론은 '가족'을 구어체, 문서 혹은 실재적 실천을 통해 발생할 수 있는 의미와 묘사, 이미지나 생각들을 중점적으로 다룬다. 가족을 고정된 대상으로 보지 않으며 가족담론이 이해되고 표현되는 방식에 대한 연구와 해석에 따라 바뀐다고 보고 있다. 그리고 그 방식은 권력 이슈와 사회생활이 발생하는 방식에 대한 영향력과 관련이 있다.

관련문헌

Wetherell(2001)에서는 담론분석적 접근들과 일반적인 용어들과 관련된 논의들을 전반적으로 다룬 반면, Gubrium과 Holstein(1990, 2009)에서는 어떻게 담론을 통해 가족이 생산되고 수행되는지에 대한 집약적인 분석을 제공한다. N. Rose(1999)에서는 어떻게 전문 가족담론들이 사람들의 생활을 강력하게 규제하고 구체화하는지를 보여준다.

관련개념 가족행위; 현상학적 접근; 권력

9
비교학적 접근

정의

비교학적 접근(comparative approach)은 다른 사회, 문화, 종교, 이웃이나 역사적 기간과 같은 다양한 맥락을 아울러서 가족들을 연구한다.

논의

다른 시간 또는 공간, **맥락**에 따른 가족유형과 생활 연구는 동일한 사회의 이전시대와 현대를 비교하거나, 동일한 시대의 다른 지역에 살고 있는 가족에 관한 비교연구를 포함한다. 비교연구는 대륙 간 또는 대륙 내의 가족생활 연구처럼 보다 광범위한 연구도 있을 수 있다. 또한 비교연구를 통해 다양한 가족유형을 설명할 수도 있다. 예를 들어, **홀어머니**를 대상으로 유급노동을 비교한 연구가 있다. 이 연구는 첫째, **인종**, **계층**, **문화**, 이웃유형과 같은 다른 사회적 배경을 가진 홀어머니를 연구대상으로 하였다. 둘째, 홀어머니들의 다른 **노동시장** 간 취업 가능한 고용유형을 비교 연구하였

다. 셋째, 홀어머니들에 대한 다른 **복지국가** 체제 간 정책대우를 비교 연구
하였다(Duncan and Edwards, 1999).

비교학적 연구를 위한 방법론은 대규모의 **양적** 연구, 소규모의 **질적** 연
구, **기록문서**의 분석이 있다. 가족을 비교 연구하기 위해서는, 다양한 맥락
에 살고 있는 가족을 일반화할 수 있는 방법이 필요하다. 그러나 가족은 다
양한 맥락에서 생활하고 있기 때문에 모든 맥락을 다 충족할 수 있는 정의
를 내리는 것은 어렵다. 다른 어려움으로는 사용하는 언어가 다르다는 것
과 어떤 사회에서 사용되는 용어가 다른 사회에서도 같은 의미를 가지고
있는가와 관련될 수 있다(예 : Mangen, 1999). 또한 '특정 사회계층 또는
민족별로 사람들을 구성했을 때, 그들의 가족생활이 다른 집단과 비교할
수 있을 만큼 충분히 보편적인가?' 라는 질문도 제기할 수 있다. 20세기 **글
로벌한** 가족생활을 비교 연구한 Therborn(2004)은 지역에 따라 독특한
가족생활방식을 가지고 있음을 보여준다. 어떤 사람은 세계 가족변화의
원인을 연구하지만(Jayakody et al., 2008), 정책입안자들은 **민족국가** 간
(예 : 유럽의 여러 나라) 가족생활방식의 다양성에 더 관심을 둘 것이다.
그러므로 비교학적 연구는 연구목적에 따라 다양하게 진행된다.

가족연구에서, 세계의 모든 사회의 보편적인 관점은 가족은 유사한 **기능**
을 수행한다는 것이다. 핵가족의 보편성을 다룬 Murdock(2003)의 논문
은 수십 년간 의심 없이 받아들여졌다. 그러나 비평가들은 보편적 가족 개
념은 다양한 사회 및 문화 방식을 배경으로 하는 가족유형(서구의 핵가족)
만을 특별히 염두에 둘 경우에 성립 가능한 개념으로, 이것은 **문화제국주
의**라고 비판한다. 또 다른 가족에 대한 기초 개념은 세계의 가족이 **산업화**
발달의 결과로 특정한 가족유형으로 발달했다는 점진적 및 선형적 모델이
었다. 때때로 이것을 **수렴이론**[7]이라고 한다. 그러나 가족변화는 **산업화**와
더불어 여러 유형으로 발달되어왔다.

----
7) 수렴이론(convergence theory) : 산업화에 따라 경제발전이 일정 수준에 도달하게 된 국가들
   사이에는 사회복지제도가 유사한 형태로 수렴한다는 이론이다.-역자 주

그럼에도 불구하고, 양적 비교학적 연구들은 종종 가족을 보편적인 **인과법칙**을 사용하여 규명하려고 한다. 예를 들면, 가족이 개인생활에 미치는 영향 또는 가족과 가구를 구성하는 사회구조의 다양한 특성에 관해 연구한다(Lee and Haas, 2004). 이러한 접근은 사회체계와 그 특성이 비교 가능하며, 사회들 간 차이는 특성끼리의 관계를 통해 설명 가능할 것이라는 가정을 기반으로 한다. 예를 들면, 각 사회의 여성 노동참가율과 **이혼**율의 체계적 특성은 이 두 가지 특성이 일정한 그리고 인과관계 방식에서 공변량하는지를 살펴보면 알 수 있을 것이다. Kiernan(2007)은 아동기의 부모이혼경험과 성인기에 **결혼**보다 **동거**를 선택할 가능성 간에 규칙적인 관련이 있음을 입증하는 연구를 제시한다. 그러나 이것은 인과관계가 될 수도 있고 아닐 수도 있다. 또한 Kiernan(2007)은 유럽국가 간의 부모됨 양식의 차이에 대해 논의한다. 유럽은 개발도상국 및 미국과 비교했을 때 출산율 저하라는 측면에서 약간 유사하며, 유럽 국가들(프랑스, 아일랜드, 일부 북유럽 국가에 비해서 그리스, 스페인, 이탈리아의 출생률이 훨씬 더 낮음) 사이에서 차이가 난다.

비교학적 연구에서는 새로운 자료를 수집할 뿐만 아니라 기존의 **통계자료은행**도 활용한다. 기존 통계자료는 다른 사회에서 다양한 목적을 위해 생성된 것이기 때문에 직접적 비교가 불가능하다. 게다가, 통계학적 접근은 사람들이 자신의 삶에 부여하는 **의미**와 관계없이 가족 및 사회 특성을 범주화하고 **측정**하는 것이 가능할 것이라고 믿는다. 비슷한 경우로 어떤 학자는 사회 간 가족비교는 유용하지도 가능하지도 않다고 주장한다. 왜냐하면 문화적·사회적·개인적 맥락을 제외한 다른 복잡한 사회생활을 비교하는 것은 어렵기 때문이라고 한다. 이러한 비판을 수용한 일부 양적 연구자들은 설명변수인 맥락을 고려하여 국제비교연구를 발전시켜왔다(Hantrais, 2004).

다른 문화와 맥락 속에서 생활하는 사람들의 삶을 어떻게 이해하고 설명할 수 있을지는 논쟁의 여지가 있다. '가족' 개념은 문화적 관점으로서, 세계 지역에 따라 '가족'의 의미가 다를 수 있다. 예를 들면, 현대 영어권 사회에서는 부계 및 모계 혈족을 모두 포함한 가까운 친족을 '가족'이라고 부르는 경향이 있다. 그러나 다른 사회에서는 친척을 부계 또는 모계 혈족으로 구분하기도 한다(Hendry, 2008). 사실 서양학자들은 개별화이론의 민족중심주의(그리고 특정계층) 관점을 가지고 있기 때문에 사회 간 가족 연결성의 중요성을 과소평가한 것 같다(Edgar, 2007).

방법론적 개념의 어려움에도 불구하고 비교문화연구는 가족과 개인의 생활 그리고 보다 일반적인 사회적 재생산의 여러 측면을 통찰하는 데 있어 핵심적 요소가 될 것이다. 특히 연구자가 특정 문화 속에서 생활하기 때문에 그 문화 속의 가족생활을 당연히 잘 설명할 수 있는 경우와 관련이 있다. 이해와 가치의 차이는 다음과 같은 질문을 불러일으킨다. 예를 들면, 다른 사회들 간에 '좋은 부모역할'에 대한 공통 기준을 만들 수 있을까? (Barlow et al., 2004) 연구자와 정책 입안가는 반드시 **문화상대주의** 입장을 가질 필요는 없지만, 문화적으로 가족생활평가의 기본이 되는 가치와 자신의 가치를 명백하게 밝혀야 한다. 그러므로 특정한 사회의 문화적 가정에서 벗어나 국제화시대에 걸맞게 전반적인 가족을 연구하는 것이 중요하며 도움이 된다. 문화적인 가정들을 탐구하는 것은 여러 사회 또는 역사적 기간을 이해할 뿐만 아니라, 특정 사회의 사회계층, 민족집단, 이민자집단, 난민집단을 아우르는 다양한 가족생활을 이해하는 데도 중요하다.

요약

다른 사회, 사회 집단, 역사적 기간을 아우르는 가족생활 연구는 개념적, 방법적인 어려움이 있다. 양적 연구자들은 가족생활이 사회체계의 특성과 관련되는지, 가족생활이 특징적인 사회체계와 연관되는 방법 속에서 사회를 관통하는 일반화 유형과 인과적 법칙을 규명하기 위해 비교연구를 한다. 질적 연구자들은 집단의 생활과 관계방식을 연구할 때 당연시되는 문화적 가정을 통찰하려고 노력한다. 비록 이것이 과학적 일반화에 대한 의문을 제시하고 가족실천들 간의 선택과 평가를 어떻게 할 것인가에 대한 질문을 제기한다고 할지라도, 가족연구의 모든 상황에 문화상대주의를 반드시 적용할 필요는 없다.

관련문헌

Lee와 Haas(2004)에서는 양적 비교학적 가족연구들을 소개한다. Hantrais(2004)에서는 유럽가족 생활의 양적 분석과 그 어려움에 대해서도 논의한다. Carsten(2004)에서는 친족의 비교학적 연구에 중점을 두고 있으며, Robertson에서는 '가족' 보다는 '인간의 재생산' 개념을 근간으로 한 인류학적 관점을 제공한다. Gillis(1997)에서는 역사적 관점에서 설명한다. 식민지 통치 이후의 서아프리카 가족변화에 대한 Nzegwu(2006)에서는 북미사회에 대한 이해에 도전한다. Hollinger(2007)에서의 문화적 상대주의를 참조하라.

관련개념 아동발달; 가족유형; 가족정책; 친족

제3장

가족과정

1
애착과 상실

정의

애착(attachment)이론은 영유아가 건강한 아동 및 성인으로 성장·발달
하고 일생을 통해 적절한 관계를 유지하기 위해서, 돌보는 사람과 만족스
러운 정서적 유대를 창출할 필요가 있다고 주장한다. 또한 애착이론은 상
실(loss)에 관한 이론들의 토대가 된다.

논의

애착이론은 영유아의 초기 애착 인물을 강조하고 **분리**와 재결합의 경험을
포함하고 있는 발달심리학의 한 유형이다. 애착은 타고난, 그래서 보편적
인 욕구로 간주된다. 그러나 이 욕구가 충족되는 방식과 아동발달에 갖는
함의는 매우 다양하다(van Ijzendoorn et al., 2007). 아동기 관계양식은
일련의 복합적인 발달과정이 만들어지는 토대로 간주되며, 성인의 삶에서
정서적·사회적 결과에 중요한 영향을 미친다. '애착'이란 단어는 **'사랑'**

에 우선하여 사용된다. 왜냐하면 어떤 사람들은 사랑이라는 용어가 너무 정서적이고 모호하다고 간주하기 때문이다(Parkes, 2006).

애착발달이 정신분석적 **대상관계이론**의 관점에서 이론화되었지만 애착이론은 그 자체가 하나의 틀로서, 갓 태어난 새끼동물이 최초의 보호자에 대해 강력한 애착을 갖는 방식을 연구한 것에 기초한다. 애착이론은 처음에 John Bowlby에 의해 정교화되었는데, 그는 영아의 초기 애착이 치명적으로 중요하고 영속적이며 단선적(monotropic)이라고 주장하였다. 즉, 초기애착은 특정 보호자와의 애착이며 다른 사람에게로 옮길 수 없다는 것이다. 왜냐하면 각각의 관계는 독특하기 때문이다. Bowlby의 초기 연구는 주로 사회적 · 정서적 장애를 가졌거나, 시설에서 돌봄을 받았거나, 전쟁 동안 가족들과 생활하기보다는 떨어져 지냈던 아동들과의 작업경험에 토대를 두었다. 그는 **모성박탈**에 관한 이론을 발전시켰는데, 모성박탈 이론은 엄마(또는 엄마를 대체하는 인물)로부터 분리된 결과로 생기는 트라우마라는 견지에서 아동기 장애를 설명하였다.

애착이론에 관한 문헌을 소개하면 다음과 같다. 어떤 문헌들은 Bowlby의 초기이론을 지지하며(Lamb, 2007), 몇몇 문헌들은 Bowlby 이론을 정교화하거나 수정한 것이다. Ainsworth(Oates, 2007)는 표준화된 '낯선 상황' 실험을 개발하였다. 이 실험에서 영아는 낯선 사람과 가까이하게 된다. 가끔씩 영아의 부모가 함께 있거나 실험실을 떠나기도 한다. 각각의 상황에서 영아가 어떻게 반응하는지 관찰하고 부모와 떨어졌을 때 반응이 어떤지 분석하였다. 이를 통해 네 가지 주요한 애착 범주를 제시하였는데, 이후 발달에 최적의 상태인 안전애착과 **불안전-저항형, 불안전-회피형** 행동, 그리고 **혼란된** 또는 **혼돈된** 애착이다(Oates, 2007).

애착이론의 핵심 특징은 어린 아동이 초기애착에서 안전감을 느낀다면 세상을 탐험할 수 있고 주요 보호자(주로 어머니)로부터 어느 정도의 분리를 견뎌낸다는 점이다. 영아가 안전하게 애착되었는지 그 수준을 알 수 있는 핵심은 세심하고 민감하며 격려하는 애정어린 돌봄이다. 만약 영아가

둔감하거나 불안하거나 혼란스러운 돌봄을 경험한다면 매일의 스트레스를 다루는 능력이 감소될 것이며 이후 발달에 장기적인 영향을 줄 것이다. 빈곤한 가족이나 박탈 상황에 있는 가족은 영아가 안전 애착을 형성하도록 적절하게 돌보는 능력이 손상될 가능성이 있다(Belsky, 2007).

애착이론 관점은 어머니역할에 관해 정치적으로 단정해버렸다. 특히 유아나 어린 아동이 생애 초기에 어머니의 지속적인 돌봄이 다소 부족해도 만족스럽게 발달할 수 있는지 여부는 취업모에 관한 논의에서 주안점이 될 수 있다. 출생 후의 접촉을 통해서 애착이 길러질 수 있지만, 어머니는 갓난아기와 자동으로 애착을 형성하는 잠재력을 가진 것으로 간주되었다.

애착이론은 전 세계의 다양한 양육 패턴을 고려할 뿐만 아니라 일생에 걸친 애착발달을 포함하면서 확장되었다(van Ijzendoorn et al., 2007). 아버지 그리고 타인들도 애착형성에 중요한 역할을 할 수 있으며 또래애착도 사춘기 발달에 중요할 수 있다. 그러므로 '애착'이라는 용어는 영아와 주요 보호자 사이에서 뿐만 아니라 모든 사랑의 유대관계에서도 사용될 수 있다.

상실과 **슬픔**은 때로 애착이론과 관련되지만(Parkes, 2006) 다른 틀 내에서도 이론화될 수 있다. Bowlby의 애착이론 및 Freud의 정신발달이론과 연결되어있는 상실이론은 슬픔에 적절하게(건강하게) 반응하려면 상실된 애정대상으로부터 심리적으로 분리되는 과정이 필요하다는 견해를 공유한다. 이러한 견해들이 **사별**과 슬픔에 관한 많은 연구의 토대를 형성했던 반면에 이에 대해 이의를 제기했던 연구도 있다. 즉, 사람들은 그들이 사랑했던 사람이 사망한 뒤에도 **지속적 유대감**을 나타낼 수 있으며 매우 오랜 세월 동안 사망한 사람의 존재를 아주 강력하게 느낀다는 증거를 제시하였다(Klass et al., 1996). 이러한 점은 어떤 문화에서는 죽은 사람이 **조상**이라는 의미를 통해 여전히 사회적으로 강력한 존재감을 가질 수 있다는 방식으로 연결된다.

죽음은 가족생활에 있어서 중요한 사건이며, 때로 가족생활주기의 다른 단계로 전이되는 토대로 이론화되고 있다. 그러나 사별과 슬픔에 관한 대다수의 이론은 위에서 논의된 애착과 상실에 관한 이론과 마찬가지로 개인의 정신적인 삶에 미치는 영향에 초점을 두고 있다. 죽음에 반응하는 가족관계의 중요성은 아동기 때 겪은 파괴적인 사건이 이후의 삶에 미치는 영향을 연구하는 데 중요한 역할을 하는데, 가족관계가 아동이 부모의 죽음에 반응하는 방식과 관련될 수 있다. 또한 가족의 사별에 관한 연구는 배우자나 파트너 죽음의 의미에 관해서 수행되었다. 드물게 가족 구성원의 죽음이 한 개인의 가족정체성이나 민족정체성에 어떤 의미를 갖는지에 관해 고찰하였다(예 : Ribbens McCarthy, 2006).

'상실'이 사별 경험과 연결되어 있는 경우가 있지만 항상 그런 것은 아니다. 가족원의 죽음이 항상 상실을 뚜렷하게 나타내는 것은 아니다. 예를 들어 그 사람의 존재가 지속적인 유대를 통해 여전히 강력하게 느껴진다거나, 그 관계가 처음부터 특별히 중요하게 경험되지 않았을 경우가 그러하다. 어떤 죽음은 그 결과가 유익한 것으로 간주될 가능성이 있다. 예를 들면, 역할변화를 가져오거나 힘든 사건을 대처해나가는 결과로 자기존중감이 향상된다.

상실(그리고 슬픔)이 다양한 경험과 해체를 묘사하는 데 어떻게 사용될 수 있는지 고려하는 것 또한 중요하다. 이들 중 일부는 가족관계 및 가족전이와 연관될 수 있다. 이혼, 이사 또는 정체성 변화(예를 들면, 사춘기를 지나거나, 자녀들이 집을 떠날 때 '빈 둥지 증후군'이나 장애의 발병 또는 만성질환)는 상실과 슬픔의 근거로 여겨질 수 있으며 **심리사회적 전이**로 생각될 수 있다(Parkes, 2006). 그러나 가족원의 죽음처럼 이들 경험이 개인에게 갖는 몇 가지 함의들은 반드시 상실을 포함하지 않을 수도 있다.

요약

'애착'이라는 용어는 정신분석적 대상관계 이론에서는 중요할 수 있다. 그러나 그와 마찬가지로 애착이론은 건강한 아동발달을 위해 안전애착이 중요하다는 Bowlby의 연구와 밀접하게 연결되어 있다. 비록 상실이 다른 관점들로부터 이론화될 수 있음에도 불구하고, 애착이론은 또한 상실에 관해 특별한 관점을 제공한다. 더 나아가서 모든 형태의 죽음이나 해체가 반드시 상실을 포함하는 것은 아니다.

관련문헌

Goldberg(2000)의 저서는 애착이론을 이해할 수 있는 입문서이다. 반면에 Parkes(2006)에서는 애착이론을 전체적으로 보여주며, 애착이론의 관점에서 상실을 논의한다. Howe 등(1999)에서는 가족 및 아동을 대상으로 하는 사회사업 실천에 있어서 애착이론이 갖는 함의를 고찰한다. Ribbens McCarthy(2006)에서는 사별, 상실 그리고 젊은이들의 삶의 변화를 논의한다.

관련개념 아동발달; 가족영향; 가족생활주기와 생애과정

2
친밀감

정의

친밀감(intimacy)이란 현대 유럽과 신세계 사회에서 통용되고 있는 가까운 가족이나 개인적인 관계에 관한 표현과 의미를 나타낸다. 그리고 가족 및 개인적인 관계가 제공할 것으로 가정되는 특성에 관한 것이다.

논의

넓은 의미에서 모든 가족 및 가정생활은 친밀하다고 할 수 있는데, 그것은 가깝게 교제하는 데서 야기되는 익숙함(familiarity)을 포함하기 때문이다. 친밀감이라는 독특한 개념은 20세기 말 가족변화 및 **다양성**에 관한 생각에 의해 자극 받은 서양의 사회과학 논쟁에서 중요한 개념이 되었다. 관계 내부의 **정서적** 질에 대한 관심이 가족학에서 '친밀한 성향(intimate turn)'으로 언급되어왔다. 관계의 유대감을 보다 기능적이고 구조적으로 분석하는 데 관심을 두게 되면서 가족형태, 역할과 결과, 사회적 분배와 권력을 강조하였다(Gillies, 2003). 가족의 경제적 역할은 감소하고 있고, 친밀감과 **사랑**은 부각되고 있다. 상호 **자기노출**은 친밀감을 이해하고 가족관계나 개인적인 관계를 의미하는 데 있어서 중요한 부분이라는 주장이 있다. 그중에서도 Giddens(1991, 1992)는 개별화 논제를 보다 광범위하게 논의하는 일부로서 '친밀감의 변형'에 관해서 주장하였다.

Giddens는 현대 서양사회 전반에 걸쳐서 친밀감의 본질과 의미가 기본적으로 변했다고 단언한다. 확실하고도 쉽게 임신조절을 할 수 있다는 것은 성이 **재생산**으로부터 자유로워졌다는 것을 의미한다. 이것은 파트너 관계에 있어서 여성이 남성과 동등하다는 점에서 혁명을 일으켰다고 말할 수 있다. 재생산으로부터 자유로워진 성을 '**조형적 성**(plastic sexuality)'(Giddens, 1992), '**유동적 사랑**[8]'(Bauman, 2003)이라고 부른다. 왜냐하면 적절한 성별, 성적 **정체성** 및 **역할**에 관한 일련의 생각들에 의해 관계가 결정되기보다는 커플들 사이에서 협상되기 때문이다. 또한 **이성애** 및 **동성애** 관계가 어떤 일정한 유형의 친밀감에 대한 욕구라는 점에서 점차 서로 비슷해져가고 있다는 주장이 있다. 이성애 관계가 동성애 관계에 있는 선택, **평등**, **호혜성**의 개척자적 유형을 따르면서 비슷해져가고 있다(Roseneil and Budgeon, 2004). 친밀감은 **전통**, 필요성 및 **의무**로부터 자유로우며 개인적인 욕구를 충족시키는 것에 기반을 두고 있는 **순수한 관계**에 대한 열망과 협상을 둘러싸고 재구조화되었다고 한다.

이러한 점에서 자기실현, 상호 신뢰와 협상에 기반을 두고 있는 순수한 관계는 그들 자신의 목적을 위하여 관계를 맺고 자기인식의 입장에서 행동하는 것으로 보인다. 이것은 내적 **자기**에 대한 친밀감이다. 친밀감의 질은 **생득적**인 관계에서 가정되기보다는 **획득적**이고 반영적으로 인지되는 것이다. 친밀감을 성취하기 위해서는 특별한 종류의 의사소통이 중요한데, 이러한 의사소통은 생각을 공유하고 감정을 표현하는 것에 근거한다.

----
8) 유동적 사랑(liquid love) : 아기를 낳는 것으로부터 자유로운 성 생활을 plastic sexuality and liquid love라고 부른다.–역자 주

Giddens와 다른 연구자들(예 : Weeks et al., 2001)은 친밀감을 표현하는 쪽으로 변화되는 것이 평등과 상호 관계를 포함하는 것으로 바라보고 긍정적인 시각을 가진다. 반면에 다른 연구자들은 그러한 경향이 발생하고 있는 것에는 동의하지만 그것을 유감스럽게 생각한다. 그들은 현대사회에서 친밀감의 강도는 자기강박적이고 경쟁적인 개인주의를 반영하는 것이라고 생각한다. 이러한 **개인주의**는 가족생활뿐만 아니라 응집력 있는 공동체를 강조한다(예 : Sennett, 2004). 현대 서구에서 가족 및 개인적인 관계 경험의 중심에는 불확실성과 불안이 존재한다고 볼 수 있다. 그래서 Beck과 Beck-Gernsheim(1995)은 **낭만적 사랑**이 관계나 새로운 가족유대를 위해 긍정적인 **도덕적** 지침으로서 압도적으로 중요하다고 주장한 반면에, 또한 위험과 친밀감 사이의 연합이 '사랑의 정상적 혼란'에 이르게 했음을 시사하고 있다. 사람들이 자신의 자율성을 반영적으로 인식하는 것에는 외로움이 포함된다. 외로움은 사람들이 사랑, 친밀감, 다른 사람과의 깊은 연결을 추구하도록 하는데, 그것을 성취하는 것이 불확실하다는 것을 알면서도 추구한다. 다른 사람과의 상호 접근을 추구함과 동시에 자기 자신을 잃지 않고 발전하는 것은 균형을 잡는 복잡한 행위이다. 이 행위는 종종 실패한다.

유혹에 빠지기 쉬운 성인의 성적 관계에서, 자녀는 안정적이고 믿을 수 있는 사랑과 애정의 근원을 의미한다고 볼 수 있다. 그러나 또한 부모와 자녀 사이의 관계는, 부모가 자녀들과 정서적으로 강렬한 유대와 개방적인 의사소통을 발전시키고 자녀를 깊이 이해하려고 노력하면서 친밀감을 드러내는 것을 강조하는 것으로 생각된다. Giddens(1992)는 성인 중심의 순수한 관계가 부모-자녀 관계로 변형된 경우는 부모의 **권위**와 권력 개념을 대체하고 있다고 말한다. Giddens에 의하면, 부모-자녀의 친밀한 대화는 무슨 일이 있는지뿐만 아니라 어떻게 해야 하는지에 관한 것을 포함한다. 그러나 Giddens는 비록 부모-자녀 관계가 성인 관계에 있는 친밀감의 '순수한' 기초를 반영하는 것일지라도, 자녀에게는 성인과 동일한 방식을 적용해서는 안 된다고 덧붙인다. 만약 부모가 개인적인 의무를 수행하지 못하더라도 자녀와의 관계를 끝내기보다는 양육에 대한 책임을 유지해야 한다.

Jamieson(1998)은 Giddens와 다른 연구자들의 주장을 비판하였다. 첫째, 친밀감을 나타내는 것이 가족생활 및 개인적인 관계의 원리를 구성하는 핵심이라고 설명한 것은 일부분에 지나지 않으며 경험적인 증거가 거의 없다는 것이다. Jamieson은 **우정**을 포함해서 부모-자녀, **친족**, 성적 및 커플관계에 관한 연구문헌을 검토하면서 **세대, 성별** 그리고 **계층**의 사회적 분리가 아직도 가족생활 및 개인적인 관계를 형성한다고 결론 내렸다. 이러한 점(사회적 분리)은 **민족성**의 경우에도 동일하다(Reynolds, 2005).

둘째, Jamieson은 순수한 관계가 친밀감의 표현에만 기반한다는 생각에 비해 친밀감의 정도와 경험은 훨씬 더 광범위하고 다양하다고 주장하면서, 친밀감의 차원을 완전한 친밀감 혹은 부분적인 친밀감 등으로 다양하게 구분한다. 그녀는 공감이나 정서적 이해가 친밀감을 구성하는 다른 사람들의 내적 자기를 깊이 통찰하는 특성이라고 말한다. 사람들은 가까이 교제함으로써 상호 친밀해지고 서로를 구체적이고 실제적으로 상세하게 알게 되는 특권이 주어진다. 또한 Jamieson은 조용한 친밀감도 있을 수 있다고 제시한다. 즉, 애정이나 가까움의 감정이 노출되지 않더라도 실제적이고 물리적인 차원을 통해 암시적으로 표현될 수 있다. 친밀감에 사랑과 보살핌이 내포되는 경우 통제적이고 압제적일 수 있다. 파트너 혹은 자녀의 모든 생각을 알고자 하는 욕망을 예로 들 수 있다. 또는 그것이 신체상의 친밀감이 될 경우에는 품위를 떨어뜨리거나 폭력적이 될 수 있다. 성적 친밀감이 종종 정서적 친밀감과 함께 이상화된다고 하지만, Warr와 Pyett(1999)는 모든 사적인 성적 관계에 종사하는 성노동자들에게서 풀기 힘든 긴장을 발견하였다. 왜냐하면 성노동의 신체적인 친밀감은 정서적인 친밀감 혹은 친밀감을 나타내는 것에 기반을 둔 사적인 관계와 양립하기 어렵기 때문이다. 또한 가족과 개인의 유대를 이해하는 이전의 규범적 방식이, 새롭지만 보편적이고 금지된 범주화에 의해 대체될 수 있는 위험이 있다(Gabb, 2008).

이와는 달리 Zelitzer(2007)는 친밀감이 경제적 과정과 관련된다고 주장한다. 그녀는 **경제적 합리성**을 단지 관계와 정서에만 연결시키는 것을 피하고 친밀감과 **돈**은 양립할 뿐만 아니라 서로 영향을 미친다고 주장한다. 특히 성, 보살핌 그리고 가사**노동**에 초점을 두면서 경제 활동이 친밀한 유대의 창조 및 유지 그리고 재협상을 지지하는 것으로 본다.

요약

친밀감이란 유럽과 신세계 사회의 문화적 맥락에서, 가까운 가족과 개인적인 관계상의 질을 설명한다. 자기실현, 상호만족, 평등에 토대를 둔 불확실하지만 순수한 관계가 친밀감 추구에 있어서 이상적인 것으로 나타났는데, 이는 자기노출을 조직 원리로 한다. 그러나 다른 성인과의 이런 종류의 사랑과 깊은 연결은 위험한 것이다. 왜냐하면 그러한 성취가 불안전하며 지속적으로 반영적인 평가에 놓이기 때문이다. 부모-자녀 관계 역시 친밀감을 나타내는 것이고 그리고 친밀감을 드러내기 쉬워야 한다. 그러나 부모-자녀 관계를 성인과 동일한 방식인 불확실한 관계로 간주해서는 안 된다. 가족과 개인적인 관계를 동일하게 보는 것에 대해 비판을 제기한다. 즉, 사회적인 분리와 경제적인 요소가 여전히 친밀감의 유형을 형성한다는 점에서, 가족과 개인적인 관계를 순수한 관계로 묘사하는 것은 일부분에 지나지 않고 선택적이라는 것이다. 이러한 비판은 현대의 친밀한 가족과 개인적인 관계의 상태가 현대 사회에서 순수한 관계를 친밀감의 주요한 형태로 인정하는 것보다 훨씬 더 복잡하고 다양하다는 것을 의미한다.

관련문헌

Gabb(2008)에서는 친밀한 가족관계를 조사하는 방법론에 대해서 논의하며, Jamieson(1998)에서는 개관 이후의 보다 최근 문헌을 포함하고 있다. Hochschild(2003)에서는 친밀한 삶의 '상업화'에 대해 탐구한다.

관련개념 커플돔; 선택적 가족; 개별화; 개인

3
돌봄

정의

돌봄(care)은 가까운 가족에서부터 낯선 타인에 이르기까지 지지적인 관계와 관련된 일련의 감정과 행동 및 자원을 일컫는다.

논의

'가족'과 '돌봄'이라는 개념은 복합적으로 연결되어 있다. 그리고 돌봄과 보살핌에 관한 학문적 연구와 가족연구 간에도 복잡하게 연결되어 있다. 가족은 돌봄의 중요한 장소로 당연시되며 여기에는 **사랑**, 지원, **양육**도 포함된다. 특히, 여성주의 연구자들은 사회적 삶 속에서 상호 연관된 가족, 돌봄, **성별**은 구분될 필요가 있다고 주장해왔다. 그들은 많은 노력을 기울여서 돌봄에 관한 연구를 처음으로 시작하였는데, 돌봄을 '자연적인' 활동이 아니라 사회적으로 구성된 활동으로 보았다. 인구 노령화에 직면하고 있는 유럽과 신세계에서 돌봄 이슈는 돌봄서비스 구축과 시설기반 및 가족기반 서비스에서 돌봄서비스 제공자 **역할**의 인식과 더불어 정책 입안시 매우 중요한 주제가 되었다. 무상 돌봄은 가족정책의 주요한 이슈가 되었는데, 이는 특히 고용 및 가족ㆍ일 균형에서의 성평등이라는 관점에서 더욱 그랬다(Lewis, J., 2006).

'돌봄'이라는 용어는 육체적 돌봄과 정서적 돌봄을 모두 이르는 말로 장소적(공적/사적), 상황적(공식/비공식), 경제적(유상/무상) 등 다양한 상황에서 나타날 수 있다. 돌봄은 또한 도덕적 의미도 함축하고 있는데, 이는 돌봄이 협상, **호혜성**, **인정**을 요하고 이를 통해 사람들의 친족 정체성이 확실해지거나 또는 약화되기 때문이다(Finch and Mason, 1993). 돌봄이라는 말은 정치적으로 좀더 특별한 의미로 사용될 수 있다. 예를 들면, 영국에서는 돌봄이 전문적인 역할이라는 것을 나타내기 위해 **'위탁 돌보미'**라는 말을 '위탁 부모'라는 말로 대체하였다. 그럼에도 불구하고 돌봄자(carer)는 아이와의 관계에서 위탁양육자, 주간 보모 또는 부모를 나타낼 수 있다. 따라서 아이돌봄은 (준)전문적인 역할('일'과 연관)이거나 아마도 부모됨의 자연적 특성을 언급하는 것일 수 있다. 그러나 돌봄 서비스는 통상 아이보다는 주로 노인이나 장애인들을 위한 돌봄(보살핌)을 일컫는 말로 간주된다. 아동과 관련해서 '돌봄'이란 말은 그 법적인 의미가 바뀔 수 있다. 즉, 아동을 돌봄과 **보호**를 필요로 하는 부양가족으로 보느냐 또는 돌봄과 **통제**를 필요로 하는 위험한 존재로 보느냐 하는 것이다.

돌봄은 어머니역할과 마찬가지로 여성적인 특성의 일부분이라고 간주되어왔다. 돌봄을 이론화하는 과정에서 여성주의자들은 돌봄이 어떻게 사회적으로 형성되는지, 그리고 돌봄의 가치를 정하고 돌봄의 정치적 영향을 고려할 필요성을 강조하였다. 예를 들면, **공동체 돌봄** 정책은 '가족돌봄'을 완곡하게 표현한 것이며 암시적으로는 여성에 의한 돌봄으로 이해된다. 앞에서 언급하였던 육체적 돌봄과 감정적 돌봄을 구별하는 것이 행동으로서의 돌봄과 **책임감**을 수반하는 마음 씀씀이로서 돌봄에 대한 논의로 발전되었다(Tronto, 1993). 더 나아가 본질적으로 성적 특징을 반영한 돌봄이라는 말은 돌봄자에게 주어지는 지원에도 영향을 미친다.

다른 여성주의자들은 가정 또는 가족 내에서 이루어지는 돌봄과 좀더 공적인 상황에서 이루어지는 유급노동으로서의 돌봄에 차이가 있는지, 어떤 차이가 있는지에 대해 주목하였다. 고용형태로 제공되는 노인 돌봄 또는 장애인에 대한 가정 내 돌봄이나 병원에서의 간호 돌봄 또는 어린아이에 대한 돌봄은 육체적 유급노동의 한 형태라는 점과 개인적인 헌신이라는 생각에서 나온 기대 사이에서 갈등의 소지가 있다. 개인적인 헌신이라는 생각은 가족 돌봄과 관련되고, 돌봄 전문직의 낮은 지위와 임금에도 영향을 미친다. 동시에 비공식적인 돌봄에 대한 대가 지급은 돌봄이라는 것의 **정서적** 연관성을 해치는 것으로 보여지기도 한다.

성별과 마찬가지로 **연령지위**, 계층, 인종이 가족 기반 돌봄과 관련되어 있다. 연령지위 '아이 돌봄자'라는 개념이 대부분의 유럽과 신세계 사회에서는 시대착오적인 것으로 보인다는 것을 의미한다. 더 나아가 성인 친족 간의 돌봄 관계는 아이 돌봄에 적용되지 않는 호혜 및 자격과 관련이 있다. 사회적 · 물질적 **불평등**은 돌봄의 노력이 **계층**, **인종**과 관련되어 분배됨을 나타낸다. 예를 들면, '**글로벌 돌봄사슬**'(Hochschild, 2000)을 통해 개발도상국 여성들이 좀더 부유한 나라의 아이들을 돌보면서 대가를 받고, 이들은 다시 고국에 있는 자신의 아이들을 돌보는 다른 여성들에게 대가를 지불하게 된다. 이것은 돌봄 관계가 발생하는 다양한 사회적 상황에 관심을 불러일으키며 가족을 자급자족 단위로 보는 관점에 도전하는 것이다.

여성주의 이론가들은 돌봄이 가치와 **윤리적 추론**(Held, 2006)에 기초하고 있으며 **시민권**의 주요 요소라는 철학적 사고를 발전시켰다(Sevenhuijsen, 1998). 여성의 '자연적' 돌봄 자질을 구현하는 것을 나타내는 것과 가족생활의 범주를 벗어난 가치인 자질을 설명하는 것 사이에는 미세한 균형이 있다. 여성주의자들은 사람들을 돌보는 돌봄 노동의 단조로운 고역뿐 아니라 사람들에게 관심을 가지는 일의 자질과 관련해서도 주의를 기울였다. 그리고 돌봄이 보호, **양육**, 훈련에 대한 관심을 수반하는

모성적 사고와 함께 조심성, 책임감, 신뢰, 능력과 인간의 연약함에 대한 반응 등의 가치를 포함하는 것으로 분석하였다(Ruddick, 1990). 돌봄은 보편적, 추상적, 공식적이기보다는 상황적, 관계적, 세심한, 불확정적인 윤리적 사고에 기초하고 있다고 볼 수 있다. 돌봄은 정치이론 (Sevenhuijsen, 1998)과 개인적 · 사회적 삶의 합법적인 토대가 된다.

그러나 최근에는 돌봄을 이해하는 일부 여성주의자들이 포스트식민주의 이론으로부터 도전을 받고 있다(Raghuram et al., 2009). 공적 생활과 가족생활에서 돌봄의 윤리가 **정의**의 윤리와 상충되는 것에 대한 논쟁이 있다. 예를 들면, **공정성**의 개념이 가족생활에 더 적절하다 할지라도, 가족원 모두가 가족의 자원에 동등하게 접근할 수 있도록 분배의 정의를 요구할 권리가 있다(Ribbens McCarthy et al., 2003).

장애연구에 따르면, 돌봄은 돌보는 자와 돌봄을 받는 자 모두에게 중요한 관계이다. 이것은 관계가 일방향적이고 권력과 예속을 수반하는 것인지, 혹은 돌봄이 너무 문제가 많은 개념이 아닌지에 대한 의문을 불러일으킨다. 돌봄은 인간의 **취약성**과 밀접한 관련이 있으며, 학대와 방임의 가능성이 있다. 동시에, 상처받기 쉬움과 취약성이 인간 조건의 한 부분임을 보여주며, 돌보는 사람과 돌봄을 받는 자를 명확하게 구분할 수 없다. 따라서 의존과 독립의 개념은 **상호의존성**의 개념으로 재정의될 수 있다.

권력에 대한 독특한 이해는 후기 계몽사회 서구문화의 독립적이고 **자율적인 자기**의 개념에 잘 구현되어 있으며, 타인에 대한 권력행사는 돌봄과 정반대의 것으로 인식한다. 이 관점으로 보면 권력은 타인에 대한 한 개인의 욕구 관철이며, 돌봄은 다른 사람의 욕구와 바람을 우선시하는 것으로 이해될 수 있다. 본질적으로는 상호 관련되어 있는 자기에 대한 다른 이해는 타인에 대한 돌봄을 통해 자신에 대한 돌봄을 경험하는, 권력에 대한 또 다른 개념을 보여 준다. 이런 관점에서 보면, 자기에 대한 인식은 돌봄을 받는자와 밀접하게 연관되어 있으며, 이것은 사랑에 대한 주요한 지표 또는 가족생활에 대한 또 다른 경험으로 이해된다(Kağitçibaşi, 2005).

요약

돌봄과 가족에 대한 생각은 밀접하게 연관되어 있다. 돌봄을 강조하는 것은 그 양면성이 간과된다는 점에서 여성의 '자연적' 자질을 구현하는 것을 위태롭게 한다. 여성주의 작가들은 특별히 돌봄을 다면적인 방법으로 이론화하였으며, 공적 생활과 가족생활에서 돌봄의 의미를 탐색하였다. 정서적으로 돌봄은 긍정적 배려 및 마지못한 의무 둘 다로 경험할 수 있다. 행동으로서의 돌봄은 연결과 지루한 고역 및 잠재적인 착취 둘 다로 경험할 수 있다. 돌봄은 국제적으로도 경제, 정치, 가족적 의미로서 많은 관심을 끌고 있다. 가족생활뿐만 아니라 정치제도에도 돌봄 윤리를 적용하는 것을 논의해왔다.

관련문헌

David H.J. Morgan(1996)에서는 돌봄과 성별이 연결되는 이유를 논의한다. Fink(2004)에서는 돌봄, 가족생활, 사회정책의 교차점을 소개한다. Held(2006)에서는 도덕이론 및 사회와 관련해서 돌봄 윤리를 논의한다. Yeates(2009)에서는 세계화, 돌봄 그리고 가족생활 및 사회적 재생산에 대한 함의를 개관한다.

관련개념 노동분업; 가족정책; 여성주의; 권력

4
권력

정의

권력(power)은 이론적 관점에 따라 다양한 방식으로 정의된다. 일반적으로, 그것은 다른 사람의 바람이나 관심에 반하여 자신이 희망했던 결과를 달성할 수 있는 개인의 능력으로 간주된다. 또는 어떤 일을 만드는 긍정적인 능력으로 정의된다.

논의

권력은 사회과학의 핵심개념으로 권력이 행사될 때 누가 가장 좋은 위치를 차지하는지, 누구의 이익이 만족되는지에 관해서 의문을 제기한다. 가족관계에 있어서 권력은 복잡하다. 왜냐하면 사람들이 자신의 가족생활을 논의하는 것이 일반적이지 않기 때문이다. 오히려 현대 유럽과 신세계 사회에서 권력은 사랑과 연합성이라는 가족의 이상적 원리와 상충하는 정치적 언어로 간주된다. 그러나 가족생활상의 권력을 분석하는 것은 종종 매

119

일의 일상적이고 세세한 가족활동을 통해 드러나는 가족관계의 정치적 측면을 드러내는 것이다.

사회생활에 따른 개인적 특성, 개인 간 상호작용 차원, 또는 사회 전반에 걸친 체계적 방식의 작용과 같은 여러 차원으로 분석된다. 권력의 이러한 거시적·미시적 작용은 상호 연결되어있다. 가족관계에서 개인의 권력 행사는 보다 광범위한 권력의 구조적 과정과 연결된다. 예를 들면, **가부장제**의 작용(전통적 권위 또는 신체적 폭력으로서), 요보호 청소년의 보호시설 배치, 그리고 사회 내에서 자원의 평가와 분배방식에 대한 다양한 사회적 규범과 관련된다.

개인적인 특성으로서 권력은 인지된 **통제의 근원**이라고 말할 수 있다. 개인은 자신이 자주적으로 방향을 결정할 수 있는 능력을 가졌다고 생각하거나(**자율성**), 또는 자신을 통제할 수 없거나 타인의 지시에 굴복하는 주체라고 생각(**타율성**)할 수 있다. 이러한 인식은 적극적 혹은 수동적 대처양식과 연결될 수 있다. 예를 들어, 어려운 환경에 살고 있는 아동들이 보여주는 **결과**는 그들 부모의 대처양식에 따라 다양하게 나타남을 알 수 있다(예 : Seiffge-Krenke, 2000). 그럼에도 불구하고 권력의 소재 인식에 있어서 이러한 차이는 **빈곤**이나 기타 문제되는 생활사건과 같은 구조적인 양상과 관련될 수 있다. 그리고 자율성이나 타율성을 평가하는 가치는 문화에 따라 다양할 수 있다(Kağitçibaşi, 2007).

거시적 및 미시적 수준에서, 권력은 갈등의 징후로 분석될 수 있고 혹은 결과를 달성할 수 있도록 하는 힘 또는 능력의 형태로 분석될 수 있다. **거시적** 수준에서 갈등이론은 권력이 특정 집단이나 계층의 이익을 위해 체계적으로 작용하는 것으로 본다. 반면에 기능주의 이론은 사회적 목표를 달성함으로써 모두의 이익을 충족하기 위해 권력이 작용하는 것으로 본다. 이와 유사하게 가족관계라는 **미시적** 수준에서, 갈등이론은 권력을 특정 개인이 다른 가족원의 요구와 이익에 반하여 자신의 요구와 이익을 강력히 주장할 수 있도록 하는 것으로 본다. 반면에 기능주의 접근은 권력을 전체로서의 가족이 원활하게 기능하도록 작용하는 것으로 본다.

권력의 반대에 맞서 자신의 목표를 달성하는 능력으로 볼 때 권력은 **통제**와 강압에 가까운 개념이다. 이러한 관점에서, 권력의 작용은 갈등 상황에서 자신의 원함을 누가 성공적으로 주장하는지, 혹은 행동의 결과 혹은 영향으로부터 누가 가장 이익인지 구별할 수 있다. 권력에 대한 어떤 개념은 의도성과 관련이 있으나, 다른 관점은 의도하지 않은 결과를 포함한다. 특히 가족의 경우, 개인은 마음에 두고 있는 사람을 위해 자신의 행동 결과에 주의를 기울일 것이라고 예상한다. 그러나 장기적인 가족관계에서는 사회적 영향력 또는 시간의 경과에 따른 기대와 같은 권력의 미묘한 형태가 작용할 수 있다.

가족관계의 권력에 접근하는 한 가지 방법으로 배우자에게 가족의 중요한 결정을 누가 하는지에 관해 질문함으로써 **의사결정**을 조사하는 것이다. 그러나 이러한 접근에는 방법론적인 어려움이 있다. 즉, 어떤 배우자에게 질문하고 어떤 결정을 핵심으로 간주할 것인가 하는 것이다. 또한 의사결정이 권력을 나타내는 가장 중요한 경로인지 여부에 관한 개념적인 이슈도 있다. 아마도 권력은 아주 적게 드러날 때 그리고 일상생활에서 문제시되지 않는 일과로 작용할 때 가장 효과적이다. 게다가 공공연한 논의와 협상이 실제보다 더 명백할 수 있다. 대안적 접근은 가족타협에 의해 누가 이익을 가장 많이 받는가를 확인하는 것이다.

가족 내 **자원** 분포는 권력을 식별하는 데 중요한 요소이다. 자원은 권력을 주장하거나 강화하기 위해 배분되기도 하지만, 자원의 **불평등**은 권력 작용의 결과이다. 권력은 가족 내의 불평등을 생각하게 하는 열쇠이다. 또한 권력은 폭력과 학대를 포함하는 부정적인 경험과 함께 애착의 지속을 설명하는 데 도움이 된다. '**허위의식**'이라는 개념은 가족원들이 그들의 진정한 관심이 어디에 있는지 보는 것에 실패하고, 권력의 압제적 작용을 받아들였다는 것을 설명하고자 사용된다. 예를 들어 '**공유**'라는 언어는 자원의 불평등을 속이는 데 사용될 수 있으며, 여성주의 연구는 가구와 가족 내

121

돈의 분배방식에 관한 질문을 공개적으로 한다(Pahl, J., 2005).

그러나 권력관계에서 자원의 특징을 확인하는 것은 복잡하다. 왜냐하면 자원에 부여된 의미가 다를 수 있기 때문이다. 돈으로 사랑을 살 수 없기 때문에 **돈**을 쓰거나 보류하는 것은 둘 다 적절한 돌봄이 아닌 것으로 볼 수 있고, 다른 사람과 **시간**을 보내는 것으로도 대체할 수 없다고 간주한다. 그리고 함께 거주하지 않고 취업 중인 부모가 기본적인 양식을 부족하게 주는 것을 방임으로 볼 수 있다(Ribbens McCarthy et al., 2003). 게다가 누군가와 함께 시간을 보내는 것은 사랑하는 관계의 요소로 볼 수도 있지만, 다른 사람의 이익보다는 한 개인의 이익을 충족시키는 것으로 간주할 수 있다. 아내들이 차를 만들면서 오후시간을 보내는 것과 남편의 크리켓 경기에서 아이들을 돌보는 것이 '허위의식'이나 '애정 어린 친근감'의 본보기인가? 조리된 **음식**을 제공하는 것처럼, 가정 내의 일상적인 자원들은 가족들에게 의무를 부과하는 것은 물론 상징적인 중요성(크리스마스나 추수감사절 가족식사와 같은)을 통해 권력을 수반할 수 있다. 아내가 남편과 아이들을 위해 음식을 요리할 때, 그녀에게 부과되어왔던 '좋은 아내와 엄마'라는 개념에 의해 행동하는가? 아니면 다른 가족원들이 식사시간에 맞추어 귀가하고 가정 내 식사의 중요성을 존중하도록 의무감을 갖게 만드는가?

Bell과 Newby(1976)는 종속적인 파트너로부터의 헌신을 유지하면서, 권력이 작용하는 방식을 설명하기 위해 부부관계를 '**공손한 토론방식**'이라는 말로 설명하였다. 이러한 관점에서, 가정의 우두머리로서 남자에게 주어진 **전통적 권위**는 남자의 권력이 의심할 나위없고 불변한 것으로 보여짐을 의미한다. 예를 들어, 유럽과 신세계 사회에서, 그것은 남성 파트너가 여성 파트너보다 키가 더 크고 나이가 더 많을 것이라는 기대를 통해 발생한다. Bell과 Newby는 권력을 더 가진 사람이 **선물**이나 상징적인 돌봄행위를 제공함으로써 더 엄격한 권력의 의미를 완화시킨다고 주장한다.

보다 우호적인 관점에서 권력은 공동의 목표를 달성하기 위한 능력이며, 어느 누구도 실패하지 않는 경우를 말한다. 일부 사회심리학 이론은 권력은 집단 역동에 필요한 부분이며 사람들이 공동의 목표를 달성할 수 있도록 하는 것으로 간주하며, 또한 보다 광범위한 구조적 불평등에 의해 중재된다는 것을 인정한다.

가족에서처럼 개인이 다른 사람에게 **의존**하는 경우에 다른 사람의 권력 행사에 취약하지만, 권력이 학대적인 방식이나 양육적인 방식으로 작용할 수 있다. 예를 들어, 한쪽 배우자가 다른 쪽 배우자에게 정서적으로 의존해 있는 경우에 정서적으로 더 독립적인 배우자가 관계상의 권력을 가질 수 있다(O'Connor, 1991). 높은 의존 욕구를 가진 어린 아이와 사람들은 학대에 취약하거나 보호와 양육의 대상이 된다. 사람들이 각자가 원하는 결과를 성취하고 필요를 충족하기 위해 서로를 돌보는 **상호의존성**의 경우에 보다 평등한 권력 관계가 발생한다.

일부 여성주의 저자들은 권력이 돌봄의 형태로 개념화할 가능성을 제기하면서(Meyer, 1991), 권력과 **사랑**을 이분화하는 것을 피한다. 권력을 개인 간 이익 투쟁으로 보는 고전적 개념은 개인을 애착대상과 분리된 존재로 보는 서구의 개념에 의존하고 있다. 그러나 만일 개인이 다른 사람의 이해관계와 묶여 있어서 관계적인 측면으로 이해한다면 권력은 더 복잡한 방식으로 개념화될 필요가 있다. 예를 들어, 어머니들은 **자녀**의 훈련과 질서를 위해 **필요**하다고 보는 것을 실행한다고 자녀에 대한 권력 행사를 할 수도 있을 것이다(Ribbens, 1994). 대부분의 권력 행사는 행동에 부여하는 의미와 사람들의 관심과 욕구를 이해하는 방식에 따라 달라진다. 가족원들의 특별한 관심과 요구는, 특히 어린이들의 관심과 요구는 아동발달과 같은 전문적인 지식이론에 의해 만들어졌다. 이 이론은 권력과 **통치**의 주요 형태를 구성한다(Rose, N., 1999).

요약

권력은 파괴적이거나 생산적일 수 있다. 어떤 사람들은 권력이 직접적인 이익의 충돌을 포함하는 것에 초점을 두고 있으며, 다른 사람들은 자신의 이익에 대해 타인이 어떻게 인식하는지의 중요성에 주의를 기울이며 권위나 전문지식이라고 생각하는 것에 주목한다. 구조적인 불평등과 자원에 대한 접근가능성뿐만 아니라 사회규범은 가족 권력의 중요한 요인이다. 여성주의자들이 가족생활에서의 권력을 분석한 것은 가정에서 일어나는 불평등과 학대를 드러내는 데 결정적인 역할을 하였다. 또한 권력은 돌봄의 한 형태로서 관계적 관점으로 이해될 수 있다.

관련문헌

Allan과 Crow(2001)에서는 권력을 가족관계에 널리 퍼져있는 요소로 보고 간략하지만 명확하게 개요를 보여준다. J. Pahl(2005)에서는 최근에 가정에서 논의되고 있는 지출에 대해서 다루며, Kirchler 등(2001)에서는 친밀한 관계에서 자원과 사랑에 대한 사회 심리적 관점을 제공한다. 가족과 음식에 관한 연구로는 DeVault(1991)의 획기적인 연구와 Jackson(2009)의 최근의 경험적 연구를 참조하라.

관련개념 돌봄; 노동분업; 가정폭력과 학대; 사회적 분리

5
협상

정의

가족학의 맥락에서 협상(negotiation)의 개념은 상황파악의 방식에 대한
가족원 간의 상호작용과 이러한 이해로부터 일어나는 행동의 과정에 관심
을 가진다. 협상에는 명시적인 것과 암시적인 것이 있다.

논의

협상이라는 개념은 개인적·사회적 과정 그리고 사회구조 간의 연결에 관
한 광범위한 사회학적 이론의 맥락에서 발생한다. 특히 일부 사회학적 관
점은 교환에서 발생하는 구조적 차이로 인해 사람들 사이의 사회적 상호
작용에서 나타나는 것으로 간주한다. 가족에 관하여 덜 유연한 **권위**구조
를 고수하기보다는 가족원 간의 협상은 유럽과 신세계 사회의 현대 가족
생활에서 중요한 주제로 떠올랐다.

예를 들어, Giddens(1992)는 친밀한 관계가 미리 결정되고 강요된 규범

125

적 질서로부터 변화해왔으며 **결혼**과 결혼의 영속적 의미에 의해 예증된다고 주장한다. 하지만 친밀한 관계는 서로 관계를 원하는지 아닌지, 그리고 어떠한 종류의 관계가 되어야 하는지 끊임없이 되돌아보고 재협상하면서 결정하는 불확정적인 규범적 틀에서 협상되고 곧 형성된다. 자녀와 부모 관계도 비슷하게 부모가 자녀에 대한 권력을 미리 가지고 있는 상황보다 그들이 즉시 협상을 수반하는 근대화의 과정이 진행 중이다(du Bois-Reymond et al., 2001).

특히 협상의 개념은 성인 친척 사이의 **의무**에 관한 Finch와 Mason의 연구로부터 분석적으로 발달되었다(Finch and Mason, 1993). 이들은 가족원 서로에 대한 책임 혹은 책임의 결핍은 관계 **지위**에 의한 의무보다 시간의 경과에 따라 협상된 이해와 헌신으로부터 형성된다고 주장한다. Finch와 Mason은 명시적 및 암시적 협상으로 구분하였는데, 이러한 협상은 종종 가족생활에서 동시에 발생되기도 한다. 명시적 협상은 구체적인 필요나 사건에 대해 가족원 간에 표현되거나 숨김없는 토의로 이루어진다. 반면 암시적 협상은 추측되고 말로 표현되지 않는 것을 결정하는 데 책임이 어느 곳에 있어야 하는지 그리고 누가 관여되어야 하는지에 대해, 가족원들의 공유된 역사의 일환으로서 오랜 시간이 지남에 따라 점진적으로 발전한다. 가족의 책임감이 발달하고 승인하는 데 있어 이러한 **시간** 관점은 Finch와 Mason에게 가족생활을 설명할 수 있는 협상의 개념을 제공한다. 규범을 따르도록 규정하는 의무의 실제를 둘러싼 **생득적** 역할이라기보다, 현대 서구사회에서 이러한 규범적인 것은 협상된 산물이며 책임에 대한 할당의 과정이다.

가족생활의 한 부분인 협상의 개념은 '**부부의 대화**(marital conversation)'라는 Berger와 Kellner의 고전적인 현상학적 개념과 관련이 있다. 이들은 사람들이 가족의 본질과 사회 세계에 대한 이해를 그들의 친밀한 관계와 논쟁하게 한다고 말한다. **일상적 상호작용**, 공유된 역사 그리고 서로의 미래 생활에 대한 기대를 통해 결혼한 부부들은 당연하게 여기는 상호구성(mutual construction)과 그들 관계의 실제에 대한 재확인, 부모 역할과 가족생활을 끊임없이 발달시키며 협상한다. 자녀 또한 이런 상호작용에 기여하며 이런 면에서 부부의 대화는 '가족 심포지엄'이 된다. Berger와 Kellner의 개념은 '너와 나'가 결합하여 '우리'가 되는 방법을 가리킨다. 연구는 이러한 과정에서 협상이 기능하는 방식을 이끌어낸 Berger와 Kellner의 개념을 토대로 하였다. 예를 들어, Benjamin(1998)은 결혼한 부부 사이의 **담론**과 **정서**에 대한 협상을 탐색하며, Smart와 Neale(1999)은 이혼 후 부모–자녀 관계에 대한 연구에서 협상을 포함하는 '도덕적 대화(moral conversation)'라는 용어의 사용에서 Berger와 Kellner를 모방하였다.

Berger와 Kellner의 연구는 특히 결혼 내의 성별화된 권력관계를 무시한 점, 부부결합을 확대 과장한 점에 대해 비판받았다. 실제로 위에 언급된 그들의 개념에서 구축한 많은 연구는 협상에서 **성별화** 및 **세대적** 권력 불평등을 명확하게 도출하는 데에 관심을 갖는다. 협상의 개념에 대한 비평을 예로 들면, Dempsey(1997)는 그들 사이에 잠재하는 불평등이 특정 문제를 의제에서 제외하기 때문에 **남편**과 **아내** 사이의 토의가 단지 '토큰 협상(token negotiation)'을 수반한다고 주장한다. Giddens의 협상 개념은 부모–자녀 관계를 포착하지 않는 개별화와 **민주화**에 대한 생각을 야기하거나 포함하는 방식뿐만 아니라 권력과 사회적 분리를 소홀히 했다는 점에 대해 비판을 받는다. Finch와 Mason의 진보된 개념과 그 개념을 토대로 한 연구는 이런 구조적 차이가 협상의 과정을 통해 발생한다는 것을 주장함으로써 권력의 **불평등**을 무시한다는 비난을 피한다. 그러나 협상의 개념이 너무 멀리 뻗어져 나가(예 : 암시적 이해와 사람들이 협상으로부터 배제되는 것을 포함하여) 의미가 없어질 우려가 있다. 즉, 모든 것이 협상으로 주장되며 그 용어는 협상의 구체성을 잃는다.

요약

협상의 개념은 지위에 의해 규정되는 것과 반대로, 유동적이고 활동적인 것으로서 현대 서구의 가족생활을 이해하는 데에 필수적인 요소이다. 이 것은 시간의 경과에 따라 가족원의 상호작용이 서로의 헌신에 대한 이해로 발달하는 방식 그리고 그들이 그들 관계의 '실재'를 어떻게 이해하는지를 포착한다. Finch와 Mason(1993)은 가족생활과 관련 있는 이 개념에 대해 분석적 논의를 전개하였으며 또한 명시적·암시적 협상으로 구분하였다. 가족에게 무엇이 진행되고 있는지 이해하기 위해 협상이라는 개념을 사용하고 보급한 점에 대한 비판은 첫째, 폭넓은 사회적 기대와 권력 불평등을 벗어날 수 있는 방법과 둘째, 이 개념이 지니게 된 의미의 큰 부담에 대해 초점을 두었다.

관련문헌

Berger와 Kellner(1964) 그리고 Finch와 Mason(1993)의 연구는 부부 및 가족과정에서 협상과 관련하여 다룬 중요한 읽을거리이다. Crow(2002)와 Dempsey(1997)에서는 협상의 개념에 대한 비판을 제시한다.

관련개념 개별화; 친밀감; 현상학적 접근; 권력

6
문제가족

정의

'문제가족(problem family)'은 그들의 행동과 가치의 측면에서 주류 사회의 가장자리에 위치한 가족들에 대해 사용되는 다양한 용어 중 하나이다.

논의

'문제가족'의 개념은 산업사회의 역사 내내 되풀이되어왔다(Welshman, 2007). '문제가족' 뿐만 아니라, 역기능 가족을 포함하여 박탈의 순환, 하위계층(underclass), 반사회적 가족 그리고 사회적으로 배제된 가족 등 여러 가지 용어들이 사용되었다. 적절한 부모역할과 가족생활에 관한 이론에서 도출된, 문제가족은 구조적으로 결핍되거나 내부적으로 무질서하고, 사회적으로 배제되거나 주류 사회와 도덕적 질서로부터 벗어난 상태로 다양하게 판단된다. 문제가족은 아동을 통제하지 못하는 부모의 무능력과 특정 가족 내에서 여러 세대에 걸쳐 **빈곤**과 부적응이라는 하위문화를 전달함으로써 사회에 문제를 일으킨다.

이러한 논쟁에서 반복되는 특징은 **발달심리학**과 같이 전문적이고 제도화된 담론은 부모의 불충분한 **자녀양육**과 일탈적이거나 무질서한 가정생활로 인해, 그들 자신과 사회 모두에 어려움을 나타내는 이러한 문제가족을 판단하는 전문가들에 의해 도출되었다. 문제가 있는 것으로 정의되는 가족의 가치와 행동이 문화 또는 구조 측면에서 발견되는지 어떤지 여부는 논쟁의 여지가 있으며, 일부 비평가들은 그러한 정의가 과학적 정밀함보다는 **노동자계층**과 소수 **민족**의 가족생활에 대해 가치 판단이 수반된다고 주장한다.

역기능적 가족은 수용될 수 있는 가족 가치와 행동, 경제적인 노동의 가치를 가르치는 것에 실패한 것으로 판단된다. 가족체계 및 치료적 접근은 역기능적이고 비조직적 또는 무질서한 가족에 대해 언급하는데, 이러한 가족에서 **무시**, **갈등**, 나쁜 행위 그리고 **학대**가 지속적으로 일어나며, 가족원들은 이것을 정상적인 것으로 간주하고 순응한다. 체계적 접근은 더 큰 사회체제와 사회학적 연계를 이루어내지 못했다. 사회체계와 연계를 이루고 있는 역기능적 가족에 관한 영향력 있는 연구로, Coleman(1988)은 사회적 자본 기능이 약화된 현대 가족생활의 구조적 특징에 대해 검토하였다. 특히, Coleman은 **홀부모**(lone parent), 맞벌이, 복지 의존적 가족과 같은 특정한 가족유형의 부모는 그들의 자녀를 적절하게 사회화하거나 감시할 수 없으며 또한 사회적으로 용인되는 방법으로 기능하는 가족과 지역사회에 기초한 연계를 만들어가지 못한다고 주장한다. 이것은 청소년의 낮은 학업성취, '무임승차' 태도, 수용되는 행동 규범 경멸하기, 비행에 가담하기 등의 형태로 사회에 부정적 영향을 끼치는 것을 말한다.

박탈의 순환, 불이익의 순환 그리고 **빈곤의 순환**과 의존성의 순환처럼 서로 연관되어 있는 다른 용어들도 역시 근로 윤리나 안정적 가족관계에 대한 세대 간 전달의 실패에 초점을 둔다. 이것은 불이익이 지속되도록 원인 역할을 하는 일부 가족 사이에 일탈적인 태도와 행동이라는 자기 영속적인 **하위문화**의 발달을 사실로 가정한다. 빈곤, 무책임한 부모역할, 통제에서 벗어난 대규모 가족은 특정 가족 중에서 여러 세대에 걸쳐 재생산되며, 부적응, 교육적 실패, 아동 학대, **비행** 그리고 **정신질환**과 같은 사회적 문제를 야기하는 것으로 보고된다. 경험적 증거는 이러한 개념을 지지하지 않는 반면, 박탈이나 불이익의 순환이 전이된다는 개념은 전문적 · 정치적으로 모두 지지해왔다.

또 다른 용어인 **하위계층** 가족은 주류사회로부터 **사회적으로 배제**되거나 퇴출된 가족이라는 의미로 인식된다. 능력과 직업적 순위에 따라 정해지는 사회계층 및 구조의 개념화라는 맥락에서는 노동시장보다는 국가 **복지혜택**에 의존하는 것이 하위계층의 주요 지표로 간주된다(몇몇 형태에서는 일반적인 것으로 간주된다). 문화적 · 구조적 요소를 우선시하는 이러한 잔여범주(residual category)의 존재에 관해 다양한 설명이 있다. 문화적 설명은 하위계층의 도덕적 사고방식 및 행동에 초점을 둔다. 모자가구를 주요사례로 간주하여 복지에 의존하게 되므로 핵가족 가구의 파괴와 고용을 평가절하하며 의존이나 비행, 범죄를 조장하는 반문화(counter-culture)적 사회화를 야기하였다고 주장한다.

대조적으로, 하위계층에 대한 구조적 설명은 사회에서 특정 그룹의 불이익에 대한 구조적 **불평등**을 강조한다. 경제는 충분하게 안정적 **고용**을 제공하지 못하였고 결과적으로 남성 **생계부양자**의 역할을 불안정하게 하고 범죄를 야기하였다고 주장한다. 구체적으로 선진국에서 제조업으로부터 서비스 분야로 노동시장의 구조조정은 훈련과 기술이 부족한 남성에게 낮은 고용 기회를 갖게 하였다. 하위계층에 대한 미국 내의 논의에서 문화적 및 구조적 논의 모두 강한 인종적 요소가 존재해왔는데, 이것은 하위계층의 재생산에 있어 **인종** 혹은 계층이 주요 요소인지 아닌지에 대한 논쟁을 불러일으킨다.

최근 영국에서 사회적 배제라는 개념과 다시 연관되어 **반사회적 가족**이란 용어가 정치적으로나 대중적으로 모두 친근한 용어가 되었다. 특히 아동을 적합하게 사회화하거나 통제해야 하는 부모의 무능력은 젊은이들이 공동체나 그보다 더 큰 사회에서 사회적 무질서를 초래하게 된다는 것에 초점을 두었다. 주류의 규범이나 행동을 흡수하지 못한 것으로 판단되는 가족이나 그들의 거부행동을 범죄로 규정하여 **교육**(예 : **양육기술**)이나 제재(주로 ASBOs라 일컬어지는데, 예를 들면 강제적 부모역할 기술 강좌, 지역 아동의 야간 통행금지 및 반사회적 행동 금지령)로 다룬다(Edwards, R. and Gillies, 2004). 무엇이 가족의 반사회적 행동을 구성하는지에 대해 뚜렷하게 대조되는 것으로, 일부 여성주의자들은 핵가족 그 자체가 반사회적이며 여성 억압을 제도화하며 모든 다른 형태의 가족생활을 열등한 것으로 명명한다고(labelling) 주장해왔다.

문제가 있는 것으로 간주되는 가족에 대해 지도 감독이 있었고, 이것은 대부분의 복지 체계의 특징이다(Rodgers, 1996). 반사회적 가족을 위해 위에서 설명한 개입이나 제재의 종류에 대해 저항하거나, 복지 체계로부터 혜택을 받지 못하고 그들의 행동을 변화시키지 못하는 문제가족들에 대한 해결책은 아동이나 젊은이를 다른 곳으로 보내거나 국가보호를 실시하는 것이다(**요보호아동**으로 일컬음). 네덜란드(Van Wel, 1992, Rodgers, 1996 인용)와 영국(Garret, 2007)을 포함해 일부 국가나 지역은 개입이 필요하다고 여겨지는 전체 가족은, 주류에서 수용되는 행동 패턴으로 그들을 재사회화하는 목표를 가지고 재가보호로 배치될 수 있다.

역기능적 가족, 박탈의 순환, 하위계층, 반사회적 가족에 대한 개념은 이를 구성하는 문제가족이 사회의 '외부'에 놓여 있는 것처럼 보이는 위험을 초래한다. 문제가족을 정상적 사회의 일부분이 아닌 것으로 위치시키는 것은 사회가 내부적으로 응집하는 중요한 도전으로부터 자유로운 것처럼 여기게 만든다(Morris, 1994). 따라서 '문제가족'이란 개념은 전문가 집단에게 이런 가족을 다루기 위해 사회복지활동 접근을 지지하도록 호소하며, 가족원에게 가까이 접근하여 격려하고 행동 변화를 감시하도록 한다(Welshman, 1999).

그러나 '문제가족'이라는 명칭은 사회학적 분석의 개념도구와 마찬가지로 타당성이 거의 없으며, 이론적 · 경험적 정확성이 부족하며, 종종 원인과 결과를 혼동하게 한다. 비평가들은 **중산층**의 규범에 근거한 기준에 순응하지 못하거나 문제가족으로 규정되어 다양한 이름이 붙고 국가 개입을 통해 규제를 받는 사람들은 압도적으로 빈곤한 가족이라고 지적한다 (Gillies, 2007). 비행과 범죄에 대한 **인과관계**를 나타내는 선형모델은 사회적 박탈, 낮은 소득, 실업 등이 시간의 경과에 따라 복잡하게 상호작용하는 것을 가족관행으로 무시한다.

요약

문제가족에 대한 주요 논의의 축은, 이런 가족의 일탈적 행동 및 가치가 문화나 구조에 근거하는가이다. 어떤 이들은 문제가족 정의 뒤에 있는 가치나 동기를 의심하며, 이러한 명칭은 개념적 또는 경험적으로 거의 이루어지지 않는다고 주장한다. 구조적으로 부족하거나 내부적으로 무질서하다고 판단되는 역기능 가족, 사회적으로 배제되거나 주류 사회와 도덕적 질서로부터 퇴출되었다고 간주되는 하위계층 가족, 그리고 부모의 아동에 대한 통제 불능으로 인해 사회문제를 발생시킨다고 간주되는 반사회적 가족을 포함해서 문제가족에 대해 많은 용어들이 사용된다. 박탈의 순환이라는 개념은 특정 가족 내에서 여러 세대에 걸쳐 전이되는 빈곤이라는 하위문화를 제기한다. 특히 이런 문제가족의 부모에게 교육 또는 제재가 필요하다.

관련문헌

Welshman(2007)에서는 역사적 개관을 제공한다. Gillies(2007)에서는 영국에서 공적 관심과 개입의 초점이 되는 '소외된 어머니들'을 논의한다.

관련개념 아동발달; 갈등이론; 가족정책; 사회적 분리

7
가정폭력과 학대

정의

가정폭력(domestic violence)과 학대(abuse)는 특히 가정 내에서 친밀한 어떤 사람, 가족 혹은 친척에게 힘을 행사하여 지배하거나 비하하는 것을 말한다. 이 용어가 사용될 수 있는 범위는 신체적 뿐만 아니라 언어적, 성적, 정서적, 심리적 위협, 협박 또는 상해로 논의된다.

논의

'가정폭력'과 '가정학대'라는 용어의 정의 및 의미와 관련하여 많은 논쟁이 있다. 어떤 이들은 신체적 상해를 초래하는 행동으로 제한하는 한정된 기술을 주장하는 반면, 다른 이들은 **성적 학대**뿐만 아니라 심리적, 정서적 손상 그리고 성희롱을 포함하는 폭넓은 정의를 선호한다. 또한 가정폭력 및 학대의 정의나 유형이 필연적으로 문화에 따라 다른지 여부에 대해 논의되었다(Agathonos-Georgopoulou, 2006)(이후에 좀더 논의됨).

어떤 정의를 사용하는가는 가정폭력과 학대의 범위를 측정하는 연구에서 중요하며, 이는 협의의 정의보다 광의의 정의를 사용하면 폭력과 학대의 빈도수준이 높아지거나 많아지기 때문이다. 또한 가정 내의 폭력과 학대의 증가를 나타내는 통계는 학대 자체의 빈도보다 보고의 증가를 말하는 것인지 그 여부에 대한 논쟁도 있다.

폭력과 학대의 포괄성 혹은 한계에 대해 언급하는 것과 관련하여 광의의 정의를 선호하는 연구자들은 '폭력(violence)'이라는 용어는 심리적 협박이나 손상은 전달되지 않는 반면, '학대(abuse)'라는 용어는 이런 측면을 포착할 수 있다고 주장한다. 그러나 협의의 정의를 택하는 이들은 '폭력'이라는 기술어를 선호한다. 또한 서두에 '가정'이라는 용어를 사용해야 하는지에 대해 의문을 가지는데, 어떤 비평가들은 이 용어는 누가 실제로 폭력을 시작하거나 저지르는지에 대해 **성별화된** 불평등을 숨기고 있다고 생각하기 때문이다.

가정폭력 및 학대의 원인과 관련하여 (a) 부모나 아동의 병리, 가족 내 역기능 체계, 학대의 순환 혹은 환경적 스트레스와 같이 특정한 가족에서 개인적 환경에 의해 이루어진 것인지 혹은 (b) 사회에 광범위하게 내재된 구조적인 성별 및 세대의 **불평등**과 연관되어 있는지에 대해 철저하게 설명하는 것이 주요 쟁점이다. 나아가 어떤 이들은 가정폭력에는 다양한 패턴이 있으므로 다양한 설명이 필요하다고 주장한다(Johnson, M.P., 1992).

Abbott와 Wallace(1997)는 남성 범행에 대한 세 종류의 주요 설명, 즉 전통주의, 자유주의적/정신병리적 설명 그리고 여성주의를 검토하였다. 이들에 의하면 '전통주의' 설명은 남성에 의한 폭력과 학대는 드물며, 때때로 여성에 의해 자극되는 것으로 보았다. '자유주의적/정신병리적' 설명 역시 남성에 의한 폭력과 학대는 드문 것으로 보았으며, 가족의 역기능 혹은 개인의 정신 질환에서 야기되는 것으로 간주하였다. 마지막으로, '여성주의' 설명은(Abbott와 Wallace가 선호하는) 다른 설명들이 남성의 관점에 토대한다고 생각하였다. 남성이 저지른 가정폭력과 학대에 대한 여

135

성주의 설명은 그것이 폭넓은 **가부장적** 사회관계에서 기인하는 것으로 보았다. 이 관점에서 가족은 사회의 성별화된 불평등을 반영하는 권력 관계의 장소이므로 **남편**이나 아버지는 아내나 파트너 그리고 아동에 대해 자신들이 권력을 가지는 것이라고 생각한다(Delphy and Leonard, 1992). **합리적 경제선택** 관점에서 어떤 이들은 여성의 향상된 경제적 기회로 인해 학대 관계의 폭력 수준이 줄어들 것이라고 주장한다(Farmer and Tiefenthaler, 1997).

많은 연구는 가족 내에서 주로 폭력과 학대를 받는 쪽은 여성이나 아동이고 그 가해자는 남성이라는 것을 보여준다(Hearn and Pringle, 2003). 아래에서 논의하겠지만, 그것이 모든 사례에 적용되는 것은 아니다. 여러 운동가들의 주요 메시지는 여성과 아동들이 낯선 사람들로부터 위험에 처해지는 경우보다 가정 내에서 그들과 친밀한 관계를 맺고 있는 사람들로부터 폭력적인 공격이나 성적 학대를 당하는 경우가 더 많다는 것이다. 남성과는 대조적으로 특히 젊은이는 가정 밖에서 폭력의 위험에 처해있다. 연구는 또한 남성 파트너로부터 학대를 당하는 여성들이 폭력적인 관계를 떠나는 것이 어려울 수 있다는 것을 보여주는데, 많은 이들이 공포나 **사랑** 때문에 남아있거나 파트너에게 돌아가며 **자원** 부족 혹은 상황이 변할 것이라는 약속에 대한 믿음 때문이다. 가정 내에서 가족에게 신체적 폭력과 성적 학대의 대상이 되는 아동들은 종종 그것을 공개적으로 말하기를 두려워한다. 그들은 가해자로부터의 위협을 두려워하거나 충성심으로 인해 침묵을 지키기도 하며, 가정이 깨져서 사회복지사의 돌봄을 받고 가해자가 감옥에 가는 상황을 걱정하기 때문이다. 여성이나 아동 모두 폭력과 학대를 개인적인 것으로 여길지도 모르며, 어떤 면에서는 그들 스스로의 잘못으로 간주한다.

여성과 아동에 대해 만연되어 있는 남성의 폭력과 학대는 남자나 노인들 역시 가정폭력의 대상이 되는 것을 배제하지 않는다. 성 대칭의 정도에 관한 논의는 여성과 소녀들이 남성과 소년들과 같은 방법으로 폭력과 학대를 범하더라도, 그 원인이 무엇이든지 폭력이나 학대의 정도나 의미는 다르다는 것을 나타낸다(Dutton, 2007). 폭력과 학대는 또한 친밀한 동성관계에서도 발생한다(Renzetti, 1992). 특히 치매에 걸리거나 다른 이유로 보살핌이 필요한 노인들은 가족 간병인에게 폭력이나 학대를 당할 위험이 있다(Cooper et al., 2009). 인식되는 학대의 범주는 확장되고 있는데 예를 들어, **부부강간** 및 **노인학대**는 학대의 범주에 포함되지만 흥미롭게도 의존적인 아동이나 젊은이들이 그들의 부모에게 행한 폭력에 대해서는 용어가 없으며 이 주제에 대한 논의도 거의 없다.

폭력과 학대는 정서적 친밀감과 **의존** 욕구에 대한 돌봄을 제공하는 것과 같이 가족 본질에 대한 기대와 현대사회의 이상과 대립되므로, 사람들은 폭력과 학대가 일어나고 있다는 것을 받아들이거나 이해하기 어렵다. 그러나 이러한 기대감이 의존성, 돌봄, **취약성** 그리고 힘이 강하게 결합되어 가정폭력과 학대가 일어나도록 허락하는 권력 행사의 일부분으로 작용할 수 있다. 비평가들은 여성주의 운동가들이 그것을 공적 관심거리로 제기하기 이전까지는 가정폭력 및 학대가 숨겨져 왔거나, 가정생활에서 **자연적** 혹은 피할 수 없는 측면으로 간주되었다고 말한다. 국가나 다른 기관들은 이러한 문제를 본질적으로 '사적인' 문제로 보았으며 가족 내에서 일어난 일은 원칙적으로 국가의 임무나 개입 밖으로 간주되었기 때문이다.

사람들은 또한 가족생활에서 일어나는 일은 본질적으로 사적 영역으로 여기며, 대체적으로 아동을 성적 혹은 다른 학대로부터 보호하는 일은 아동의 어머니에 의해 행해졌다(Hooper, 1992). 1970년대에 **'아내 구타'**가 노출됨에 따라, 여성과 아동이 가정폭력과 학대로부터 탈출할 수 있는 '안전한 집(safe houses)'을 제공하기 위해 여성 피난처를 짓기 시작하였다. 최근 영국에서는 개입이 필요한 공적 관심의 이슈로 가정폭력 및 학대 그리고 가정에서의 아동 양육까지 정부가 다루고 있다. 예를 들어, 가정폭력을 목격하는 아동은 지금 **'위험'**에 처해있으며 보호가 필요하다고 여긴다. 어떤 이들은 '위험'의 구성요인과 위험을 당하는 아동을 둘러싼 개념과 정책 논쟁이 변하는 것은 제도화된 불평등이나 인종차별로부터 관심을 빗나가게 하여 빈곤한 소수민족 가족과 공동체를 어떻게 정의할지에 관련된 권력투쟁이라고 주장한다.

신체적 애정과 성적 학대, 그리고 **훈육**과 폭력 사이의 경계는 미세한 것이 될 수 있으며, 그것은 누가 행위를 하느냐 그리고 누가 그것을 평가하는가의 맥락에 달려있다. 예를 들어, 부모나 다른 양육자가 그들의 고집 센 어린 아동을 신체적으로 억압하거나 옷을 입히거나 벗기는 것은 일반적으로 받아들여지지만, 다른 사람들이 그 아동에게 똑같은 일을 했을 때는 폭행이나 학대로 간주된다. 그리고 아버지가 아동, 특히 **아들**과 거친 말놀이를 했을 때 아버지의 애정의 표시로 혹은 폭력으로 간주될 수 있는데, 그것을 받아들이는 입장에 달려있다.

이미 언급했듯이 가정폭력은 문화적 구성 범위에 속하는 문제이다. 수용할 것인지 않을 것인지에 관해, 이런 종류의 판단에 대한 중요한 기준은 시대와 다양한 **사회적 맥락**에 따라 다르다. 1991년 이전까지 영국 법에서 부부 사이 강간은 범죄로 간주되지 않았다. 또한 중산층 백인 가족보다 **노동자 계층**과 소수민족 가족이 잠재적 '아동 학대자'로 더 많이 보고되는 경향이 있다(Taylor, 1992). 사회복지 분야에서도 일부 소수민족집단의 아동에 대한 신체적 체벌을 수용해야 할 문화적 규범으로(문화 상대주의자 입장) 이해해야 할지 **아동학대**로 취급해야 할지(Gopaul-McNicol, 1999), 또한 **아동방임**에 대한 평가가 물질적 맥락에 근거되는지에 대해 논쟁이 활발하다(Scheper-Hughes, 1993).

서로 다른 문화적 상황의 행위를 어떻게 이해해야 할지에 관한 문제는, 가정의 아동학대가 아동방임으로 점점 변화하는 것인지 혹은 학대와 방임은 질적으로 구분되고 다른지에 대한 쟁점을 야기한다. 아동이 방임되고 있는지 아닌지에 대한 평가는 적절한 발달 목표 및 아동이 달성하고 있는 그들의 충분한 잠재능력의 개념에 대해 무엇이 고려되어야 하는지 측면에서 이루어져야 한다. 다시 말하면, 아동의 능력이나 발달 결과에 대한 적절한 수준의 정도는 문화마다 다를 수 있다는 것을 명심해야 한다. 예를 들어, 노르웨이 지역에서는 집 안팎에서 상당한 기간 동안 감독자 없이 아동이 걸음마 단계의 아이를 돌보는 것이 수용 가능한 일이지만(Kjørholt and Lidén. 2004), 반면 영국에서는 부모의 방임으로 간주될 가능성이 있다.

요약

가정폭력과 학대는 논쟁을 불러일으키는 이슈이다. 그 용어에 있어 제한된 혹은 보다 포괄적인 정의에 대한 논쟁은, 폭력과 학대가 발생할 때 조사되고 기록되는 것과 관련해 실제적 및 개념적으로도 중요하다. 가정폭력과 학대의 실제에 대해 다양한 설명이 있는데 특히 개인과 개별 가정의 특성과 관련된 원인에 초점을 두는 이들과, 폭력이 만연되어 있으며 그 중심에 성별 및 세대 간 불평등이 구조적으로 내재되어 있다고 간주하는 이들 간의 논쟁도 포함된다. 가정폭력과 학대는 가족의 본질인 친밀감과 돌봄으로 연결되어 있는 현대적 이상과 대립되며, 또한 개입은 사생활이라는 또 다른 가족 이상과 대립된다. 가빈곤한 노동자계층과 소수민족의 가족이 폭력이나 학대로 판단되는 행동을 하기 쉽다고 보고되며, 실제로 수용하는 규범은 사회와 문화마다 다를 수 있다.

관련문헌

Mooney(2000)에서는 특히 여성의 폭력과 학대에 대해 다양한 종류의 설명을 통해 유용한 입문서를 제공하며, 반면 Luseke 등(2005)에서는 가정폭력의 주요 논쟁에 대해 초점을 둔다.

관련개념 가족정책; 여성주의; 문제가족; 사회적 분리

제4장

가족관계

1
커플돔 : 결혼/파트너십/동거

정의

커플(양자)관계는 결혼, 파트너십 또는 동거라는 용어로 규정될 수 있으며 일반적으로 성적 결합과 출산을 수반하는 관계이다. 커플 관계는 어떤 내구성을 갖는다고 기대되며, 제도 또는 개인적인 경험으로 분석될 수 있다.

논의

출산이나 결혼과의 연결 여부를 떠나, 성적인 결합을 바탕으로 이루어지는 영속적인 관계는 문화에 따라 매우 다양하다. **결혼**에 대한 보편적인 정의를 내리는 것은 불가능하며(Rapport and Overing, 2007), 결혼은 어떤 특수한 사회의 **성별질서**의 맥락 내에서만 이해될 수 있다는 주장이 있다. 즉, 결혼은 상이한 성별을 가진 사람들의 관계유형 및 이해관계이다. 커플돔이 어떻게 이해되는지, 인간의 **재생산**에 어떤 의미를 부여하는지,

143

성적 결합 또는 출산 커플이 하나의 가족단위를 이루는 것으로 간주되는지 여부는 매우 다양하다. 많은 사회에서 새로운 커플을 이루는 개인은 새로운 일련의 가족관계 및 친족관계를 획득하고 **인척 가족**을 만들기 위해서 **원가족**으로부터 이동하는 것으로 간주될 수 있다.

유럽이나 신세계 문화에서 '커플'은 **단혼제**라는 특수한 개념이며, 배타적인 성관계가 성립되는 두 사람 간에 사회적으로 인정되는 짝짓기를 의미한다. 이는 일반적으로 이성애 규범성을 통해 이해된다(Johnson, P., 2005). 커플 개념은 역사적으로 볼 때 최근의 개념이며 문화적으로 제한되어 있다. 다른 역사적·문화적 맥락에서, 결혼은 두 개인 간의 결정이기보다는 친족집단 간 **동맹**으로 간주될 수 있으며, 윗세대가 그들의 자녀를 위해 결혼 파트너를 찾는 **중매결혼**을 포함한다. 동의에 의한 결혼은 사실상 유럽의 역사적 유산이다(Therborn, 2004). 또한 개인을 억지로 결혼시키는 **강제결혼**(Heaton et al., 2009)도 있다. 어떤 문화에서는 다수의 성 파트너와(또는) 배우자를 사회적으로 인정하는 **복혼제**가 존재한다.

여러 문화권에서 적합한 결혼상대를 찾아낼 수 있는 집단에 관한 규칙과 사회적 관습이 존재하는데, 그 결과 **세대**를 걸쳐 지속되는 교환 및 **호혜성**(동맹을 형성하고 **신부의 결혼지참금**을 교환하는)에 관한 패턴이 생긴다. **족외혼** 규칙은 결혼상대를 사회집단 외부에서 찾도록 하고, 반면에 **족내혼** 규칙은 결혼상대를 특정 집단 내에서 찾도록 한다. 아프리카 누어(Nuer)족의 경우 여성들 간 **동성결혼**이 사회적으로 인정되는데, 두 여성 중에서 생식(출산)을 담당하는 젊은 여성에게 적합한 파트너로 한 남성이 지목된다(Zonabend, 1998). 때로 나이 많은 남성과 젊은 남성 간의 결혼이 인정되기도 한다(Monaghan and Just, 2000).

짝이나 배우자를 찾는 과정은 종종 구애나 약혼 그리고 특별한 **음식**이나 음악, 춤이 있는 **결혼식** 등 정교한 **의례**를 동반한다. 종교적인 신념과 의식이 중심이 될 수도 있다. 때로는 결혼 그 자체가 완성될 때까지 끝나지 않을 수도 있으며 추후 의례가 수반된다. 어떤 경우에는 첫 자녀의 **출생**이 결혼의 완성을 알리는 표시가 된다. 반면 다른 경우에는 첫 임신이 결혼할 때가 되었음을 알리기도 한다.

글로벌화된 세계에서 문화적인 기대가 변화하고 경제적인 여건이 강조되는 것은 여러 국가에서 여성들의 평균 결혼연령이 증가하고 있음을 의미한다. 특히 **임금노동**의 기회가 더 많은 고학력 여성인 경우가 그렇다. 여성들의 **독립**이 증가하는 것은 환영할 만하지만, 현대 결혼에서 나타나는 변화들은 여성들에게 이익이 되지 못할 수도 있다. 예를 들면, 협상결혼(negotiated marriage)으로 변형된 중매결혼에서 젊은 남성이 예비 아내를 만나고 나서 결혼을 거부하는 것이다. 그리고 복혼제는 '외부 결혼(outside marriage)'을 벗어나서 '내부(inside)' 결혼을 법적으로 인정하는 쪽으로 변형되었다(Cheal, 2002).

서유럽의 가족생활에서 오랫동안 커플을 강조해오는 것은 기독교 교리와 관련되며, 결혼을 규정하고 아내와 자녀들에 대해 **권리**를 가지고 있는 남성에게 자녀와 **상속** 권리를 주는 것을 합법화하는 교회의 이해관계와 관련된다. 후계자를 인정하고 재산을 관리하는 제도가 사회적으로 규제됨에 따라, 결혼이 19세기에 **중산층**의 제도로 발달되었다. 그리고 기혼여성에게 법적인 권리가 부여된 것은 겨우 19세기 말이었다. 한편, **노동자계층**의 커플은 종종 '관습혼'이라는 사회적 관습에 의존하였다. 빈곤계층의 경우 가족생활에 이르게 하는 커플돔은 정서적인 유대이면서도 실제적인 일상의 생존수단이었다. 그러나 가족과 가정생활에 관한 이데올로기가 확산됨에 따라, 그리고 더 풍요해지면서 가정이 안락해짐에 따라 결혼관계가 중심이라는 관념이 일반적인 것이 되었다(Davidoff et al., 1999). 여성이 결혼하면서 남편의 성을 따르는 것과 같은 초기의 관습이 여전히 남아 있다.

커플돔과 결혼은 일련의 복합적인 실제적이고 경제적인 교환, **의무**와 권리를 필요로 하는데 때로 사회적 관습을 통해서 뿐만 아니라 공식적인 법제도로 규정된다. 그러나 커플 관습과 법제도가 서로 조화를 이루지 못할 경우도 있다. 예를 들면 어떤 사회에서는 법이 최소한의 결혼 연령을 정하고 강제결혼을 금지하지만, 특히 농촌지역에서는 사실상 따르지 않을 수도 있다. 법적이고 공적인 용어로 규정되는 제도로서의 결혼 및 커플돔과 개인적인 이해와 경험으로서의 결혼 및 커플돔 간에 차이가 있을 수 있다.

여러 사회나 시대에서 **낭만적 사랑**이 결혼에서 중요한 것이라고 기대하지 않는다. 낭만적 사랑이 결혼의 토대가 된다는 개념은 **산업화**와 함께 발전되었다. 그러나 이제는 서구사회에서 사회적으로 유효한 결혼의 주요 동기로 간주된다.

그럼에도 불구하고 파트너를 선택하는 것(**코노비움**[9])은 종종 **계층**이나 **지역관습**(locality)이라고 간접적으로 말하면서 사회적인 유사성의 방향(**동질혼**)을 따른다. 연구자들은 파트너 선택유형을 연구한다. 왜냐하면 비록 인종 간, 민족적, 종교적 커플관계가 직접적인 지표가 될 수 없다하더라도 파트너 선택유형이 민족적, 종교적 또는 사회경제적 **경계**의 응집성과 개방성의 정도에 관하여 말해주고 있다고 느끼기 때문이다(Caballero and Edwards, 2008).

20세기 중반의 유럽과 신세계 사회에서 결혼 이외의 성관계는 인정되지 않았으며 결혼은 자녀를 낳고 기르기 위해 적합한 사회적 장치로 간주되었다. **우정**과 사랑에 토대를 둔 결혼이라는 개념이 발전된 것은 우애적 결혼의 출현으로 특징지워진다. **우애적 결혼**은 **여가**시간 공유와 의사소통, 그리고 20세기 후반에는 상호 **성적 충족**을 포함하는 특별한 친밀감을 기대한다. 경제적인 생존과 사회적인 통제 속에서 결혼의 토대가 점차 약해짐에 따라, 부부 전문가 및 결혼의 의료화 증가와 함께 커플 관계는 관리를 필요로 하는 것으로 간주되었다(Morgan, D.H.J., 1985). 20세기 후반에는 부부 및 커플관계를 어떻게 특징지을 것인가에 관한 논쟁이 있었다. 즉, 부부 및 커플관계는 서로 다르지만 동등한 것으로 이해되는 **대칭적 가족**

----
9) 코노비움(connubium) : 라틴어로 '새색시가 신랑면전에 면사포를 쓰고 나타나다' 라는 뜻이다.-역자 주

(Young and Willmott, 1973)에서부터 커플의 욕구가 충족되는 동안만 지속되는 평등주의적인 **순수한 관계**에 이르기까지 다양하다(Giddens, 1992). 그러한 변화는 분명히 과장된 것 같다. 왜냐하면 성별화된 역할과 이해가 계속해서 분명하기 때문이다.

20세기 후반 여러 선진국에서 결혼을 하지 않고 **동거**를 지향하는 움직임이 보였다. 동거란 함께 살지만 법적으로 결혼하지 않은 커플을 일컫는다. 동거가 선구자인지 혹은 결혼의 대안인지 명확하지 않다. 그리고 커플들이 결혼보다는 동거를 선택하는 이유가 다양할 수 있다. 동거하는 커플돔은 별거 가능성이 더 높고 학대 가능성도 더 높을 수 있지만(Paetsch et al., 2007) 보다 더 평등주의적인 태도를 보일 수 있다(Casper and Bianchi, 2002). 그럼에도 불구하고 결혼은 여전히 이상적인 것으로 간주된다. 특히 자녀가 포함되어 있을 경우에는 그렇다. 영국에서 동거가 결혼과 유사한 법적 권리를 발생시킨다는 잘못된 신념을 주장하는 경우도 있다(Barlow et al., 2008).

20세기 말 서구사회에서 성, 결혼과 출산에 대한 규제가 약해지면서 결혼의 의미가 변화하였다. 예를 들면 결혼식이 **소비**를 위한 하나의 주요한 사건이 되었다. 이성애 결혼은 아직도 특별한 법적지위와 의미를 갖는 계약으로 남아 있다. **시민연대**의 도입은 몇몇 국가에서 **동성커플**이 동등한 법적 권리를 가질 자격이 있다는 것을 의미하였다. 동성 간 결혼을 제도화하는 것이 **이성애 규범성** 또는 이성애 규범의 승리에 대한 도전을 의미하는지 여부에 관한 논쟁이 있다.

커플관계가 **동거**나 **가사분담**, **재정관리**, **성적 결합**을 포함하든지 하지 않든지 간에 현대 유럽과 신세계 국가에서 이 모든 것이 논쟁거리가 되고 가변적인 것이다. 예를 들면 커플이 가까운 거리에 있는 각자의 집에서 살수 있고, 다른 도시나 나라에서 일할 수도 있다(LATs : 'living-apart-together'로 알려짐). 확실한 **피임법**이 보급되고 여성들의 경제적 독립이 증대되면서 헌신과 성적 관계 사이의 보편적 연결이 약화되었다.

그럼에도 불구하고 결혼에 이르게 되는 낭만적 사랑에 대한 생각은 생애 과정에 걸쳐서 커플관계의 특징인 '연속적 단혼제(serial monogamy)'로서, 서구화된 문화에서 강하게 뿌리내리고 있다. 어떤 연구자는 결혼이 중심에서 밖으로 밀려나기보다는, 법적으로 구성되었든지 아니든지 간에 동거하는 커플돔이 계속 강조되면서 오히려 결혼의 의미가 넓어지고 있다고 주장한다(Duncan and Phillips, 2008). 이러한 맥락에서 **사랑**은 개인적 성취를 위한 토대로 이해된다. **다자 간 사랑**(polyamory)을 분석하는 도전에도 불구하고 개방결혼(open marriage), 비단혼제(non-monogamy), 그리고/또는 집단생활(communal living)에 대한 생각들이 서구사회에서는 일반적으로 주변적이다(Munson and Stelbourn, 1999). 그러나 간통은 종종 **이혼**의 근거가 된다. 더구나 결혼이나 커플관계의 실제적 경험이 권력 투쟁과 폭력의 현장이 될 수도 있다. 그러나 권력 이슈가 명백하지 않은 방식으로 처리될 수도 있다.

요약

대부분의 사회에서 개인이 커플로서 함께 하는 방식을 규제한다. 이 방식은 결혼으로 이해될 수도 있고 그렇지 않을 수도 있다. 성적 관계, 출산과 양육, 일상생활, 결혼을 통한 동맹의 발전을 둘러싸고 다양한 조합들이 있다. 후기 산업화와 확실한 피임의 유용성과 함께, 커플돔은 친족의 기대로부터 규제를 덜 받게 되었다. 따라서 성인 커플돔이 부모됨과의 연결고리가 약해지면서 낭만적 사랑에 근거한 개인의 결정으로 이해될 수 있다. 그럼에도 불구하고 많은 가족생활 영역에서 이러한 변화가 지속되는 연속성을 간과하기 쉽다.

관련문헌

Beck과 Beck-Gernsheim(1995)에서는 사랑, 변화하는 성역할을 다루며 부모됨과 관련시킨다. Casper와 Bianchi(2002)에서는 현대 미국사회의 결혼과 커플돔의 경향을 논의하며, Duncan과 Philips(2008)에서는 영국의 커플돔에 대한 태도와 변화하는 실제를 고찰한다.

관련개념 가족법; 친밀감; 후기 커플돔; 권력

2
후기 커플돔 : 별거/이혼/사별

정의

커플 간 유대는 별거, 이혼, 사망과 같이 여러 가지 다른 형태로 끝날 수 있다. 그리고 커플관계가 끝났다는 것이 가족관계도 끝이 났다는 의미일 수도 있지만 그렇지 않을 수도 있다.

논의

후기 커플돔(post-coupledom)은 무엇보다 동맹, 개인적 유대, 그리고 결혼과 같은 사회적 합의를 통해 이해될 수 있으며, 사회적 합의는 문화 또는 **성별질서**와 관련이 있다. 대부분 사회는 커플돔 또는 결혼을 끝내는 방식 및 사회적 합의의 결과에 관한 관습을 가지고 있다. 이때 종교나 사상도 중요한 영향을 미친다. 이혼은 법적 결혼이 무효라는 선언이지만, 커플돔은 별거, 유기, 사망으로 끝이 날 수도 있다.

결혼 또는 동거커플 간 관계는 다양한 형태로 끝난다. 예를 들면, 거주지 주소는 같지만 실제로는 따로 살고 있는 커플(아마도 성적 파트너와 다른 곳에서 지내고 있음)과 성적 관계를 포함한 정규적 접촉은 하고 있지만 따로 살고 있는 커플 등 다양한 형태가 있다. 커플관계의 끝은 자녀의 시각을 포함한 개인적 보고를 통해 알게 되는 경우도 있지만, 대부분은 법적 서류를 통해 알 수 있다(Smart and Neale, 1998; Smart et al., 2001).

20세기 후반까지만 해도 대부분의 유럽과 신세계 사회의 일반대중은 **이혼**에 대한 선택권이 없었다. 한편 이혼법률은 각국의 주요 종교에 따라 차이가 있으며, 현대의 많은 사회에서 여자는 남자보다 이혼하기가 어렵다. 20세기 후반 서구사회는 공식적 이혼이 급격하게 증가하였으며, 1970년대에는 사망보다 이혼을 통해 결혼을 끝내는 확률이 더 높아졌다. **기대수명**의 연장으로 인해 이혼 또는 별거를 하지 않는 경우 결혼을 유지하는 기간이 이전 시대에 비하여 더 길어지고 있다. 일반적으로 미국의 이혼율은 최고점에 도달하였지만, 많은 풍요로운 사회의 이혼율은 정체 중이거나 하락세에 있다는 증거가 있다(Paetsch et al., 2007).

역사적으로, 이혼율의 증가는 19세기에 아버지의 양육권만 인정했던 것과는 달리 어머니의 양육권을 인정한 법 개정과 관련이 있다. 20세기 후반부터는 자녀의 거주지 제공과 책임분담을 포함해서 아버지와 자녀의 지속적 접촉을 강조하는 방향으로 법을 개정하고 있다. 또한 유럽과 신세계 사회에서는 돌이킬 수 없는 파탄에 근거한 이혼무책주의를 인정하고 있다. 이것은 한쪽 배우자의 책임으로 법적 결혼계약이 끝났다기보다 본래 위태로웠던 커플관계가 끝났음을 뜻한다. 이혼유책주의에서 무책주의로 변화함에 따라 전배우자에게 재산 및 수입의 분배와 부양을 법적으로 요구할 수 있게 되었다.

서구사회에서는 별거와 이혼의 증가에 대한 원인과 영향에 대해 논쟁 중이다. 어떤 사람들은 이혼을 쉽게 하도록 만든 법 개정이 이혼율 증가의 원인이라고 주장한다. 또 어떤 사람들은 이혼법 개정으로 인해 이전에는 법적 지위였던 커플관계를 합법적으로 쉽게 끝낼 수 있게 된 것이 그 원인이라고 주장한다(예를 들면, 역사적으로 처자유기가 이전보다 증가하였다). 또 다른 이유로는 종교의 영향력 감소, 사회 **세속화**, 고용기회를 통한 여성의 경제적 독립 증가, **사회통제** 감소, 개인의 선택이 된 결혼, 커플돔을 통한 충족감, **사랑**, 친밀감에 대한 기대증가 등이 있다. 결혼과 커플돔은 사랑, 동지애, 물질적 그리고 정신적 지지, 성적 충족감, **정체성**과 안정감과 같은 이익을 가져오기도 하지만, 경제적 의존, 권력투쟁, 역할갈등, 의무, 학대 및 폭력과 같은 문제를 가져오기도 한다.

이혼은 사회적으로 저소득, 커플 간 배경차이, 결혼연령과 같은 이슈와 관련이 있다고 정형화되어 있다. 여성의 임금**노동** 참여는 여성과 남성 모두에게 커플관계를 끝내는 것에 동의하게 하는 중요한 요소이다(Paetsch et al., 2007). 산업화 사회에서는 결혼커플보다 동거커플 간의 **별거율**이 더 높으며, 결혼 이전에 동거를 한 커플이 동거를 하지 않은 커플보다 이혼율이 높다(Allan and Crow, 2001). 그러나 이혼의 이유는 매우 복합적이다. 결혼을 원하는 사람들과는 달리, 함께 있는 그 자체를 원해 동거를 시작하는 사람들은 종교적 신념과 같은 사고방식의 다름을 중요하게 생각하지 않는다. 동거커플은 결혼커플에 비하여 독립적이어서 각자 재정을 따로 관리하기도 한다. 유럽과 신세계 사회에서는 동거커플이 별거하는 경우, 부양 또는 재산분배와 관련하여 유동적이지만 제한된 권리를 인정해 준다.

자녀를 두지 않는 커플의 별거나 이혼에 대한 관심은 부족한 반면에, 자녀를 둔 커플 간의 이혼과 별거에 따른 후유증과 관련된 연구와 정책은 빠르게 확산되고 있다. **결핍모델**에 따르면, 커플가족의 종결은 성인과 아동 모두에게 바람직하지 못한 영향을 미친다고 한다. 아동이 부모의 별거를 경험하는 방식은 관계의 역사와 별거에 관련된 사람과 내용에 따라 다르다. 그러나 부모도 쉽게 이혼을 하는 것은 아니다. 이혼으로 인해 아동에게 미치는 영향은 물질적·경제적·사회적 혼란뿐만 아니라 사회적·법적·문화적 체제에 의해 매개된다. 아동은 이전에는 경험하지 못한 혼란으로 인해 단기간 우울을 보이는 경우도 있지만, 어떤 사람은 부모가 자녀를 잘 통제하면 잘 대처할 수도 있다고 주장한다(Smart et al., 2001). 이혼의 장기적 과정과 영향력을 이해하기 위해 복합모델이 개발되었다. 이혼이 성인에게 미치는 영향은 다음과 같다. 경제적 그리고 다른 물질적 영향, 역할변화, 배우자 갈등, 커플돔을 통해 형성되었던 정서적 지지와 **우정** 네트워크의 상실이 있을 수 있다. 그리고 성별에 따라 그 과정이 다를 수 있다.

심리학자들은 슬픔의 단계, **지속적 유대감**, 회복과 상실의 **이중과정모델**과 같은 이론을 가지고 **죽음**으로 인한 커플돔의 종료를 연구한다. 사별과 관련된 이론에서는 배우자 또는 커플의 죽음은 **심리사회적 전이**과정에서 중요한 의미를 지닌다고 한다(Parkes, 1996). 예를 들어, 사망한 파트너와의 정서적 유대가 여전히 중요한 한쪽 배우자를 후기 커플돔의 **사별로 홀로됨**이라고 말하는 것은 적절하지 않다는 것이다. 사회학적 관점에서, 죽음과 사별에 따른 불안정은 사회적 불평등과 관련이 있다(Marris, 1996). 배우자의 죽음에 따른 경제 및 건강에 미치는 영향과 관련 정책에 대한 연구가 있으며, 배우자의 죽음은 자녀에게도 중요한 영향을 미친다(Ribbens McCarthy, 2006). 그러나 현대 풍요로운 사회에서는 고령으로 인한 죽음에 더 관심을 둔다.

커플 관계가 별거, 이혼 또는 죽음과 같은 이유로 끝나는 경우, 일반적으로 여기에 관련된 아동은 한쪽 파트너(주로 어머니)와 살게 되는 경우가 많으며, 어떤 경우에는 양쪽 파트너 간을 왕래하며 지낼 수도 있다. 한부모가 된다는 것은 동거 또는 **재혼** 그리고/또는 **계부모기**로 가는 전이단계일 수 있다. 그러나 때로는 이혼/별거 과정으로 다시 가는 과정이기도 하다. 성별화된 고용방식 때문에, 어머니가 한부모인 경우 경제적 불이익이 더 많다.

부모의 커플관계가 끝난다는 것을 '가족'도 끝났다고 이해하는 것에 대해 논란이 있다. 어떤 면에서, 이것은 어느 정도의 **거주공유**에 따라 가족을 정의할 것인지, 어느 정도의 부모역할 관계에 따라 커플 관계로 볼 것인가

153

에 따라 달라진다. 어떤 사람들은 이혼 또는 별거 후에도 부모와 자녀의 지속적인 접촉을 강조한다. **내구성모델**이나 '탈가족의 가족(post-familial family)'의 변형된 형태인 **협력적 부모역할**은 가족을 지속시켜준다(Beck-Gernsheim, 1998). 이것은 별거 또는 이혼 후에 '완전한 단절'을 원하고, 새로운 커플/계부모 가구로 대안적 가족(**대체모델**)을 형성하기 원했던 이전의 생각에서 변화가 일어났음을 의미한다(Thèry, 1989).

또한 후기 커플돔은 친족 유대 관계에서 여러 가지 영향을 끼친다. 어떤 사람은 이혼율 증가가 **원가족**과의 친족유대를 커플 관계보다 더 신뢰한다는 것을 의미한다고 주장한다(Duncan and Phillips, 2008). 커플 관계를 통해 형성된 **인척 가족**은 커플 관계가 끝나면 함께 끝나기도 하지만, 만약 자녀가 있는 경우에는 꼭 그렇지 않다. 나아가 결혼이 친족집단 간의 동맹(세계 여러 나라의 경우)을 나타내는 경우라면, 이혼은 커플 간 동반자의식을 넘어 광범위한 영향을 끼치게 될 것이다.

요약

후기 커플돔은 복잡한 개념으로, 사망 또는 법적 이혼에서 지속성과/또는 동거를 하지 않는 커플 관계의 비공식적 끝남에 이르는 보다 다양한 상황을 포함한다. 이혼율이 증가하고 있는 유럽과 신세계 사회는 '가족 해체에 대한 논의와 이혼의 원인 및 결과, 특히 아동에게 미치는 영향'에 관한 연구를 하고 있다. 이혼 또는 별거 이후의 부모관계에 대한 생각은 대체모델에서 내구성 모델로 변화하고 있다.

관련문헌

Cheal(2002) 및 Karraker와 Grochowski(2006), Allan과 Crow(2001)에서는 후기 커플돔에 대한 논쟁과 증거에 대한 개관을 제공한다.

Hetherington(2003) 및 Pryor와 Trinder(2007)에서는 이혼과 별거가 자녀에 미치는 영향을 개관한다. Duncan과 Phillips(2008)에서는 이혼과 별거에 관한 태도의 변화를 조사한다.

관련개념 애착과 상실; 커플돔; 가족변화와 지속성; 가족영향

3
부모됨/부모/부모역할

정의

부모됨(parenthood)이란 성인(부모)이 자녀와 그들에 대한 돌봄(양육)과 사회적 위치라는 특정한 관계에 있는 것을 확인하는 과정에 관한 것이다. 부모됨이란 용어는 성 중립적이다.

논의

재생산과 유아의 돌봄 그리고 청소년을 중심으로 다루는 개념은 아동과 관련된 사람들의 범주와 제도화된 사회적 형태, 활동과 관련된 용어들에 초점을 둔다. **부모**란 특정한 성을 의미하는 것은 아니며, 개별아동 또는 혈연관계에 있는 아동과 지속적인 특별한 관계에 있음을 확인할 수 있는 특별한 **지위** 또는 사람의 범주를 의미한다. 또한 이 용어는 부모로서 특별한 역할을 수행할 것을 기대하는 것까지 확대될 수 있다. 부모됨은 이러한 범주 또는 역할이 사회적 형태로 어떻게 **제도화**되었는지를 나타낸다. 일반적으로 부모역할은 일련의 참여와 활동에 관한 것으로 자녀(들)와 관련된 부모로서 사람이 무엇을 하는가에 주의를 기울인다. 재생산과 자녀돌봄은 적어도 최소한의 수준에서라도(Montgomery, 2008), 특정한 아동과 관계하는 부모라는 정체성을 가진 개인으로 구성된 모든 사회의 특징이다. 대부분의 사회에서는, 한 아동이 (적어도) 두 명의 부모를 두고 그 부모는 (보편적이지 않을 수도 있지만)이성의 부모라는 기대를 한다(Bornstein and Cheah, 2006). 부모는 자녀에게 돌봄뿐만 아니라 정치적 · 사회적 · 자아**정체성**을 제공해주고 또한 특정 국가의 **시민권**과 친족과 **후손** 간의 관련성을 제공해주는 중요한 존재이다.

더구나 재생산과 자녀들의 돌봄은 일반적으로 '가족' 생활의 기본 특징으로 간주되기 때문에 부모됨과 가족이라는 아이디어 간에는 종종 근접한 유대관계가 있다(Ribbens, 1994). **핵가족**의 형태가 영향력 있는 사회에서는 양부모의 존재와 참여가 '가족 되기'에서 매우 중요한 것으로 보일 것이다. 만약 같은 가구에서 생활하지 않는 경우에도 그러할 것이다.

현대의 정책과 전문적인 토론에서는 '부모'와 '부모역할'의 용어가 자주 '어머니'/ '어머니역할', '아버지'/ '아버지역할'과 같은 성별화된 용어보다 우선적으로 사용된다. 어떤 문화에서는 남자와 여자 모두 자녀양육에 적극적으로 참여하는 경우도 있지만, 부모의 성별화된 역할과 활동은 문화와 시대에 따라 매우 다양하다. 현대 서양의 '부모'라는 용어의 사용을 살펴보면, 아동의 삶에 중요한 존재가 누구인가를 추정하기보다는 아동양육에 있어 부모의 **성별**이 중요한 것이 아님을 주장하며 성평등을 촉구하고 있음을 알 수 있다. 그럼에도 불구하고 '부모'라는 용어의 사용은 그러한 사회에서 자녀 돌봄이라는 매일의 활동이 매우 성별화되어 유지되고 있는 애매모호한 방식을 감행하고 있다는 것이다(C. Lewis and Lamb, 2003). 더구나 남자와 여자는 부모가 되는 신체과정이 전혀 다르다. 적어도 생모가 되는 여자에게(비록 아이를 자궁 밖에서 임신하는 경우라고 할지라도) 있어 그 과정은 분명한 반면에, 역사적으로 남자 자신이 특정한 아이의 아버지가 되는 것을 아는 과정은 쉽지 않다.

그리하여 연구의 함의에서처럼 다른 용어 사용의 기저에는 정치적 고려들이 있다. 다른 용어들은 어떤 이슈들을 대략 가시화하고 어떤 질문들을 대략 가능하게 한다. 예를 들면, '남자도 어머니가 될 수 있는가'와 같은 질문이다(Doucet, 2006). 정책과 전문적 실천에서 똑같은 관심을 받지 못하고 있는 또 다른 고려점은 아동과 부모의 성별에 따른 경험과 관계, 부모의 역할이 매우 다를 수 있다는 것이다. 예를 들면, 아버지와 **아들**, 아버지와 **딸**, 어머니와 아들, 어머니와 딸의 관계에 따른 기대가 다른 것처럼 말이다.

유럽과 신세계 사회에서는 부모됨과 **재생산**의 관계를 생물학적 과정으로 이해하는 오래된 역사를 가지고 있다. 부모됨을 반드시 생물학적으로 '주어진' 것으로 이해할 필요는 없지만, 재생산과 출산, 그리고 자녀의 후속적 돌봄도 반드시 연결할 필요가 없다. 이들 간의 관계는 문화와 시대에 따라 다르게 이해되었다. 영어에서는 개별적인 성인과 아동 간의 부모 관계에 대해 다양성을 인정한다. 예를 들면, **계부모**와 **위탁부모**, **양부모**를 포함한다. 또한 여기에는 **부모**와 같은 **책임**을 **지속적**으로 가지고 있는 개인과의 관계도 포함한다. 즉, 법적으로 성인(예, 선생님)의 보호 아래에 있는 아동과 청소년에 대해 부모의 책임감과 권위를 행사하며 부모의 위치에 있는 사람을 말한다. 더구나 부모가 됨에 있어 생물학적으로 주어진 것이 무엇인가에 대해서는 복잡한 법적인 판결을 수반할 수도 있다. 특히, **재생산 기술**과 **대리모**라는 새로운 형태가 합법화된 것처럼 말이다.

개인과 환경의 다양성은 양육과 아동돌봄과 관련이 있을 수 있다. **계부모가족**은 새로운 성인 가구 구성원이 정도의 차이는 있을 수 있으나 사회적 부모로서 역할을 하는 것으로 볼 수 있는 반면에, 보모 자신의 집에서 매일 아동을 돌보는 **아이돌보미**가 그 아동에 대해 사회적 부모역할을 한다고 볼 수 있는가에 대해서는 여러 가지 견해가 있을 수 있다(Nelson, 1990). 현대 영국의 법체계에서 **입양**은 한쪽 부모와의 관계가 종료되고 새로운 부모 관계가 대체되는 것으로 보고 있으며, 아동은 법적으로 두 명의 부모만을 가질 수 있다는 견해를 가지고 있다. 아프리카와 같은 다른 문화에서는 아동을 양육하는 데 다양한 연령대의 사람이 관련될 수도 있다. 예를 들면, 나이가 많은 아동이 나이가 어린 아동을 돌보거나 또는 아동을 다른 가정에 보내어 위탁 양육하기도 한다. 이처럼 아동은 '친부모'와의 유대를 약화시키지 않으면서도 사실상 많은 (사회적) 부모를 가질 수 있다 (Montgomery, 2009). 게다가 많은 문화권에서 조부모는 보다 어린 아동을 양육하는 데 매우 중요한 역할을 담당하고 있으며, 이것은 미국과 같은 서구사회에서도 그 비중이 점차 증가하고 있다(Bengston et al., 2002).

'부모역할'은 아동의 돌봄과 양육에 대한 논의 중에서 비교적 최근에 다루어지고 있는 용어이며, 자녀와의 관계에서 부모로서 행하는 특정한 일련의 활동에 참여하는 성인을 의미한다. 즉, 이것은 그들이 누구인가 또는 그들이 무엇을 하는가와 관련이 있는 개별적 '부모'를 의미한다. 이것은 부모됨이 자녀에 대한 어떤 활동을 하지 않아도 부여되는 부모라는 범주 (**생득적** 지위)를 차지하는 개인의 신분이라는 아이디어와 대조된다. 이러한 언어의 변화는 **아동의 욕구**와 양육**의무**와 같은 **도덕적** 담론에 대한 아이디어의 변화와 관련되어 있다. 그리하여 아동이 기본 신체적 생존 욕구를 넘어서 잠재적 발달을 이루기 위해서는 특정한 형태의 관심과 돌봄이 필요하다는 것을 이해받게 되었다. 이러한 도덕적인 담론은 **양육기술**에 관한 정책 강조와 관련되어 있다. 어떤 학자들은 일련의 양육기술로의 이러한 변화로 인해 정서적 내용을 잠재적으로 의미하는 관계에서 일련의 수행업무로 변화되었다고 비판한다(Furedi, 2001; Ribbens McCarthy and Edwards, 2002). 게다가 특별한 부모역할에 대한 기술과 질을 새롭게 강조하게 됨으로써 부모의 도덕적 평가에 대한 기대와 범위가 증가되었으며, 어떤 경우에는 부모역할을 '영웅적' 수준까지 열망하는 경우도 생겼다(Bogenschneider, 2006: 11).

풍요로운 서구사회에서는 좋은 양육을 위해 필요하다고 생각되는 것을 묘사하기 위해 '합의적 돌봄'(Lareau, 2003)과 같은 다양한 용어를 사용하며 그러한 부모역할의 실천을 위하여 시간과 비싼 자원을 기꺼이 지불하려고 한다. 어떤 저자들은 이것 때문에 아동이라는 **주체**를 무시하고 부모의 결정만을 가장 중요하게 생각하는 견해(Furedi, 2001)를 따르게 되었으며 그 결과 아동의 삶에 있어 물질적 또는 다른 **불평등**과 같은 다른 사회적 맥락과 구조적 방식의 중요성을 무시하게 되었다고 주장한다. 또한 그것은 특권계층의 아동의 삶과 관련된 특별한 부모양육에 대한 견해를 가지도록 조장할 수 있다(Gillies, 2007).

서구사회의 많은 국가에서는 자녀의 행동과 결과에 대해 부모가 책임을 지도록 하는 부모역할 활동에 대해 특별한 견해를 갖도록 촉진한다. 부모의 **책임화**(일반적인 활동에서 어머니를 의미함)라고 불리는 이 과정은 부모역할의 변화가 많은(전부는 아닐지라도) 사회적 문제를 개선할 수 있다는 신념을 포함하고 있다(Ribbens McCarthy, 2008). 이러한 정책적 논의 속에서 부모역할은 다양한 사회 질서와 국가를 위한 중요한 문제로 자리잡았다(Gillies, 2007). 사회적 문제를 개선하기 위한 중심으로 부모역할을 강조하는 것은 물질적 자원과 경험의 차별이라는 구조적 이슈를 무시하는 것이다. 부모의 책임화를 강조함과 동시에 모든 부모들을 **고용현장**에 종사하도록 하는 정책을 장려하는 것은 우선순위를 어떻게 조화시킬 수 있는가라는 의문을 갖게 한다. 어떤 정부에서는 부모의 노동권리를 높이기 위해 **여성과 남성의 출산휴가**에 대한 권리 또는 **탄력적 근무시간**을 요구할 수 있는 권리 또는 아동**양육수당**과 같은 규정을 두고 있다. 그러나 일하는 부모들을 위한 그러한 정책들은 부모에 의한 자녀의 집중적 교육과 심리적 양육의 중요성을 주장하는 아이디어와 상충될 수도 있다.

더구나 아동 발달과 관련한 '최선의' 부모역할 실천 또는 스타일에 대한 고려는 **발달심리학** 안에 형성된 문화적 가정에 기초하고 있다. 이러한 평가는 공인받지 못할 자민족중심주의와 고정관념의 적용을 반영한다(Phoenix and Husain, 2007). 문화에 따라 부모역할에 대한 생각이 다른 것은 경제적인 빈곤과 풍요로움 안에서 아동의 가치를 경제적 그리고/또는 정서적 자산으로 보는 특별한 견해와 관련이 있다. **자율성**과 **연계성**에 대한 인간의 경험에서 무엇이 중요한지에 대한 다양한 견해는 부모·자녀 관계에서 무엇이 중요한지에 대한 다른 생각들과 관련이 있다. 부모의 욕구에 대한 평가는 특정 문화와 정책적 맥락과 관련하여 이해되어야 한다(Kağitçibaşi, 2007). 부모의 행동(예 : 훈육 방법) 중에서 어떤 특정한 양상에 대한 효과는 다른 문화적 맥락 안에서 부모와 자녀가 그것에 대해 부여하는 의미에 따라 다양하게 나타난다(O'Connor and Scott, 2007; Rogoff, 2003).

요약

아동양육에 대해 특별한 책임을 지닌 개인은 부모라고 인식되고 있으나, 성별 이슈로 표현한다면 아버지와 어머니라고 할 수 있다. 제도로서 부모됨과 개인의 범주로서 부모, 그리고 실천의 단위인 부모역할로 구분할 수도 있다. 또한 어떤 사람은 제도로서의 부모됨과 일상경험으로서의 부모됨을 구분하기도 한다. 성별과 문화와 역사적 시대에 따라 어떻게 부모역할 실천을 설명하고 비교하는가에 대한 복잡한 이슈들이 생기고 있다. 최근에 부모의 역할은 많은 서구사회의 정책적인 관심에 대한 중요한 초점이며, 특히 영국에서는 (부모역할을) 사회질서와 국가의 기본으로 생각하고 있다. 비록 부모역할의 평가가 자기민족중심적인 가정을 강요한다는 위험부담은 있지만, 부모역할의 구성요소는 성인의 도덕적 정체성에 대한 중요한 초점이 되고 있다.

관련문헌

Rubin과 Chung(2006) 및 Kağitçibaşi(2007)에서는 다양한 문화적 맥락

을 논의한다. 유럽과 아메리카 사회의 변화하는 양육 문화들은 경제학 그리고 사회 조사 의회 세미나 시리즈인 '양육문화의 변화' 웹사이트에서 논의된다(http://www.parentingculturestudies.org/seminarseries/index.html). Freeman과 Richards(2006) 및 Richards(2007)에서는 재생산 기술에 대해 논의하고, Utting(2007)에서는 영국과 미국의 양육 결과를 조사한 증거를 요약한다. Alwin(2007)은 양육 실천들의 개요를 제공한다.

관련개념 아동발달; 노동분업; 아버지됨; 어머니됨

4
어머니됨/어머니/어머니역할

정의

어머니됨(motherhood)은 어머니라고 불리는 특별한 여성과 관련 있는 과정에 관해 설명한다. 이때 어머니는 아이들의 주 양육자 혹은 돌봄자라고 이해된다.

논의

어머니됨은 1970년대 이후 여성주의 작가가 생물학적 운명이 아닌 사회제도임을 분명히 밝히기 전까지는 사회과학 분야의 주변 주제로만 간주되었다(Thorne and Yalom, 1992). 어머니가 되는 것은 확실히 생물학적인 것인 반면 **재생산 기술**은 새로운 도전을 만들어내는데, 예를 들어 다른 여성의 수정된 배아로 임신을 하는 것이다. 게다가 사회적 어머니역할, 다른 여성이 제공하는 보육의 형태를 의미하는 여성의 노동력 참여는 널리 퍼져 있다. **공동체 보살핌**은 집단과 정치적 갈등의 일환으로 기능하는 카리브인 사회의 특징이며(Reynolds, 2005), 노동과 **보육**은 직업구조와 위치에 영향을 받으며 환경과 밀접하게 통합될 수 있다.

Adrienne Rich(1977)는 엄격한 **제도**로서 어머니됨과 어머니가 되는 **일상경험**을 중요하게 구별하였다. 사실, 어떤 여성주의 학자들은 여성의 재생산 및 출산 권력은 여성과 그들의 번식력을 통제하고자 하는 남성의 욕구의 토대라고 논한다. 이차 여성주의 물결의 대부분 저서에서는 여성들이 기술적 발달로 인해 출산으로부터 해방된다면 남성들과 동등해질 수 있으며 어머니됨은 여성 억압의 주요 근원인 것으로 간주하였다(Firestone, 1979).

여성주의 철학자들은 어머니역할의 경험과 실천은 보존, 성장과 사회적 수용이라는 방향으로 이끌었다고 주장해왔다. 이것은 **모성적 사고**로 요약되는 일련의 가치이다(Ruddick, 1990). 이 구조에서 '어머니'는 **정체성**을 뜻하는 명사가 아니라 일련의 여성뿐만 아니라 남성도 수행할 수 있는 활동이나 실천을 뜻하는 동사이다. 다른 관점에서는 어머니됨의 정체성과 제도와 구별되는 모성적 보육을 제공하는 **심리적 역량**에 초점을 맞춘다(Hollway, 2006). 특정 가치와 방향을 갖춘 현대 서양사회에서 어린아이에게 어머니역할의 관념은 특정한 '존재방식'을 구성하는 것으로 설명되고 있다(Ribbens McCarthy and Edwards, 2002).

최근 수십 년 간 사회과학조사에서 중요한 요소는 어머니의 경험과 선호에 관한 그들 자신의 견해였다(예 : Gillies, 2007; Reynolds, 2005; Ribbens, 1994). 이것은 많은 서구사회에서 여자로서의 어머니를 경험했던 모호함과 역설을 고려하도록 이끌었다. 그럼에도 불구하고, 어머니됨에 관한 특별한 담론은 여성들이 자신의 경험이 의료화되고 과학적인 담론이 되는 것을 저항함에도 불구하고 계속해서 만연하였다(Miller, 2007). 동시에, 어머니됨에 대한 일부 초기 여성주의 글은 어머님됨이 **민족성, 계층, 이주** 및 **섹슈얼리티**와 같은 다른 중요한 사회적 차원들과 교차하는 방식을 고려하는 데 실패했다는 비판을 받았다. 이러한 사회적 차원들은 초국적인 **상호교차성**에 관심을 갖도록 이끈다(Mahalingam et al., 2009). 기본적인 생존을 위협하는 빈곤한 환경에서 어린 아이들을 보호하는 것은 어머니역할을 다르게 이해하도록 한다. 즉 어머니역할은 영아를 보호하기 보다는 '놓아주는' 것이며(Scheper-Hughes, 1993), 노인 세대의 상호적 인 돌봄을 받을 수 있도록 아이를 충분하게 양육하기를 원하는 것이다 (Schalge, 2009). 그리고 많은 사회에서 여성이 존경과 사회적 지위를 획 득하는 것은 오로지 **아들**의 어머니로서 일 때이다.

지배적인 서양 이상과 어머니역할의 도덕적 담론은, 다른 사람들보다는 특수한 상황에서 아이를 기르는 어머니에게서 획득하기가 쉽다. **노동자계 층**의 흑인 어머니들은 전문적인 기준에서 볼 때 그들 자신과 어머니역할 의 가치와 실천이 주변적이고 병리적인 것임을 알 수 있다(Gillies, 2007; Reynolds, 2005). **계모**는 '악한 양어머니의 신화' 의 지배를 받는다. 그들 은 아이들에 대한 책임을 가진 헌신이라는 '좋은' 어머니됨이라는 지배적 인 이상 밖에 위치해있기 때문이다(Ribbens McCarthy et al., 2003에서 논의됨). 어머니에게 함께 거주하는 아버지라는 짝이 필요한가라는 뜨거 운 논쟁을 불러일으켰다(Duncan and Edwards, 1999). **십대엄마**는 자신 들과 그들의 아이들에 대한 불쌍한 결과를 만들었다고 비난받는다 (Duncan et al., 2010). 개발도상국의 어머니는 더 부유한 사회의 다른 어 머니의 아이를 돌보기 위해 자신의 아이를 남겨두고 물리적으로 떠난다. 왜냐하면 자신의 아이에게 물질적 지원을 공급하기 위해서이다. 그러나 이 때문에 비난을 받기도 한다. 따라서 어머니됨은 여성의 삶을 **도덕적 평 가**하는 강력한 잣대가 된다.

유럽과 아메리카 대륙 문화에서, 어머니됨이 일정한 방향으로 제도화 된 과정들은 대규모 공장 생산과 아동기에 관한 개념의 발전과 함께 **산업 화**로 추적될 수 있다. 법의 변화는 아이들이 작업장으로부터 벗어나도록 하였고 **의무교육**을 받도록 하였다. 이것은 여성들이 많은 전문직과 고등 교육에서 법적으로 배제당하는 것과 마찬가지로 그들의 삶에 영향을 주었다. 이런 영향은 **가정**을 **이상화**하게 하였다. 즉, 어머니를 도덕적인 고결함의 수호자로 보았고, 비도덕적이고 계산적인 작업장의 **공적 영역**이 아닌 아이들을 보호하고 돌보는 가사영역을 돌보는 수호자로 보았다. 현실에서 이것은 대부분 **중산층**의 경험이고 가난한 여성에게는 어머니가 집에 있다는 것은 **이상**세계일 뿐이었다. 노동계층 남성이 아내와 아이들을 부양할 수 있도록 해주는 **가족임금**이 필요했던 것과 마찬가지로, 노동계층의 어머니들 중에는 가정이 중심이 되었던 경제활동(세탁일이나 하숙업)(Davidoff et al., 1999)을 하였다(Humphries, 1995). 그렇지만 여전히 어떤 산업화 지역에서는 노동계층 어머니들이 공장에서 일하거나 다른 바깥일을 하였다.

20세기 중반쯤, 서구사회의 아주 어린 아이들의 어머니들은 집 밖의 임금노동에 거의 종사하지 않은 반면 학령기 아동의 많은 어머니들은 아이들을 돌보면서 할 수 있는 파트타임 **고용**을 가장 최고의 선택으로 보았다(Martin and Roberts, 1984). 어떤 여성주의자들은 집에 있는 어머니됨에 대한 이상이 많은 여성들의 **고립**과 우울을 감추었다고 주장하였다(Friedan, 1963). 연구자들은 **주부**역할과 관련시킬 수 있는 단조로운 고역과 **노동**을 가시화하려고 노력하였다(Lopata, 1971; Oakley, 1976). 다른 여성주의자들은, 여성이 어머니로서의 경험을 남권주의자들이 '노동'을 이해하는 방식으로 재구성하는 것은 아이들과의 지속적인 관계를 주변화하도록 만들뿐만 아니라(Ribbens McCarthy and Edwards, 2002), 어머니들의 가정 밖에서 **지역 네트워크**의 사회적 중요성을 간과하도록 만든다고 주장하였다(Bell and Ribbens, 1994). 20세기 후반부터 서구사회에서 임금노동을 하는 어린 아이들의 어머니 수는 점점 늘어났으며, 임금노동의 방향은 복잡하고 민족성과 같은 사회적 차원에 따라 다양하다(Mcquillan et al., 2008). 게다가, 어머니가 하루 종일 아이를 돌보는 경험은 그들의 정체성과 가구 노동분업을 구체화시켰다(Allan and Crow, 2001; Bianchi and Casper, 2002). 최근 몇 년 동안 자녀에게 물질적·

정서적으로 투자하는 정도가 증가하였으며 때로 **집중적 보살핌**을 강조하였다(Hays, 1996). 어머니에게 있어서 개성의 의미와 어머니됨의 의미, 혹은 **개별성**과 **상호주관성** 간에는 극심한 긴장이 있을 수 있다(Hollway, 2006). 이런 논쟁은 개별성이 높이 평가되고, '친어머니'와 '친어머니가 아닌 다른 어머니' 간의 어머니역할에 대해 편견이 없는 (서구)사회에서 증가되었다(Hill Collins, 1990/2008).

여성이 처음 어머니가 되는 **연령**은 성인 초기에 그들의 교육과 고용기회와 관련이 있고, 아마도 여성들 사이의 불평등을 반영하고 영속시킬 것이다(Thomson et al., 2008). 어머니됨의 타이밍과 누가 그것을 통제하는가는 낙태에 대한 논쟁 속에서 명백하다. 그리고 여성 삶의 궤적과 관련되어 어머니됨이 갖는 중요성은 점차 더 복잡해져간다. 특히 기대수명의 증가는 여성들이 자녀를 양육하고 난 후의 삶과 **생애주기**에서 독특한 국면을 도출하였다. 서양사회에서 아이가 없다는 것은 어떤 여성들에게는 '올바른 여성'이 되는데 방해가 되는 반면(Edwards, J., 2000), 아이를 가지지 않는 것을 선택하는 여성들의 수가 늘어나는 것은 적어도 어머니됨이 여성성의 개념에서 덜 중심적으로 되어감을 의미한다. 동시에, 유럽과 아메리카 사회에서 혼외 출생이 급격하게 증가하는 것은 남자의 수입 없이 여성들이 아이를 기르는 방법에 대한 정치적이고 공적인 불안을 불러일으켰다.

요약

이차 여성주의 운동에서 처음으로 어머니의 경험이 생물학적 운명이기 보다는 사회적으로 구성된다고 주장한 이후 어머니됨과 어머니역할은 지속적인 관심을 받아왔다. 어머니됨은 많은 여성들에게 있어서 지속적으로 핵심적인 정체성이며, 그들의 도덕적 · 사회적 지위를 밀접하게 결정한다. 어머니역할은 특수한 사고방식과 존재 방식으로서 이론화될 수 있다. 그럼에도 불구하고 그것은 계층, 인종 등의 다른 차원에 의해 대체된다. 이와 동시에 적절한 어머니역할이라는 개념이 강화되는 반면에, 어머니는 자신의 노동력 참여를 높임으로써 일·가족 균형을 최적화하려고 노력한다.

관련문헌

Tong(2009)에서는 어머니역할에 대한 여성주의 이론을 개관한다. 최근의 학문연구는 어머니보다는 부모를 강조하는 경향이 있다. 그러나 영국의 어머니에 관한 경험적 연구는 Ribbens(1994), Gillies(2007), Thomson 등(2008) 그리고 Miller(2005)의 연구를 참조하고, 미국의 Chase와 Rogers(2001)를 참조하라. Walzer(2004)에서는 미국의 어머니됨 연구를 논평한다. Ruddick의 연구는 O'Reilly(2009)에서 평가된다. 어머니됨에 대한 자세한 학술자원은 어머니됨에 대한 연구 및 지역사회 참여 웹사이트(http://www.motherhoodinstitute.org/)를 참조하라.

관련개념 노동분업; 여성주의; 부모됨; 공과 사

5
아버지됨/아버지/아버지역할

정의

아버지됨(fatherhood)이란 특정 남성을 아버지라고 부르는 것, 그리고 그에 따른 개별 아동과 성별화된 어버이 관계를 유지하는 것과 관련된 과정을 의미한다.

논의

아버지됨, 아버지, 그리고 아버지역할의 구분이 사회과학적 논의의 초점이 된 것은 최근의 일이다(Morgan, 2004). **아버지됨**은 광범위한 제도상의 구조와 관련되고, **아버지**는 남성 부모의 지위를 점유하고 있는 특정 개인을 말한다. 그러나 어머니역할과는 달리, 준동사형으로서(영어 용법상) '아버지역할'이란 아버지가 자식을 보다(낳다)를 의미할 수도 있고, 아동을 돌보는 것과 관련된 일련의 활동에 참여하는 것을 의미할 수도 있다. 이것은 문화적인 다양성에 따라, 생물학적 아버지에 관한 개념과 밀접하게 연결될 수 있고 연결되지 않을 수도 있다. 따라서 아버지역할을 구성하는 것이 무엇인가는 학문적인 논쟁의 근원이 되어왔다.

많은 남성의 경우 역사적으로나 문화적으로 아버지됨의 경험이 **성인기**와 사회 권력의 근원이 된다. 예를 들면, 영국은 인구조사를 할 때 아버지를 **가구주**로 가정하였는데, 이는 가구의 다른 거주자들이 아버지의 권위에 복종하였기 때문이다. **'가부장제'**라는 용어는 '아버지의 규칙'을 의미한다. 이것은 남성에게 아버지의 권력과 부부의 권력을 둘 다 부여하는 것으로 역사적 · 사회적으로 광범위한 현상이다(Therborn, 2004). 그리고 보다 일반적으로는 조직적인 남성 권력구조를 언급하는 데 사용될 수도 있다(Walby, 1990). 여러 문화에서 아동은 남성 성인과 연결됨으로써 그 사회 내에서 **정체성**을 확보하게 되며 친족이나 정치적인 지위로 연결된다. **부계**사회에서 성인 남성은 거의 대부분이 아동의 아버지로 인정된 사람이지만, 반드시 그렇지 않을 수도 있다. 때때로 어머니의 친족집단 남성, 특히 어머니의 남자 형제들이 아동에게 보다 넓은 의미의 사회적 정체성을 부여한다.

아이의 아버지가 누구인지 불확실한 경우, 아버지와의 연결에 근거해서 아동의 합법적인 사회적 지위를 결정하기 위해 광범위한 문화적 관습과 연결된다. 이러한 **합법화**는 **결혼**을 제도화하는 토대가 되며 **재산권**을 자손에게 물려주는 규칙과도 관련된다. 일부 여성주의 저자들은 이러한 점이 모든 사회에서 남성이 여성과 아동에게 제공할 **자원**이 거의 없고 아버지로서 무시될 수 있는 상황에서도 여성을 가부장적으로 압제하는 주요 토대라고 주장한다(Pine, 1998). 일부 서구사회에서 혼외 자녀로 태어난 아동의 아버지에게 자동으로 법적 인지를 하는 방향으로 법이 바뀌고 있다(Sheldon, 2009). 이러한 움직임은 혼외 또는 동거 아버지에게 **재정적 지원**을 기대하는 것과 관련될 수 있다. 아이에게 '아버지 노릇'을 하는 것으로 간주되는 사람을 확인하는 것은 책임과 부양의 의미를 갖는다.

대부분의 영어문화권에서 생물학적 아버지에 대한 관심은 라틴어 용어에서 찾아볼 수 있을 정도로 오래된 것이다. 로마어로 **생물학적 아버지**를 *genitor*라고 하는데, 이 용어는 오직 한 개인에게만 사용된다. 이와는 대조적으로 *pater*라는 단어는 **사회적 아버지**로서 행하는 여타의 개인들을 지칭하는 데 사용되었다. 최근에 영국에서 한 아이에 대해 한 명 이상의 남성을 아버지로 인정하는 법이 개정되었다. 그러나 이러한 변화는 생물학적 연결로 간주되는 것에만 법적 동의를 하는 쪽으로 일어나고 있다. 법적으로 곤란한 문제들을 제기하면서, 아버지를 법적으로 정의하는 것에 대한 도전이 새로운 **재생산 기술**과 관련해서 명백해진다(Collier and Sheldon, 2008). 예를 들면, 이전에는 아동이 자기 어머니의 남편의 생물학적인 자녀라고 추정된다면(이렇게 해서 가족단위를 확인하는) 아동의 이해관계가 최대한 충족된다고 생각했다. 그러나 이제는 유전자 검사가 아동의 아버지임을 결정하는 새로운 길을 열어놓았다. 그와 동시에 아동이 자신의 유전적 아버지를 알 권리가 있다고 주장하는 것은 임신을 돕는 데 유용한 정자 기증자의 수를 감소시킬 위험이 있다. 그런데 다른 생각들이 생물학적 아버지됨과 법적 아버지됨 간의 민감한 균형을 방해할 수 있다(Fortin, 2009; Smart, 2007).

시공을 초월해서 풍요롭지 못하며 재산이나 사회적 지위를 물려주는 것보다 생존을 위한 투쟁이 더 중요한 집단에서는 생물학적 아버지역할보다는 사회적 아버지역할이 보다 더 적절하였다. 서구사회가 가정이나 **가족임금**의 개념에서 벗어나서 산업 생산과 임금 고용으로 변화되면서, 아버지로서의 남성은 경제적인 지원의 중요한 근원으로, **생계부양자**로 자리매김하였다. 이와 동시에 아버지가 오랜 시간 동안 집을 떠나 있는 것은 자녀들과의 관계를 제한할 수 있었다. 20세기에 아동의 애착 욕구가 강조되면서, 아버지가 일상의 육아로부터 물러난 것이, 이혼 법정에서 어머니에게는 **주 양육자**로서의 우선권을 주고 아버지에게는 겨우 후견인의 권리만 주는 근거가 되었다. 20세기 말에 이혼이나 별거 중에 있는 아버지에게 좀 더 많은 권리를 줄 것을 주장하는 아버지의 권리 모임이 설립되었다. 이러한 집단은 많이 알려졌지만 이들의 대표성에 관해서는 의문이 있다 (Collier and Sheldon, 2006).

책임과 부양 이슈는 현대 아버지됨의 주요한 이슈로 확인되었다. 어떤 저자들은 두 개의 대조적인 경향을 확인할 수 있다고 주장한다. 즉, 부양자 이면서 동시에 보호자인 '좋은' '새로운 아버지'와 재정적·정서적 책임 을 지지하지 않는 '나쁜' '부랑자 아빠'이다(Furstenberg, 1988). 사실 아버지 됨에 관한 연구에서 반복되는 주제는 아버지와 아버지역할을 불확실한 상 태로 남겨두고, **생득적** 아버지됨에서부터 **획득적** 아버지됨으로의 전이를 경험한다는 것이다. 한편으로 아버지역할을 구성하는 것이 무엇인지에 관 해서 명확성이 부족한 것은 특히 특정 아버지 유형, 즉 그들이 해야 하는 역할에 관해서 덜 명확한 규범에 영향을 받기 쉬운 **계부**에 영향을 주는 것 으로 생각된다. 다른 한편으로는 명확성이 부족하다는 것은 남성들이 취 해야 할 아버지역할의 범위가 보다 허용적이라는 의미이며, 따라서 어머 니들보다는 **도덕적** 자질 검증에 덜 지배받을 수 있다(Ribbens McCarthy et al., 2000; Miller, 2010).

육아는 주로 여성의 활동영역에 포함되는 것으로 간주하므로, 아버지 활동을 부모역할의 한 형태로 이해하는 것은 어려운 일이다. 아버지역할 은 **아버지의 참여**(자녀와 직접적인 시간), **근접성**(집에 있음) 그리고 **책임** (돌봄과 자원의 이용가능성을 확실하게 함)으로 구별되었다(Lamb et al., 1987). 아버지역할을 부양자역할의 범위를 넘어서는 일련의 활동으로 고 려한다면, 어머니의 자녀관련 활동과 비교해서 아버지의 자녀관련 활동을 구별할 수 있는지 여부가 문제로 제기된다. 예를 들면, 아버지가 자녀들의 일상생활에 관여하는 정도를 연구한 바에 의하면 아버지는 어머니보다 '거칠고 뒹구는' 놀이를 하거나 스포츠 활동처럼 아이를 데리고 밖으로 나 갈 가능성이 더 많다. 한편 비밀을 이야기할 수 있는 절친한 친구처럼 행동 을 한다거나 함께 이야기할 누군가로서 친밀하게 관여할 가능성은 적다. 최근 몇 년 동안 심리학자들은 아동발달에 있어서 아버지역할이 수행하는 부분을 고찰하였다(Pleck and Masciadrelli, 2004). 이 연구는 장기간의 아동발달과 관련해서, 단기간 또는 장기간에 걸쳐 놀이에 관여하는 부모 개입의 다양한 의미가 변화하는 것을 보여준다(Lewis, C. and Lamb, 2003).

유럽이나 신세계 사회에서는 자녀양육에 관해 평등주의적인 이념을 지지하는 **중산층** 커플을 중심으로 아버지가 자녀의 삶에 관여하는 것을 점차 강조하는 추세이다. 그러나 실제로는 **노동자계층**의 아버지들이 아버지역할에 더 많은 시간을 보내고 있다(Lewis, C., 2000). 아버지의 관여를 선호하는 태도가 변화하고 있음을 보여주는 증거가 있지만, 미국에서 **홀아버지** 가구는 홀부모 가구의 비율만큼 유의미한 증가를 보이고 있다(Casper and Bianchi, 2002). 그럼에도 불구하고 강력한 문화적·구조적 과정은 아버지역할이 어머니역할을 보조하는 것이라고 지속적으로 규정하고 있다.

요약

아버지는 아동의 사회적 지위에 중요한 요소가 된다. 아버지됨이라는 제도와 경험 사이에 구별을 지었다. 동사로서의 아버지역할은 모호한 의미를 나타내는데, 현대 유럽과 신세계 사회에서 아버지의 역할이 어떻게 변화하고 있는지와 관련해서 역설을 강조하고 있다. 아버지가 그들 자녀의 삶에 더 많이 관여할 것을 격려하는 방향으로 태도가 변화하고 있음을 보여주는 증거가 있지만, 마찬가지로 아버지를 보조적인 부모로 두고자 하는 완고한 패턴과 과정도 있다.

관련문헌

C. Lewis와 Lamb(2003) 및 Lamb(2010)에서는 심리학적 관점에서 아버

지에 관해 보편적으로 논한다. Dermott(2008)와 Miller(2010)에서는 사회학적인 논의를 하며, Featherstone(2009)에서는 정책과 전문적 실천 영역에서 아버지를 개관한다.

관련개념 노동분업; 가족법; 어머니됨; 부모됨

6
형제자매

정의

완전한 형제자매(full sibling)는 양쪽의 생물학적 부모를 공유하는 자녀
인 반면, 반쪽형제자매(half sibling)는 아버지 또는 어머니 중 한 명의 생
물학적 부모만 공유하는 경우이다. 계형제자매(step-sibling)란 혈연관계
는 없지만 한쪽 또는 양쪽의 생물학적 부모가 서로 새로운 파트너 관계를
맺음으로 형성된 경우를 의미한다.

논의

자매나 형제 관계는 가장 오래 지속되는 가족관계 중 하나이다. 형제자매
와의 유대는 생애 초기부터 장노년기까지 많은 사람들의 삶의 일부를 차
지한다. 어린이들은 부모와 보내는 시간만큼이나 형제자매와 많은 시간
을 보낸다. 형제자매 관계의 독특한 특징은 여러 명 중 한 명이라는 연속
성이다.

대부분의 유럽과 신세계 사회에서 가족구조의 **다양성**은 누가 형제자매냐는 질문이 복잡하다는 것을 의미한다. 자녀들은 동일한 부모 또는 다른 부모의 가구에서 함께 살거나 부모에게 의존하지 않고 밖에 나가 살고 있으면서 어떤 형태의 생물학적·사회적 **유대**로 구성된 완전하거나 반쪽의 형제자매 또는 이복이나 위탁 형제자매를 가질 수 있다. 이러한 복잡성 때문에 어떤 연구자들은 형제자매 관계에 대해 유형학이나 전문용어를 개발하여 공통 유전자, 공통적인 역사, 가족가치, 문화, 법적지위 등에 따라 나누기도 하고 '핵심', '친척', '사회적' 형제자매로 나누기도 한다. 서구의 후기산업화 사회를 제외한 문화권에서 친족 네트워크에 초점을 둔 인류학적 초점 역시 누구를 형제자매로 간주하느냐에 대한 변수정의에 있다(Cicirelli, 1994).

형제애나 **자매애**를 의미하는 형제자매애(siblingship)라는 말은 사회적 또는 정치적 관계 및 광범위한 연결을 표현하는 상징적 수단이기도 하다. 친구를 '형제/자매와 같다'라고 일컫는 것은 **우정**이 평범한 사회적 관계 이상이라는 감정을 표현하는 것이다. 그것은 보다 친밀한 정서적 애착, 충성심, **신뢰**, 일상적 **호혜성**, 우정 안에 있는 기타 이상화된 형제자매 유대와 같은 속성을 전달하려는 시도이다. 형제자매 관계의 질은 또한 집합적 언어이며 정치적 이해의 일부이기도 하다. 사회주의자나 노동조합에서 멤버들을 일컬을 때 '형제'라고 부르며, 보다 최근에는 여성주의자들이 여성을 '자매'라고 하고, 소수**민족**(흑인, 아시아인 등)들도 동일한 민족에 대해 '형제'나 '자매'로 부른다. 특정 사회적 또는 정치적 집단인 '가족'의 일부로 이상화된 주관적인 형제자매 유대와 같은 특정유형의 관계에서는 예컨대 서로를 옹호해주거나 어려운 시기에 응집하는 행동으로 형제자매라는 신호를 보낸다.

아동에게 미치는 **결과**는 특히 심리학과 사회기능주의 분야의 형제자매 연구에서 지속적인 관심을 두고 있는 주제이다. 초점은 자녀수, 출생순위, 연령차, 성별구성에 대한 형제자매 집단에서의 배열이나 배치, 구성에 있다. 이러한 요인들은 지능, 성격유형, 교육적 성취, 진로/직업의 성공, 섭식장애, 근친상간, 성정체성, 성 등과 관련됨으로써 아동의 발달 및 결과와 연관성이 있다(Carr Steelman et al., 2002).

부모는 형제자매 관계에서 핵심적인 위치에 있는데, 부모 본인의 특성 및 자녀를 사회화하는 방식에 초점이 맞춰져 있다. 자녀가 많을수록 부모는 자녀에게 **시간**을 투자하거나 주의를 기울이기 어렵고, 자녀의 사회화에 불리한 결과를 낳게 된다(Coleman, 1988). **진화심리학적** 관점에서 볼 때, 부모자녀 간의 유전적 연결로 인해 부모는 생물학적 자녀에게 사랑과 헌신을 느끼지만 비생물학적 자녀는 거부하게 된다. 유사하게 생물학적 형제자매와 비생물학적 형제자매 간에도 그러하며 심지어 생물학적 형제자매도 부모의 관심을 더 받기 위해 경쟁관계가 되기도 한다(예 : Daly and Wilson, 1998).

정신분석이론은 부모와 자녀 간의 관계가 다른 모든 관계의 정서적·심리적 토대를 구축하는 것으로 가정하며, 형제자매는 부모와의 심리적 애착을 위한 갈등에서 '원시적 증오'를 자극하는 주변적이거나 '과도기적' 관계로 본다(예 : Bank and Kahn, 1982). 그러나 최근에 부모자녀 관계에 집중하는 정신분석적 접근에 대해 도전이 제기되고 있다. 이러한 도전은 형제자매 간의 '수평적' 관계가 상대적으로 자율적이며 오히려 '수직적'인 부모자녀관계보다 심리적·사회적 학습과 내적 세계의 작동 구축에서 더 중요할 수 있다는 주장이다(Mitchell, 2003). 가족체계적 접근 역시 형제자매를 체계의 **항상성** 성취에 필요한 과정의 필수 요인으로 포함하고 있다. 자매나 형제 간의 **갈등**은 전체로서의 가족체계에서 **역기능**의 증거로 간주된다.

형제자매 관계에 대한 주류연구는 주로 아동의 사회화나 아동발달에 관심이 있는 반면, 중년기나 노년의 **성인기** 형제자매 관계에 관심을 둔 연구 분파도 있다. 이러한 연구는 생애과정을 통해 형제자매 관계의 강점을 보며, 누가 노년기 부모를 돌보고 도와주느냐에 대해서도 관심을 둔다. 이런 면에서 연구는 종종 성차를 보여주며 여성 간의 돌봄 문화가 더 강한 것과도 관련되어 있다. 성인의 섹슈얼리티 역시 형제자매의 성별이나 출생순위와 연결되어 있다(Edwards, R. and Weller, 2010 참조).

형제자매 관계에 대한 관계적ㆍ사회학적 관점은 아동과 성인의 형제자매 관계에서 정서적ㆍ실제적 보살핌, 복잡하며 변화하기 쉬운 권력수행의 역동에 초점을 두고 있다(예 : Mauthner, 2002). **사회구성주의**와 **정신역동**에서 유래된 관계적 관점 역시 형제자매 간의 관계가 그들 자신과 사회적 세계에서의 위치에 대한 이해를 어떻게 시사하는지, 그리고 전체사회의 더 큰 분리와 어떻게 연결되어 있는지를 보여주었다(Gillies and Lucey, 2006). 동시에 형제자매 정체성과 관계는 시간과 맥락에 따른 변화에 유동적이므로, 성별, 사회계층, 인종/민족, 연령상태에 따른 사회적 차이에 의해 형성되기도 한다.

요약

형제자매 관계는 단순히 생물학적, 법적, 거주상의 관련성만이 아니라, 생물학적ㆍ사회적ㆍ정서적ㆍ문화적 요소의 복잡한 상호작용으로 구성되어 있다. 다른 이론적 접근이 형제자매 관계에 대한 연구에서의 상이한 강조점을 뒷받침해준다. 발달적 관점과 기능주의 관점은 부모의 행동을 핵심으로 두고 형제자매 특성과 아동의 결과에 미치는 관계에 초점을 둔다. 정신분석적 접근은 형제자매 관계를 기초적인 것으로 보며, 관계적ㆍ사회학적 관점은 형제자매 유대의 다양성을 강조하면서 이러한 가족의 유대 안에서 깊이 새겨진 사회적 분리가 생산되고 재생산된다고 제안한다.

관련문헌

R. Edwards 등(2006)에서는 아동의 형제자매 관계에 대한 비판적 개요

를 제공한다. Caspi(2010)에서는 형제자매 관계의 광범위한 문화적 · 환경적 환경의 측면을 논의했다는 점에서 기여했다.

관련개념 기능주의; 가구; 친족; 사회적 분리

7
조부모

정의

조부모(grandparent)란 용어는 어떤 사람의 어머니와 아버지의 부모를
의미하는 용어이며, 3세대에 걸친 가족관계를 연상시킨다.

논의

풍요로운 유럽과 신세계 사회에서는 기대수명이 증가함에 따라 아동은 어
른이 되어서도 조부모와 함께 살 가능성이 많아졌다. 적은 수의 가족은 조
부모도 그들의 인생에서 손자들이 더 적어지고 있음을 의미한다(Casper
and Bianchi, 2002). 자주 언급이 되는 **빈폴가족**(bean pole family)은 적
은 수의 가족원이 여러 세대 동안에 걸쳐 지속되는 것을 의미한다. 조부모
는 가족학의 연구에서 주제로 잘 다루지는 않지만, 이 주제는 특정한 가족
과 광범위한 사회 내에서 가족 관계와 친족의 본질에 대한 가정 및 가계에
관한 문제를 강조한다. 그럼에도 불구하고 조부모ㆍ손자녀 관계의 유형과

질은 미국에서 가장 광범위하게 연구의 관심이 되어왔다.

현대 사회 맥락에서, 조부모가 제공하는 보육과 **재정적 지원**의 양 혹은 조부모 스스로에게 필요한 보살핌과 재정적 지원에 대해 많은 관심을 가져왔다. 이러한 연구의 주요 특징은 다음과 같다. 어떤 조부모들은 돌봄 역할을 맡는 것을 꺼려하거나 자신의 일 때문에 돌봄역할을 할 수 없더라도, 대부분의 조부모들은 보답을 바라기보다 그들의 자식(손자녀의 부모) 및 손자녀의 관계와 그들에 대한 헌신의 일부로서 물질적 혹은 실제적 지원을 제공하는 것으로 보인다(Ferguson et al., 2004). 이것은 거래적인 교환이라기보다는 가족 내에서 아래 세대에게 이타적인 **의무**에 대한 기대를 강조한다. 실제로 Finch(1989)의 혈연 관계에 대한 묘사에서 조부모역할은 **비대칭적**으로 되어 있으며, 애정의 감정은 윗세대로 가기보다는 아랫세대로 더 강하게 흐른다.

다른 문화권 연구는 일관되게, 손자녀와 조부모의 관계가 연령에 따라 변화함을 발견한다(Van Der Geest, 2004). 유럽과 신세계 사회에서는 시간이 경과함에 따라 접촉이 감소하는 것은 가족생활의 영향으로부터 아동의 독립성이 증가하는 것으로 간주한다. 아프리카와 같은 다른 문화권에서는 아동에 대해 다르게 이해하며, 공유된 현재 안에서 다른 과거와 미래를 강조하는 틀을 통해 관계의 변화를 볼 수 있다. 조부모 스스로 나이를 먹어가는 과정, 사회에서 노인의 사회적 지위도 상관이 있을 것 같다. 어떤 이들은 유럽과 신세계에서는 조부모와 손자녀 양쪽 모두, 나이가 들어감에 따라 반드시 정서적 친밀감이 감소해지는 것은 아니라고 주장하는 (Ross et al., 2006) 반면, 아프리카 가나 지역에서는 정반대로 나이에 따라 정서적 만족이 감소하지만 조부모에 대한 사회적 존경은 여전히 나타낸다고 한다(Van Der Geest, 2004).

조부모와 그들의 성인자녀 간 관계의 견고성은 종종 조부모 · 손자녀 관계의 질을 결정하는 것으로 확인되며, 3세대에 걸친 관계가 부모 · 자녀 관계로부터 어떻게 조정되고 유래되는지를 강조한다. 젊은 백인 노동자계층

어머니들에 대한 연구는 특히 그들 어머니와의 관계방식에 대해 주목하였는데, 이는 돌보거나 수용할 때 젊은 어머니들 자신에 대한 느낌과 밀접하게 관련된다(Duncan et al., 2010). 부모의 이혼 이후 조부모역할에 대한 연구는 조부모와 손자녀 사이의 접촉에 대한 양과 질에 초점을 두며, 가족이 해체되기 이전의 조부모·손자녀 관계에 대한 지속이나 강화가 어느 정도 확대되는지에 대해 주로 언급한다.

조부모역할에 대한 연구에서 **가계**와 성별은 중요한 특성이다. 조부모 역할의 위계는 유럽과 신세계 맥락의 연구자들에 의해 발달되어 왔는데, 여기서 조부모는 손자녀와의 접촉이나 관여 정도에 따라 성별 및 친족지위에 의해 '서열화된다'(그러나 손자녀의 성은 주목되지 않는다). 이러한 위계에서 조모는 조부보다 손자녀와 더 많은 접촉을 가져 보다 높은 순위에 있으며 부성보다는 모성이 뚜렷한 **모계중심**의 경향과 더불어, 더 많이 관여해야 할 조부모는 가장 높은 순위에 있는 모성적인 조모로 정한다. 혈통 및 성별의 위계는 어머니로서 그들 딸과의 관계로 인해, 조모와의 관계도 파생되는 것으로 다양하게 설명되며(Aldous, 1995), 유전적으로 보다 확실한 친족에 대한 투자로 연결된다(Laham et al., 2005). 그러나 일부 문화권에서 부성적 조부에게 부여된 우선권은 이런 주요 담론을 의심하게 한다(Szinovacz, 1998).

모계적 위계는 **계조부모역할**에도 적용되는데, 이 경우 손자녀의 친조모와의 관계 때문에 계조모보다 계조부가 더 많이 관여한다(Dench and Ogg, 2002). 일반적으로 조부는 가족역사와 유산의 근원으로서 과거와의 연결을 제공해줄 수 있고(Ross et al., 2006) 조모는 손자녀의 삶에서 가정 내의 부분에 관여하는 것으로 보이며, 반면 조부는 좀더 신체적이며 공적 활동에 참여한다. 이러한 결과는 유럽과 신세계 사회에서 조부모에 대한 연구에서 폭넓게 밝혀진 것이다. 이런 맥락에서 조부모역할의 위계는 연구의 요점은 아니지만, **부계중심** 가족과 사회에서 외(모계)조부모에 대한 접근은 감소하고 있다(Szinovacz, 1998).

다른 연구들은 관계의 친밀감 혹은 거리감, 관계의 적극성 혹은 수동성 그리고 중요한 대상은 누구인지를 강조하면서 아동발달의 심리학적 관심의 일환으로 조부모역할 스타일에 대한 유형화 및 범주를 도출하였다 (Ferguson et al., 2004). 이런 유형화와 범주에 사용되는 용어들은 암묵적인 평가를 지니며('먼', '수동성', '우애적인', '지지하는'이라는 기술어를 비교한다) 그것을 구성하는 연구자의 가치판단도 포함된다. 이것은 사회에서 지배적이고 권력 있는 사람이 누구인지에 대한 인식에 기초하며, 소수 민족 또는 노동자계층의 조부모역할 실천을 소외시키거나 문제화하는 것이며 다른 문화권의 조부모역할 스타일을 무시하는 것이다 (Szinovacz, 1998).

일부 연구자들은 조부모역할의 일반적 규범과 지침을 확인하였다. 이것은 그들 가족에게 '그곳에 있어야 한다'는 의무와 손자녀를 공정히 대할 필요성을 포함하며 어떤 편애는 분명하게 드러나지 않는다고 확실하게 말한다(Ferguson et al., 2004). 핵가족에 대한 **자율성**와 **사생활**의 규범은 조부모가 지지와 도움을 제공하는 것과 불간섭에 대한 암묵적인 규칙을 준수하는 것 사이에서 세심한 조화를 고수하는 것으로 확인된다(Ross et al., 2006).

이러한 규범은 문화적이므로 시간이 경과함에 따라 사회 내에서도 달라지며, 사회적 계층, 민족성이나 다른 사회의 친족 패턴 간에도 달라지는 데에 주목하는 것이 중요하다(Casper and Bianchi, 2002). 조부모의 개입으로 인해 성인 부모들이 어린아이처럼 취급되는 조부모 신드롬이 있다는 일부 연구자들의 견해에도 불구하고, 제2차 세계대전 후 노동자계층(영국) 또는 블루 컬러(미국) 조부모에 대한 연구는 분리된 조부모역할보다는 상당히 참여적인 조부모역할이 용인되는 관례라는 것을 보여준다(Szinovacz, 1998). 주류인 백인 성인보다 미국에 살고 있는 아프리카계 카리브인 조부모를 대상으로 실시한 연구에서, 그들은 손자녀에 대해 좀더 권위적이고 '부모와 같은' 관계를 자주 선택하는 것으로 나타났다. 소수민족 조부모들은 그들 스스로를 종교적·문화적 전통과 **의례**를 물려줘야 하는 책임 있는 존재로 인식하는 반면, 앞에서 언급했듯이 그들은 손자녀들에게 조부모에 대한 공경을 강조한다(Ross et al., 2006).

어떤 연구자들은 조부모 자체에 대한 연구뿐만 아니라 **손자녀**를 연구함으로써 조부모-손자녀 관계에 대해 관심을 보이기도 한다. 이런 연구의 대다수는 유럽과 신세계 사회에서 접촉의 양에 대한 성별 및 친족지위가 미치는 영향력에 있어, 조부모 연구의 주된 선입관을 되풀이한다. 아동을 사회 및 가족 내의 주체로 보는 관심과 더불어, 아동과 젊은이들은 조부모와 그들 관계의 질과 중요성, 그들 사이의 지지와 배려에 대한 상호관계를 어떻게 이해하는지에 대해 관심을 가지기 시작하였다(Ross et al., 2006).

조부모의 법적 지위 또한 관심의 대상이다. 조부모들이 지켜야 하는 법적 의무 혹은 부여된 법적 권리의 범위와 가족법 체계 내에서 손자녀와의 접촉 범위는 상당히 다양하다(Ferguson et al., 2004). 유럽과 미국의 법제도에서는 조부모가 손자녀에게 접근할 **권리**를 가지고 있을지라도 이것은 부모의 통제 아래 핵가족 모델 내에 조부모의 자리를 매기고 아동의 복지 구축을 항상 우선한다. 남아프리카 및 마케도니아 사법권은 가족을 잠재적이고 보다 폭넓게 이해하지만, 유럽과 신세계에서는 조부모를 주로 실제적 자원 및 아동의 사회화에 대한 공헌자로서 보는 확대가족 모델 내에 자리매김하며, 부모-자녀 중심체계를 지지하고 우선순위로 한다. 이런 국가에서 만약 부모가 아동에게 최선의 이익이 아니라고 느낀다면, 조부모 불간섭에 대한 지배적인 사회적 규범은 조부모가 아동에게 접근하는 것을 허락하지 않을 수 있다는 것을 의미한다.

요약

조부모역할에 관한 연구는 조부모역할 그 자체가 많은 사회에서 이루어진다. 유럽과 신세계 맥락에서, 조부모역할에 대한 연구는 세대 간의 의무,

부모-자녀 관계를 통한 조정, 혈통과 성별의 영향력에 대해 주목하였다. 연구자들은 다양한 유형의 조부모역할을 구성해왔으며, 암묵적 규범은 조부모역할이 가족 내에서 어떻게 이해되는지뿐만 아니라 유럽과 신세계 제도에서 조부모의 법적 지위까지 형성한다. 친족의 구조, 조부모역할 스타일과 규범은 시간의 경과뿐만 아니라 문화에 따라 다양하다.

관련문헌

Casper과 Bianchi(2002)에서는 아메리카 맥락에서 조부모에 대한 논의를 제공한다. Ferguson 등(2004)에서는 유럽과 신세계 사회의 조부모역할에 대해 개관한다. Szinovacz(1998)에서는 조부모역할에 관한 연구를 검토한다. 저널 *Africa*(71.1: 2004)는 특집 이슈에서 아프리카 맥락의 조부모와 손자녀에 대해 주목한다.

관련개념 돌봄; 친족; 사회적 분리; 사회화

8
친족

정의

역사적으로, 친족(kinship)은 결혼 동맹과 후손으로 이루어진 공식적 관계체계를 다루는 개념이다. 최근에는 현대 선진사회의 다양한 가족을 언급할 때 사용되기도 한다.

논의

역사적으로, '친족'은 특별한 관계이며 혈연으로 맺어진 사람들을 설명할 때 사용하는 용어이다. 20세기 초 유럽과 신세계의 인류학자들은 자신들과는 매우 다른 사회에서 살고 있는 사람들을 연구함에 있어서, 공식적 정부가 없는 사회의 중요한 조직원리 또는 구조를 연구하기 위해 친족 유형을 도입하였다. 왜냐하면 초기 어떤 인류학자는 **핵가족**을 보편적인 것으로 보았으며, 모든 사회에서 발견되는 심리적 및 생물학적 요소를 기초로 보았기 때문이다. 그러나 다른 학자들은 핵가족의 변형인 친족에 더 관심을 가지게 되었다. 그들은 다양한 친족양식을 설명하기 위해, 일반화할 수 있는 이론개발 과정을 통해 특별한 용어를 만들었다.

이 연구는 문화권에 따라 **출생**과 **재생산, 사망**과 같은 관계를 설명하는 방식을 분석하였으며, 또한 두 가지 중요한 질문에 답을 구하고자 하였다. 두 가지 질문은 재생산과 관련된 **동맹**(또는 **결혼**)이 어떻게 형성되는가 그리고 출생하고 사망한 **후손**을 어떻게 추적하는가에 관한 것이다. 어떤 연구자는 동맹을 친족 체계의 중요한 결정 요소라고 보았으며, 어떤 연구자는 후손이 더 중요하다고 주장하였다. 그러나 두 가지 이슈들은 서로 연결되어 있다. 왜냐하면 동맹 또는 결혼이 세대 간 유대를 적절하게 설명하는 방법일 수도 있기 때문이다. Levi-Strauss(1966)는 친족 집단 간 여성들은 친족의 한 측면인 동맹을 통해 이주하였을 것이라고 제안한다.

문화적 변형에 따른 친족을 분류하기 위하여 다양한 공식적 용어가 개발되었다. 후손을 어떻게 (예 : **부계** 또는 **모계**) 추적하는가? 재생산된 사회적 단위들(예 : **모계중심** 또는 **부계중심**)은 어디에서 살고 있는가? 집단 내외 간의 동맹(예 : **족외혼** 또는 **족내혼**)은 어떻게 규정하는가? 법적 · 정치적 · 경제적 체계가 분리되어 있지 않은 문화권에서는 유대 관계망과 동맹이 개인적 관계의 기본임과 동시에 권력과 **자원**의 분배와 관련이 있는 사회적 · 정치적 중요성을 가지고 있다. 부계 체계에서는 남자혈통만을 추적하고 사회와 가구의 권위도 **가부장적**일 수 있다. 그리고 아동을 합법적으로 소유하기 위하여 여성에게 사회적 규칙과 제약을 부가한다. 모계 체계에서도 여자혈통을 통해 후손을 추적하지만, **모권적** 사회가 반드시 이렇게만 구성되는 것은 아니다. 때로는 어머니의 남자형제로부터 남자에 대한 지지와 지휘권이 부여되는 경우도 있다.

추상적인 방식으로 살펴본 친족체계의 실천 활동과 정서는 구체적이기보다는 유동적이다. 그러므로 일반사람들은 인류학자가 제시한 범주를 가지고 자신의 관계를 이해하는 데 무리가 있다고 생각할 수도 있다. 일상생활에서의 친족은 공식적 체계가 아니라, 심지어 같은 사회에서 다른 목적을 위해 다른 원칙이 적용되는 기회와 제약으로 이루어진다. 더구나 친족에 대한 전통적 인류학 연구에서는 친족체계 내의 개인경험을 배제하였으며, 특히 권력과 자원의 접근성과 관련하여 여성과 아동에 관한 연구가 거의 없었다는 것을 외면하였다.

친족 또는 비친족 구분이 **정체성**과 **사람됨**, **재산** 및 **권위**와 같은 이슈에 영향을 끼치기도 하지만, 그러한 구분은 생물학적 또는 '선천적' 연관성보다 정서와 관계의 도덕적 질에 가장 큰 영향을 끼칠 것이다. 그러나 유럽과 신세계의 인류학자들은 **자연**이 불변하고 예언가능하며 '실재'에 대한 최고의 실험이라는 과학적 견해를 가진 문화에 사로잡혀 있었으므로, 여러 가지 다른 문화와의 관련성을 다루지 않았을 것이다(Strathern, 1992a). 모든 사회 및 문화를 분석하여 논리적으로 일관된 범주를 찾는 연구자들은 문화에 따라 친족을 찾는 방식이 다르다는 것을 이해하지 못했다.

사실, 생물학적 아버지와 관련하여 유럽과 신세계 사회는 사회적 아버지됨을 결정하는 데 있어 성적 활동을 부차적인 문제로 여기거나 아동의 '생물학적' 아버지 또는 어머니가 둘 이상 있을 수 있다고 생각하는 문화가 아니다. 이러한 맥락에 의해 유전적 생물학적 유대를 연구하는 서구 학자들은 친족연구를 하지 않았다. 대신, 생물학적이라고 이해되는 연대의 사회적 의미가 문화에 따라 달라지는 방식을 중요하게 다루었다. 친족 유대는 사망으로 인한 재산상속 및 사회적 지위의 변화, 사회적 의무와 권리 뿐만 아니라 적절한 감정과 정서의 토대가 된다. 유사하게, 세계 여러 지역에서 결혼을 통해 재생산을 위한 동맹체계가 이루어지고 있으나, 다른 사회와의 결혼을 인정하는 것은 매우 어렵다.

20세기 후반, 학자들은 모든 문화제도와 신념체계에 효과적으로 적용될 수 있는 친족의 정의를 만드는 것이 불가능하다는 결론을 내렸다. 세계 여러 문화권 사람들의 일상생활을 연구하는 인류학적 주제인 '친족'은 사람됨, 부모역할, 그리고 양육과 같은 주제와 관련하여 점점 의미가 변하고 있는 유동적 주제이다. 이것은 이러한 주제들을 인간존재의 본질, 지식과 설명의 근원과 같은 의미를 다양한 문화적 틀 안에서 어떻게 걸러내는가와 같은 물음을 갖게 한다. 어떤 저자들은 친족보다는 **혈연관계**(Carsten, 2004)와 **사적관계**(Overing, 1985)와 같은 대안적이고 보다 개방적인 용어를 제안한다.

유럽과 신세계 사회에서는 가족에 대하여 인류학적 연구를 넘어선 지대한 관심을 가지고 있다. **친척**은 일상적 용어임에도 불구하고 개인과 가족의 삶에 매우 중요한 측면을 차지하고 있다. 친족은 직계가족과 방계가족으로 나눌 수 있다. 일반적으로 친척은 생물학적 관계나 혈연관계, 또는 결혼으로 맺어진 친척관계를 말한다. 그러나 친척 간의 유대는 보이는 것 보다 복잡하다. 예를 들면, 어떤 친척관계는 중요하지만 어떤 관계는 그렇지 않을 수도 있다. 혈연으로 이루어지지 않은 유대관계는 **유사 친족** 또는 **가상 친족**이라고 할 수 있다. 유럽과 신세계 사회에서 여성이 **친족관계를 유지하는** 작업, 예를 들어 집 방문, 전화연락, 생일카드 교환 등을 주로 담당한다. 우리는 특별한 **의례**와 휴일의 모습을 통해 친족유대의 의미와 개인적 선호를 알 수 있다. 예를 들어, **결혼식**이나 크리스마스모임에서 **음식**을 함께 나누는 것은 중요한 사회적 상호작용을 의미한다(Etzioni and Bloom, 2004). 그러므로 혈연 또는 결혼으로 맺어진 친족관계를 선택적으로 또는 의무적으로 할 것인가 하는 선택은 개방적인 것 같다(Allan, 1996). 그리고 거주지 간의 이동거리는 친족간 유대를 유지하는 데 큰 영향을 미치지 않는 것 같다. 실제 다른 나라로 이주해 온 사람들의 경우, 다양한 친족 간 네트워크가 고향과 이주지역 모두에서 그들의 삶에 중요한 부분을 차지하기도 한다.

Mason(2008)은 친족 유대의 토대를 연구하면서 '**인척**'이라는 용어를 사용한다. Mason은 인척을 네 가지 유형으로 구분하고 있다. 첫 번째는 고정된 인척, 두 번째는 협상한 또는 창조된 인척, 세 번째는 초현실적인 인척, 네 번째는 감각적 인척이 있다. 친족과 가족연구에서는 뒤의 두 인척보다 앞의 두 유형에 더 많은 관심을 가지고 있다. 고정된 인척(일반적으로 생물학적으로 고정된)은 친족을 구분하는 독특한 방식을 의미하며, 협상한 인척은 친족관계의 중요성과 결과를 가지고 친족을 결정하는 방식을 말한다. 또한 Mason은 친족(kin)이라는 용어를 동사로 사용하기를 주장한다. 왜냐하면, 사람들은 생물학적 관계가 아니지만 자신의 친족 지위와 권리를 부여하고 싶은 관계를 친족으로 하는 경우도 있기 때문이다.

친족 유대는 사람들이 가계도 조사에서부터 **재생산 기술**에 의해 새롭게 형성된 생물학적 연관성을 가진 친족을 이해하는 방식에 이르기까지 사람들의 일상생활에 영향을 미치는 매력적인 자원이다(Mason, 2008). 사실, 친족은 **역사적 시간**에 따라 가족 프로젝트를 구성하고, 가족들을 과거와 미래로 연결해주는 주요 방식이라고 할 수 있다. 또한 친족관계의 중요성은 쇠퇴하고 **친구**가 친족과 동등한 위치를 가질 것이라는 신념(아마 오해의 소지가 있을 수 있는)이 반복되고 있음에도 불구하고, 친족은 사람들의 일상생활에서 중요한 부분을 계속해서 차지하고 있다. 조부모는 가족의 삶에서 지속적으로 중요한 역할을 차지하고 있으며, 또한 성인의 삶에서는 형제자매와 방계가족과의 유대도 지속적으로 중요하다. 일반적으로 친족은 의무와 부양에 대한 기대와 협상 그리고 도덕적 정체성의 토대가 될수 있다.

요약

'친족'은 고전적 사회 인류학에서 중요한 용어이다. 그러나 20세기를 지나오면서, 친족에 대한 공식적인 분류와 정의를 보편적으로 규정하지 않고 재생산과 양육과 같은 관련 주제와 결합한 느슨한 정의로 대체하였으며, 여러 문화에 따라 친족의 의미와 활동이 다양하다고 본다. 현대 유럽과 신세계 사회에서는 친족을 둘러싼 일상의 협상과 의미에 중점을 둔다.

관련문헌

Fox(1967) 및 Rapport와 Overing(2007)의 연구에서는 친족에 관한 고전적 인류학적 견해를 살펴볼 수 있다. Mason(2008)에서는 친족에 관한 사회학적 토론을 다루며, Allan(2005) 및 Karraker와 Grochowski(2006)에서는 미국과 영국의 친족유대 지속성과 의미에 대해 다룬다.

관련개념 생물학; 돌봄; 비교학적 접근; 가족유형

9
선택적 가족

정의

선택적 가족(family of choice)의 개념은 관계, 친밀한 유대, 돌봄, 부양이 고정되어 있기보다 선택을 통해 실천하는 것을 의미한다. '비이성애적 형태'의 선택적 가족은 이런 현상을 가장 명확하게 나타내는 모형으로 간주된다.

논의

'선택적 가족'이라는 개념은 특히 미국에서 동성애자 생활양식의 권리를 위한 정치적 주장으로 형성되었다(Weston, 1991). HIV/AIDS[10] 위기 상

---

10) HIV/AIDS : 후천성 면역 결핍 증후군 또는 에이즈(AIDS, Acquired Immune Deficiency Syndrome)는 인체의 면역기능을 약화시키는 HIV라는 바이러스에 감염되어 발병하는 전염병이다. HIV는 바이러스의 이름이며, 에이즈는 HIV에 감염된 환자가 치료를 받지 않을 경우 생기게 되는 일련의 증상들을 일컫는다.—역자 주

황은 이 상태에 적절히 반응하는 국가와 **원가족**의 인식부재와는 달리 레즈비언, 게이 그리고 양성애자들에게 돌봄의 제공자와 같은 친구의 출현으로 중요하였다. 이런 의미에서 선택적 가족이라는 용어는 정치적인 프로젝트에 뿌리를 두고 있다. 이 용어는 때때로 입양가족을 가리킬 때 사용되기도 한다(Benavente and Gains, 2008). 선택적 가족은 전통적인 커플을 뛰어넘는 **사랑**, 친밀감, '**우정의 윤리**'라는 가치에 기초하고 있다. 그러나 여러 나라와 연방국가에서는 법적인 입양 외에도 **시민연대**[11] 법안이나 **동성결혼** 조항을 통해 게이와 레즈비언의 연대 권리가 점점 인식되었지만 이러한 결속이 친족으로 인식되지는 않았다.

개별화 및 **탈전통화**와 관련 있는 이 경향은 선택적 가족의 발달에 대해 다른 맥락을 제공하며, **선택적 친척**과 **애정공동체**와 같은 관련 용어를 이끌어내어 다양한 형태의 친밀한 관계에서 선택과 **주체**를 강조한다. 광범위한 의미에서 선택적 가족은 아동, 개인의 원가족 중에서 선택된 구성원 또는 '가족'과 같은 사이로 관계하고 있다고 생각하는 사람뿐만 아니라 파트너, 연인, 이전의 파트너나 연인 그리고 친구들을 포함할 수 있다(Spencer and Pahl, 2006). '선택적 가족'이라는 용어는 **생득적**이라기보다는 **획득된** 일련의 관계임을 강조하며, 이 관계는 출생이나 법을 통해 지정된 관계적 지위에 비해 선택과 노력을 통해 개인적, 사회적으로 획득한다. 예를 들어, **딸**이라는 가족적 위치는 출생으로 인해 생물학적 또는 **입양**으로 인해 법적으로 부여받는다. 그러나 딸이라는 위치는 '그녀는 나에게 딸과 같다'라는 말에서처럼 그들 관계의 특성에 대해 사람들이 이해함으로써 사회적으로 획득될 수도 있다.

특히 레즈비언, 게이 그리고 양성애자에 대해 '선택적 가족'이라는 용어의 적합성에 대한 논쟁이 있으며, 이들이 **이성애 규범성**에 도전할 수 있을지 의문을 제기한다. 어떤 이는 혈연가족을 기준으로 하여, '가족'이라는

---

11) 시민연대(civil partnerships) : 동성 간에 인정된 혼인관계이다. -역자 주

용어로 권위를 강화하며 원가족을 대신하는 것을 암시하는 '전통적인' 이성애 핵가족을 모방하여 이 개념을 도출하였다. '가족'에 대한 개방적인 정의조차도 다른 가치 위에 형성된 관계를 혼란시킬 위험이 있고, 비이성애적 관계와 유대에 수반되는 창조적인 대인관계 과정을 일축할 수 있으며, 레즈비언이나 게이 및 양성애자는 그들 원가족에 대해 모호한 관계를 가질 수 있다(예 : Bersani et al., 1995).

다른 이는 '가족'이라는 용어의 사용과 적합성으로 '우정의 네트워크'와 같은 다른 용어로는 전달되지 않는 관계와 헌신의 감정을 전달한다. HIV/AIDS에 대처하는 상황에서 '선택적 가족'은 생존의 의미, 공동체의 정체성 그리고 내재된 책임감을 표현할 수 있다. '선택적 가족'은 구성원에게 감정적, 사회적, 물질적 그리고 육체적 돌봄과 부양을 제공함으로써 귀속감과 동성애적 생활방식의 정당성에 대한 확신을 이끌어낼 수 있다(예 : Weeks et al., 2001).

그럼에도 불구하고 '선택적 가족'을 지나치게 낭만적으로 묘사하지 않는 것이 중요하다. 선택의 여지없이 대안적 가족의 유대를 발전시키려는 레즈비언, 게이, 양성애자들의 시도는 어떤 인간관계와 마찬가지로 슬픔과 고통, 갈등이 수반될 수 있으며 동성의 선택적 가족도 권력 관계와 불평등한 노동분업은 이성애 가족과 똑같은 방식으로 경험할 수 있다(예 : Dunne et al., 1997).

요약

선택적 가족은 전통적인 생물학적 및 법적 유대의 대안에 기초한 선택적 친밀감과 헌신을 강조함으로써 개별화 경향과 관련된다. 어떤 이는 이 개념을 전통적인 이성애 관계에 권위를 부여하는 것으로 간주한다. 다른 이는 선택적 가족은 이성애 관계의 기능이 증가되고 헌신과 귀속감을 전달하며, 비이성애적 관계의 정당성을 확신한다고 주장한다.

관련문헌

Weeks 등(2001)에서는 선택적 가족에 대한 논의를 개관한다. R. Pahl (2000)에서는 20세기 후반, '친구와 같은' 선택적 관계의 발달에 대해 논의한다.

관련개념 개별화; 친밀감; 친족

10
초국적 가족[12]

정의

'초국적 가족(transnational family)' 이란 복합적 국적상태의 경계를 넘나드는 가족원 및 친족망의 일관된 유대를 일컫는다. 이 용어는 이주가 반드시 일방적이거나 가족이 행선지 국가에 영구적으로 재정착한다는 의미는 아니며, 그보다는 두 개 국가 이상에서 가족원 간의 유동적 관계라는 의미로 더 자주 사용된다.

논의

초국적 가족은 가족원의 단기 또는 장기 **이주**와 정착으로 인해, 두 개 이상의 국적을 넘나드는 가족원 간에 '가족' 유대의 정서와 공유된 복지, **소속**

----

12) 초국적 가족 : 'transnational' 을 국적을 초월한 조직체를 표현할 때 '다국적' 이라고 번역하는 관례가 있으나(예 : 다국적 기업 등), 이 책에서는 원어의 정확한 의미를 반영하여 '초국적 가족'으로 번역하기로 한다.-역자 주

감을 유지한다는 의미를 가진다. 초국적 주의는 가족이 공동 **거주**와 **재생산** 및 **소비** 참여를 통해 조직된다는 개념에 도전한다. 예를 들어, 초국적 친족집단에서는 (한쪽 또는 양쪽)부모나 성인자녀가 해외에서 소득을 벌어들이는 동안 다른 가족은 모국에서 재생산과 보살핌을 수행할 수 있다. 국가의 경계를 넘나드는 파트너링(partnering)과 **결혼**은 초국적 친족유대를 발생시키거나 강화·확장할 수 있다(예 : Ballard, 1994). 따라서 가족의 관계망, **정체성**, 충성은 국가경계를 넘는 헌신과 상호**의무**와 함께 연장되고 재형성된다. 국가경계 안에서 수집된 통계(국내통계자료)는 이러한 공간적 범주를 뛰어넘는 가족유대와 활동을 간과할 수 있다.

이메일과 휴대폰 등 통신기술의 진보와 유용성의 증가, 항공교통비 감소로 인해 '유입' 사회에 있는 많은 이주자가 '송출' 국가에 있는 가족원들과 지속적으로 연락하고 방문할 수 있게 되었다. 이 분야의 연구주제는 **시간**과 공간을 넘어 가족의 삶을 유지하는 가족 조달, 보살핌 및 **의례**에 초점을 두고 있다. Bryceson과 Vuorela(2002)는 초국적 가족의 친족발생 및 유지를 '개척화(frontiering)'와 '동족화(relativising)'로 개념화하였다. '개척화'는 국가경계를 넘는 가족공간과 네트워크 유대를 창출하는 실천을 의미하며, '동족화'는 가족원 간의 관계적 유대를 정립하고 유지하며 축소하는 방식을 의미한다. 초국적 가족을 창출하고 유지하는 이러한 폭넓은 유형 안에서 서로 다른 **민족**집단마다 실천의 양상이 다를 수 있다. 실제로 여러 연구들이 동일한 유입 국가에서 서로 다른 송출국의 이주자 경험을 비교·대조하고 있다(예 : Goulbourne et al., 2009).

대량 이주와 국제적 **노동시장**은 어떤 국가/민족 집단이 다른 집단에 비해 초국적 가족의 삶을 살 가능성이 높으며, 그렇게 살아가는 환경 자체도 상당히 차이가 있을 수 있음을 보여준다. 예를 들어, 유럽 내에서의 노동시장 이주는 동유럽에서 서유럽으로의 이주가 반대 경우보다 더 많으며, 조건과 자원에 있어서도 제조업이나 가사영역에서 일하는 빈곤한 이주자와 전문직 엘리트 영역에서 일하는 사람들은 사뭇 다르다. 즉, 사회**계층**은 초

197

국적 주의가 경험되는 방식을 형성한다. 노동시장에 초점을 둔 초국적 가족에 대한 연구 대부분이 엘리트보다 가사노동자들의 국제적 시장에 집중해왔다. 특히 **글로벌 돌봄사슬**에 주목했는데, 이는 부유한 국가의 돌봄이나 가사일과 같은 가정 영역에서 사회적 재생산 업무의 **상업화**로 본다. 가장 많이 주목된 대상은 빈곤한 국가 출신의 여성 가사노동자들로 이들은 부유한 국가에서 돌봄과 가사 일을 한다. 남성 이주노동자들도 이 경제 영역의 특징이기는 하지만, 경제개발은 여성이주자의 임금노동 참여를 보다 더 증가시켰다.

글로벌 돌봄사슬은 타국의 다른 가족을 돌보는 이주노동자를 포함할 뿐만 아니라 모국에 있는 자신들의 초국적 원가족을 돌보는 것도 포함한다. 연구에 따르면 이주여성이 상당한 송금액을 모국의 가족에게 보냄으로써 가족의 견고성과 **호혜성**을 유지하고 물질적 생존을 보장하면서 가족 지원에 주요 경제적 역할을 수행하는 방식을 밝히고 있다. 자녀를 두고 떠났거나 또는 자녀를 모국으로 돌려보내 모국의 친척(주로 여성)에게 보살핌을 맡긴 초국적 엄마는 한쪽에서 이주국에서의 일과 모국의 자녀와 가족에 대한 경제적 지원에 대한 헌신, 그리고 다른 한쪽에서는 아이에게 물리적으로 존재하며 보살핌을 제공하는 '좋은' 엄마의 이미지 사이에서 갈등을 겪는다(Erel, 2002).

다른 초국적 가족 돌봄 실천은 외국에서 자신의 가족을 지원하며 일하는 남성을 포함하는데, ① 아내는 모국에서 자녀를 키우고 남편은 외국에서 일하는 초국적 아버지됨의 실천, ② 조부모가 이민국으로 이주하여 자녀/손자녀와 합류하여 부모가 일을 하는 동안 (조부모는) 가족돌봄과 가사 일을 맡아주는 경우가 그것이다. 또한 연구는 글로벌 돌봄사슬에 연루된 초국적 가족의 아동이 직면한 문제에도 관심을 기울이고 있다. 이 연구들은 아동이 **물질적**으로 얻는 것뿐만 아니라 부모와 **분리**되는 결과로 상처를 경험한다고 밝히고 있다. 또한 부모가 집으로 돌아오거나 자녀가 이주국에서 부모와 합류할 때 가족의 재결합이 어렵다는 점을 지적하고 있다(예 :

Parreñas, 2005).

초국적 가족에서 민족적 차이를 명심하는 것도 중요하지만, **민족국가**를 넘어 가족관계를 유지하는 측면은 일반적으로 가족 삶의 **성별화된** 속성을 반영하는 것일 수 있다. 보편적으로 가족에서 발견되듯이, 초국적 가족의 여성들은 친족유대의 유지에서 종종 중추적 역할을 한다. 지리적 거리와 장기 별거에도 불구하고 여성들은 선물을 보내거나, 가족방문을 주선하거나, 축하의식을 열거나, 초국적 맥락에서 새로운 가족관습을 제도화하는 등의 방식으로 친족유대를 유지한다(예 : Zontini, 2004).

디아스포라 정체성 문제는 초국적 가족 연구에서 강조되고 있는데, 심지어 가족의 일부가 여러 세대 동안 다른 나라에 정착하여 살고 있는 경우에도 그러하다. 이러한 연구는 지리적 **경계**를 넘어 친족망이 소속감 및 가정과 가치를 형성하는 방식을 기술하고 있다. 가족원들은 매일매일의 삶을 이끌어온 가정과 별개의 또 다른 실제 또는 가상가정을 갖게 되는지도 모른다. 초국적 가족 유대는 사람들이 시간과 장소, 청중에 따라 다른 방식으로 의지하게 되는 유동적이며 다중적인 민족/국가 정체성과 충성심을 갖도록 한다는 증거가 있다.

요약

새로운 통신기술 및 대량 이주와 국제 노동시장과 함께 초국적 가족의 삶은 글로벌화되고 있는 세계에서 점점 더 보편적 현실이 되어가고 있다. 다른 민족집단 사이에서 또는 집단 내에서도 자원과 환경의 차이가 있으며, 이러한 차이는 보급과 돌봄, 의례, 유동적 소속감 등을 둘러싼 가변적인 초국적 가족 실천을 초래할 수 있다. 남성과 여성 모두 초국적 가족 삶을 지지하는 데 개입되어 있지만, 다중적 민족국가 유대를 넘어 친족유대를 유지하는 데 여성의 역할이 더 중요한 경향이 있다. 초국적 가족 삶의 일부로서 아동은 얻는 것과 잃는 것을 모두 경험할 수 있다.

관련문헌

Goulbourne 등(2009)에서는 초국적 가족 실천의 다양한 측면을 탐색한다. Hochschild(2000)와 Yeates(2009)에서는 글로벌화된 돌봄사슬과 많은 국가를 넘나드는 이주노동자에 대해 기술한다.

관련개념 돌봄; 노동분업; 가족유형; 친족

제5장

가족과 개인

1
생물학

정의

가족생활에 대한 생물학적 접근은 혈족에 관한 전문 용어를 사용하며 사람들 간의 행동과 감정을 일으키는 유전과 동기의 역할을 강조한다.

논의

일반적으로 '생물학(biology)'은 유기체의 구조, 기능, 진화 그리고 여러 측면을 다룬다. 생물학적 접근을 토대로 한 이론들은 생물학의 결정적 역할을 얼마나 강조하는가 그리고 가족을 포함한 인간의 사회적 생활방식을 어떻게 구체화하거나 포함하는가에 따라 구분된다. 여기에는 우생학, 사회생물학, 신다윈주의 진화심리학 등이 있으며, 정확히 같은 이론은 아니다. 그러나 이 이론들은 생물학의 일반적인 견해를 공유하고 있으며, 특히 인간 **신체**를 중요하게 생각한다.

19세기 초 서유럽과 19세기 말부터 20세기 초까지 미국에서 발전한 우

생학은 국가능력의 강화 및 약화의 책임이 **유전**에 있다고 보았다. 이 관점은 우성인자를 가진 인종의 선택적 재생산을 목표로 두는 정치적 전략과 결합하여 유럽의 홀로코스트[13]를 일으켰다. 그리하여 평판이 매우 나빠졌다. 20세기 초반에는 **사회생물학**이 그 다음에는 신다윈주의 **진화심리학**이 차례로 주목을 받기 시작하였다. 이 접근들은 생물학적 요인을 사회적 행동과 감정의 토대라고 여기며, **수렵채집사회**에서 유래된 자연선택과정과 관련이 있다. 자연선택과정을 통해 살아남은 유전자는 유전자 풀 안에 전달되어 구축된다. 이러한 진화적 행동은 시공간을 초월하여 보편적이다. 왜냐하면 자연선택적 작업은 너무 느려 수렵채집 환경에서 유전된 유전자 풀을 업데이트할 수 없기 때문이다.

특히 이 이론들은 현대 사회의 가족생활을 설명하고자 하였다. 여기에는 성별화된 고용분배, **가사노동**, 자손을 번성하기 위한 남녀의 여러 가지 생물학적 전략과 관련된 성적 행동, 그리고 **친자녀**[14]에 대한 부모의 정서적 헌신을 포함한다(Wilson, 1978). 예를 들어, **모성본능** 개념은 자녀를 보호하고 양육하는 어머니의 돌봄을 설명하기 위해 제시된 것이다. 한편, 계부모는 계자녀를 구박하거나 치명적인 상처를 주는 존재로 보는 것에 대한 논쟁이 있다(Daly and Wilson, 1998).

친부와 계부를 대상으로 하여 생물학적 부모됨과 사회적 지위로 성취된 부모됨 간에 돌봄 활동과 정서적 친밀감 차이에 관한 연구가 있다. **생득적** (생물학적) 아버지는 자녀와 생물학적 유대감이 매우 깊은 것으로 나타났

----

13) 홀로코스트(holocaust) : 일반적으로 인간이나 동물을 대량으로 태워 죽이거나 대학살하는 행위를 총칭하지만, 고유명사로 쓸 때는 제2차 세계대전 중 나치스 독일에 의해 자행된 유대인 대학살을 뜻한다. 특히 1945년 1월 27일 폴란드 아우슈비츠의 유대인 포로수용소가 해방될 때까지 600만 명에 이르는 유대인이 인종청소라는 명목 아래 나치스에 의해 학살되었는데, 인간의 폭력성, 잔인성, 배타성, 광기가 어디까지 갈 수 있는지를 극단적으로 보여주었다는 점에서 20세기 인류 최대의 치욕적인 사건으로 꼽힌다(네이버 지식 참조).-역자 주
14) 친자녀(genetic children) : 유전학적 친자를 말하는 것으로 정자/난자기증이나 대리모에 의해 탄생한 자녀도 포함되는 것을 의미한다.-역자 주

으며, **획득된**(사회적) 아버지는 자녀와 친밀한 돌봄관계를 가지는 것으로 나타났다. 그러나 계부가 계자녀를 자신의 친자녀로 느낄 수 있는가 또는 느껴야만 하는가에 대한 논쟁이 있다(Edwards, R., et al., 2002; Marsiglio, 1995). 유럽과 신세계에서는 어머니가 자녀를 버리거나 떠나는 것에 대해서는 비정상적이라는 견해를 가진 반면에, **비동거** 아버지에 대해서는 어머니와 자녀들이 자연스럽게 받아들인다는 연구가 있다(Gustafson, 2005). 그럼에도 불구하고 어머니는 여러 가지 이유로 인해 자녀를 버리거나 떠나기도 한다. 이와 같은 내용들은 유전만으로는 복합적이고 사회적인 특정한 행동을 모두 설명할 수 없다는 주장을 지지하는 것이다.

생물학적 접근은 예전부터 지속되어 오는 **천성 대 양육**이라는 논쟁과 관련이 있으며, 인간 행동에 중요한 인과기제로 환경적 영향보다는 생물학이 더 영향을 끼친다고 믿는 '유전' 입장을 지지한다. 이 논쟁을 해결하기 위한 한 가지 방법으로 다른 환경에서 성장한 쌍둥이(일란성과 이란성)를 대상으로 하는 연구가 있다. 최근 연구에서는 생물학과 환경 중 어떤 한 가지만이 결정적 요소가 아니라 이 두 가지가 서로 복잡한 상호작용을 일으킨다는 것에 주목하고 있다(Moffitt et al., 2006). 그리고 이러한 영향으로 인해 최근의 연구들은 뇌의 신경 활동에 관한 실험과 생리적 측정에 관심을 두고 있다. 어떤 연구는 개인의 양육환경에 대한 반응정도에 영향을 미치는 유전적인 기본 차이에 대해 주목한다(Belsky and Pluess, 2010). 최근 신경과학 분야에서는 동물실험을 통해 행동과 성격을 설명하기 위해 뇌의 신경망을 연구한다. 연구자들은 반사회적 뇌구조를 가진 아동은 부모의 미숙한 부모역할의 영향이라고 생각하며, 이러한 연구를 통해 아동양육기술에 대한 이해와 개입에 필요한 잠재적 기반을 마련하고자 한다(Wilson, 2002).

생물학을 비판하는 입장에서는 생물학이 인간과 관련하여 자연선택이론을 적용한 것과 일반적인 사회생활, 특히 가족생활의 주요결정요소로서 유전에 초점을 둔 것을 비판한다. 우선, 사회생물학과 진화심리학이 과학적 방법을 왜곡했다는 논쟁이 있다. 그들에 의하면 생물학의 지지자들이 비인간/동물행동 중에서 자신들의 연구에 부합할만한 특정한 관찰내용과 기능만을 선택하였고 이것을 기반으로 인간에 대해 추론하였다고 비판한다. 또한 사회생물학자와 진화심리학자들이 사용한 연구방법에 관한 것으로, 수렵 채집 사회에 대한 추정된 '사실'을 가지고 가설을 설정한 것과 소규모 표본 집단을 비통제 실험한 것, 그리고 이질적 데이터를 이차 해석하여 사용한 것을 비판한다. 선천적인 생물학적 경향성이 중요하기는 하지만, 자연 선택적 이론에 초점을 두고 이것을 통해 모든 사회생활을 설명하려고 한 것은 사실을 왜곡한 것이며 지나치게 단순화시킨 것이라고 비판한다. 생물학 지지자들이 가진 '거울을 바라보는 것' 같은 결정적인 세계관(Rose, S., 1980: 165)은 가족생활과 인간관계의 복합성과 다양성을 간과하고 있다.

이러한 논쟁은 정책에 영향을 미치고 특정한 정치 프로젝트와 관련이 있다. 예를 들면, 생물학에 근거한 접근들은 민족과 계층, 성별 간의 불평등한 권력관계를 지지하는 보수적인 입장을 정당화하는 데 활용된다. 또한 유전법칙과 **계보**는 정당한 상속자를 선정하고 중산층의 정치적·경제적 특권을 고취하는 데 중요한 역할을 담당해오고 있다(Davidoff et al., 1999). 생물학적 부모됨이 아동과 헌신적 관계를 맺을 수 있는 중요한 요소라는 견해에 동의하는 많은 나라들은, 비록 생물학적 부모가 자녀와 함께 생활하고 있지 않더라도 그들이 자녀의 안녕을 위해 양육하고 보호한다는 견해를 가지고 가족법을 제정하고 제도화한다.

생물학은 서구사회의 일상생활에서 사람들의 구성과 가족의미를 이해함에 있어 중요한 역할을 하고 있다. 예를 들면 '딸이 아버지의 눈매를 닮았다, 손자가 할머니의 성격과 비슷하다'와 같은 가족 간 **유사성**과 특징, 신체적 및 성격적 유사점과 차이점은 자녀의 탄생 순간부터 중요한 의미를 지닌다. 또한 사람들은 계보를 통해 자신의 정체성과 가족의 역사 그리고 친족의 주요 관심사를 보다 더 잘 이해하게 된다. 어떤 사람들은 그러한 활동을 통해 불확실하고 개인주의적인 세상에서 견고한 연결성을 찾을 수 있다고 생각한다.

여기서 중요한 점은, 사회구성관계의 개념과 인종 및 국가 구성 간의 연결에 대한 명확한 토대가 유전에 대한 이해를 통해 이루어진다는 것이다(예를 들면, **뿌리** 및 **가상친족**의 개념, Chamberlain, 1999; Hackstaff, 2009). 또한 생물학적 가족관계를 의미하는 언어는 친밀한 정서적 연결을 상징화하는데 다양하게 사용되고 있다(예 : 그녀는 나에게 어머니와 같은 존재이다). 보다 공적인 예로는 생물학적 친족 용어를 사용하여 정치적 연대감을 나타내는 경우도 있는데, 사회학자와 노동조합운동에서 사용하는 '교회 공동체 내에서 **형제** 그리고 **자매**, 아버지/어머니'와 여성주의자들이 사용하는 '자매'라는 용어가 그러한 경우이다.

이것은 생물학이 문화적 이해를 통해 사회적으로 구성된다는 사실과 사회적 관계의 명백한 불변성을 나타내기 위해 사용되고 있다는 것을 의미한다. 문화인류학자들은 유럽과 신세계 문화는 자연적인 생물학을 근거로 구성된 것으로, 사회생활의 표면을 이루는 데 있어 중요한 사고로 작용하고 있다고 주장한다(Strathern, 1992a). 결론적으로, 아동의 친부를 증명할 수 있는 DNA검사와 같은 과학적 패러다임 안에서 새로운 '사실'이 발전한다는 것이다. 그리고 사람들은 과거에는 몰랐던 새로운 사실을 '진리'라고 생각한다(Carsten, 2004).

대부분의 사회에서는 '선천적으로 주어진 또는 생득적' 유대와 '인위적으로 만들어진 또는 획득된' 유대 사이에는 차이가 있다고 말하는데, 유럽과 신세계 사회에서도 혈연으로 이루어진 유대와 선택적으로 주어진 유대를 구분한다(Carsten, 2004). 세계인을 대상으로 가족과 친족을 연구하는 문화인류학자들은 인간의 신체를 이해함에 있어 문화의 다양성을 고려해야 한다고 주장한다. 여기에는 생물학적 재생산과 부모역할, 그리고 생물학과 부모역할의 관련성 유무와 방법이 포함된다(예 : Riviere, 1985; Shore, 1992). 그러나 모든 사회에서 생물학적 부모됨과 유전적 관련성을 중요하게 생각하는 것은 아니다.

현대 풍요로운 사회에서는 재생산 과정을 촉진하거나 억제할 수 있는 **재생산 기술**의 발달로 인해 생물학과 부모됨 간의 관련성이 더욱 복잡해졌다. 재생산(임신)을 도와주는 방법에는 체외 수정과 성세포 기증 그리고 대리모출산이 있다. 성별 간의 노동과 권력의 분리문제는 여전히 남아 있는 것처럼 보이지만, 어떤 의미에서는 재생산 기술의 진보가 동성애 커플을 포함한 비 생물학적 가족의 구성을 가능하게 한 일면이 있다. 이것은 아동에 대한 양육권과 돌봄 그리고 유지, 모성과 부성에 관한 법적 정의와 같은 법률적이고 정책적인 근본적인 문제를 제기한다(Shore, 1992; Strathern, 1992b). 그러나 앞에서도 언급한 바와 같이, 기술적 지식 덕분에 재생산 과정에 대한 개입이 발달하기는 했지만 유럽과 신세계에서는 생물학적 유대감을 가장 중요하게 생각한다.

요약

우생학, 사회생물학 그리고 진화심리학 접근에서는 사회적 행동과 감정을 수렵 채집사회에서의 개인과 그들의 유전자 생존을 위해 적응하며 발달된 반응과 정서에서 유래된 것으로 생물학적인 것으로 본다. 생물학적인 것에 초점을 두는 이러한 접근은 연구방법의 비과학적 접근과 과도하게 단순화시킨 연구결과 때문에 비판을 받는다. 유럽과 신세계 사람들은 생물학을 통해 가족계보와 가족관계를 이해하고 가족법과 정책을 수립하는 데 활용한다. 그러나 다른 사회의 유전적 관련성과 생물학적 부모됨을 이해함에 있어 문화적 다양성을 고려해야 한다. 재생산 기술의 과학발달로 인해 생물학과 가족 간 관련성이 더 복잡해지기도 하였지만, 유전적 관련성의 중요성이 더욱 부각되고 있다(예 : DNA 유전자검사). 최근 생물 사회학적 연구들은 인간행동과 감정에 관한 생리학적 현상과 사회적 현상 간의 상호작용에 주목하고 있다.

관련문헌

Pinker(1998)와 Wilson(1975)에서는 인간 본성과 행동의 근원으로서 선천적인 유전적 충동에 근거한 자연선택에 관한 연구사례를 제시하며, S. Rose 등(1984)과 Sahlins(1977)에서는 Rose(2006)보다 먼저 뇌에 초점을 맞춘 대안적 연구를 진행하였다. Troost와 Filsinger(2004)에서는 생물사회학적 관점에서 가족생활을 다룬다. Carsten(2004)에서는 문화인류학적 관점에서 유럽과 신세계의 재생산 기술과 성별, 과학의 사회적 구축을 연구하였다.

관련개념 가족법; 친족; 부모됨; 후기 커플돔

2
개인

정의

현대 영어문화권에서 'the personal'은 개인적 경험과 때로는 친밀함 이슈를 중점적으로 다룰 때 사용되는 용어이다. 일반적으로 '개인'이라는 개념을 전제로 한다.

논의

가족연구에서 '개인(personal)'이라는 용어는 다양한 논쟁과 주제의 중심에 있다. 이 용어는 집단적 경험보다는 개인적 경험에 더 초점을 둔다.

　학문분야에 따라 '개인'에 관한 이론은 다양하다. 인류학자들은 문화에 따라 '개인'의 의미가 어떻게 달라지는지를 연구한다. 심리학자들은 '**성격**'과 개인의 (내적) 경험과 같이 '개인'을 토대로 한 개념에서 유래를 찾는다. 사회학자들은 사회적·문화적·역사적 맥락에 따른 개인의 경험을 다룰 때 이 용어를 사용한다. 경제학이나 정치학과 같은 분야에서는 경제적 시스템과 자유민주주의 분석에 따라, 개인을 **합리적 경제주체** 혹은 **시민**으로 이론화한다. 사람됨에 대한 독특한 문화적 이해는 자유민주주의라는 정치체계에 기반을 두고 있다. 여기서는 **독립적**이고 **자율적**이며, 잠재적 행동에 대해 합리적 사고가 가능한 사람이 성숙한 사람이라고 말한다. 또한 사람됨이라는 개념은 아동발달에서 성숙한 성인의 삶을 성취하기 위해 나아가야 할 목표라고 말한다.

다양한 학문분야들도 공통적으로 개인과 사회의 일상경험을 다룸에 있어서 가까운 가족구성원 간 또는 가족과 같은 관계 간의 상호작용을 중요하게 생각한다. 그러나 가족 연구자들이 **제도화된** 가족을 넘어서 가족생활의 맥락 안에, 개인의 삶과 동시에 **성별, 계층** 그리고 **인종/민족성**과 같은 사회적 차원과의 상호영향력을 고려하게 된 것은 20세기 후반부터였다. 여기서 중요한 점은 생애과정관점에 대한 관심이 점점 커지고 있다는 것이다.

인류학 연구는 '개인'에 대한 일반적 이해뿐만 아니라 특정 문화에 따른 이해를 돕는다. 예를 들면, 생명과 **사람됨**의 시작과 끝(**출생**과 **죽음**)에 대한 관점도 문화에 따라 다양한 방식으로 이해된다(Montgomery, 2008). 이러한 차이는 다른 생존경험, **기대수명** 그리고 재생산 결정과 관련이 있다. 유럽과 신세계 사회에서 생명의 시작은 **낙태** 논쟁과 관련이 있다. 그러나 영유아 사망률이 높은 어떤 나라에서는, 유아가 초기의 위험한 몇 개월을 잘 견뎌내어 생존 가능성이 높아져야만 사람됨으로 인정하는 경우도 있다(Scheper-Hughes, 1993).

사람됨의 핵심개념은 문화적으로 차이가 있으며, 어떤 사회의 사람됨을 이해하기 위해서는 반드시 연령과 성별을 고려해야만 한다. 초기의 인류학자들은 '개인'의 심리내적 상태보다는 문화적 범주에 초점을 두었다. 개인에 대한 이 견해는 '역할'의 개념에 큰 영향을 끼쳤다. 어떤 사회에서 개인은 일련의 역할보다는 모두를 아우르는 하나의 역할, 아마 조상으로부터 전해져 내려온 것을 의미한다. 이것은 개인이 그가 속한 집단의 구성원들과 함께하며, 집단에서 떨어져 있는 것은 상상할 수도 없다는 것을 의미한다. 인간행동의 원인은 도덕적 양심과 '내적' 동기, 정신과 같은 '외적' 힘, 그리고 개인이 속해 있는 집단, 특히 가족 혹은 친족집단의 도덕적 입장이 될 수 있으며, 인간행동은 문화적 차이와 관련이 있다. 또한 '개인'에 대한 다른 관점은 협력과 정서적 애착을 지향하는 개인과 집단의 목표에 영향을 미친다. 이 모든 것은 가족구성원들 사이의 관계를 다르게 이해하게 한다.

반대로 심리학적 접근에서는 **심리내적 경험**에 초점을 두고 있으며, 현대 유럽과 신세계 사회에서 사람됨을 이해하는 일반적인 방식이다. 이 관점에서 사람은 성격에 의해 형성된 독특한 내적 사고와 정서 그리고 경험을 가진 존재이며, 내적 경험 또는 **주관성**을 통해 '진정한' **자기**의 의미를 형성한다고 본다. 이것은 가족과 가까운 관계에 대한 다른 이해와 연관이 있을 수 있다. (사적인) 가족생활은 '진정한 자신'이 되기 위한 중요한 장소이지만, 젊은 가족원들은 가족 같은 가정을 떠나야만 완전한 자기를 느낄 수 있을 것이다. 후기 구조주의와 철학 간에 통합적이고 진정한 자기에 대한 논쟁이 있다. 그러나 그 개념은 개인의 본성, 경험의 **구체화**, 자기감과 사회범주 **정체성**을 이론화하는 데 중심이 된다. 개인은 하나 이상의 정체성을 가질 수 있으며, 정체성 간에 충돌이 일어날 수도 있다. 예를 들면, 자녀를 둔 여성의 경우, '직장인'과 '어머니' 사이에 정체성 충돌이 있을 수 있다. 개인은 '무능력한 아빠'와 같은 특정 정체성은 거부하지만, '좋은 어머니'와 같은 정체성은 환영할 수도 있다. 사회적으로 합의되지 않은 정체성은 어려움을 겪기도 한다. 예를 들면, 레즈비언 어머니의 파트너는 분명한 부모역할 정체성을 가지고 있지 않을 수도 있다.

심리적 이론의 틀을 유전적 및 생물학적 요소에 두는가 또는 사회적 관계와 맥락적인 경험에 두는가에 따라 주관성은 다르게 이해된다. 어떤 **정신분석**이론(특히, **프로이드식 접근**)은 심리내적 충동에 대한 반응을 통해 자기가 발달한다고 말하며, 다른 접근(특히, **대상관계이론**)은 타인과의 관계 특히 부모와 자녀 간의 상호작용을 통해 자기가 발달한다고 강조한다. 그러나 모든 정신분석 접근에서는 자기를 형성하고 현실을 경험하는 데 있어서 **무의식**의 개념이 가장 큰 영향력을 미친다고 한다.

심리사회적 접근에서는 자기의 사회적 본질개념을 가장 중요하게 생각하는데, 이 개념은 개인적 주관성이 다른 사람의 주관성과 사회적 맥락과 깊이 관련이 있음을 의미한다. 그러므로 심리내적 삶과 외부 사회적 영역은 따로 떼어내어 생각할 수 없으며, 심리내적 삶의 경험과 외부 사회적 영역의 경험이 일치되어야 한다고 주장한다.

주관성의 사회적 본질은 '**상호주관성**'의 개념으로 확장되며, 이것은 심리공간의 공유 가능성과 소속감, 사회통합 의식을 가진 사람들의 사회적 · 심리적 과정을 강조한다. 다른 개념인 '**관련성**'은 개인에 따라 가까운 관계에 대한 정의가 다름을 강조한다. 각각의 다른 이론적 관점에 따라 개인과 그를 둘러싼 관계뿐만 아니라, 가족과 가족관계를 설명하는 방식이 다르다.

요약

개인이라는 개념은 개인과 그를 둘러싼 다양한 문화적 체계, 그리고 개인과 사회집단 간의 관계를 이해하도록 한다. 어떤 사람들은 가족과 같은 집단으로부터 개인을 구분하는 개념이라는 점을 높이 평가한다고 주장한다. 관련개념으로는 자기, 주관성, 상호주관성 그리고 관련성이 있으며 이 개념들은 사회적 본질을 강조함과 동시에 개인의 심리내적 삶에 영향을 미치는 특정 문화에 대한 이해도 포함한다.

관련문헌

Carrithers(1999)에서는 개인에 관한 다른 문화의 견해를 개관하며,

Smart (2007)에서는 개인 삶의 개념에 관하여 지지한다. Lucey(2010)에서는 가족관계의 심리사회적 접근을 개관하며, Mackenzie와 Stoljar (2000) 및 Mason(2004)에서는 관련성에 관하여 논하며, Crossley(2001)와 Hollway(2006)에서는 다른 관점인 상호주관성을 논한다.

관련개념 개별화; 공과 사; 합리성

3
개별화

정의

개별화 논제는 가족생활, 관계 열망 그리고 선택에 있어서 급진적인 변화를 나룬다. 호전적으로 현대 '가족'은 함께 있어 만족감을 느낄 수 있는 사람을 선택하여 생긴 일련의 연합이라고 주장한다. 그리고 가족의무에 대한 기대와 영원한 유대 같은 의식은 더 이상 지배적이지도 타당하지도 않다고 주장한다.

논의

개별화(individualization)는 현대의 가족연구 중 가장 영향력 있고 논쟁적인 논제 중 하나이다. 개별화는 후기 '반영적' 근대성을 사람들의 개인적 동기에 영향을 주는 사회적 과정이라고 서술하는 사회과학이론의 한 부분이다. 개별화는 현대 가족생활에서 **민주화**를 만들어냈으며 **자율성**, **평등**, 상호존중 그리고 의사소통의 가치를 특징으로 하는(적어도 이러한

215

가치에 대한 바람을 가지는) 현대유럽과 신세계 사회 안에서 그 예를 찾을 수 있다. 또한 방계친족 간 유대도 이러한 궤적을 따라 형성된다고 가정한다(Bauman, 2003).

반영적 **근대성**의 개념에서는 교육, 경제번영, 복지국가, **피임**과 같은 방식들이 사람들로 하여금 전통적 의무와 표준적 인생경로에서 자유롭게 했다고 언급한다. 그 결과 현대의 사람들은 자신이 추구하는 다양한 생활양식을 구성할 수 있는 가족유형을 선택할 수 있다. 사람들은 자신의 개인적 관계를 실행함에 있어 더 이상 과거세대의 관습을 참조하지 않으면서도, 자신의 삶을 끊임없이 창조하고 고려하며 평가하고 있다. 이 과정을 **탈전통화**라고 한다. '가족'과 다른 구조적 형성요소, 즉 **성별**, 사회**계층**, **세대**, **종교** 간에 관련성은 없어지고 있다. 그러므로 개별화 학자들은 이것을 '죽었으나 여전히 살아있는(Beck and Beck-Gernsheim, 2002)' 좀비 같은 범주(zombie category) 또는 형태는 존재하나 내용물은 변하고 공개된 **껍데기제도**(shell institutions)라고 말한다(Giddens, 1999).

개별화 이론가들은 '**조형적 성**'(Giddens, 1992)과 '**유동적 사랑**'(Bauman, 2003)과 같은 용어를 만들었다. 왜냐하면, 현대 사회에 사람들의 **재생산**에 대한 요구와 허위적인 **이성애**로부터 자유로운 방식을 표현하기 위해서이다. 이 이론가들에 의하면, 이성애 간 파트너십이라는 구조적 틀은 남성과 여성을 비대칭적 권력관계로 바라보는 데서 기인한 규정된 성역할과 노동분업에서 변화하고 있다고 말한다. 왜냐하면 **노동시장**에서 여성고용의 증가로 인해 더 이상 남편에게 물질적으로 의존할 필요가 없어졌기 때문이다. 그 대신에 파트너십을 바탕으로 동등하게 협상한다. 현대의 사람들은 구조적으로 미리 예정된 길을 따라 가기보다는 **자기**의 프로젝트를 기획하고 자신의 **정체성**, 가치와 책무를 창조해간다. 즉, 자신의 전기를 쓰는 반영적 작가가 되어가고 있다(Giddens, 1992). 개인은 이전 가족생활의 한 부분이었던 집단적 연대감 대신 자아실현을 추구하며, **욕구공동체**로서의 가족이 아닌 **선택적 인척**과의 유대를 지향한다(Beck and

Beck-Gernsheim, 2002). 많은 논쟁에도 불구하고, 서구 사회의 가족유형이 다양해진다는 것은 이전에 당연하다고 생각했던 가족생활 구조와 공유규범이 해체되고 보다 개인주의적인 생활양식으로의 변화를 보여주는 것이다. 현대의 '용감하고 새로운' 가족관계는 '정해져 있지 않으며' (Stacey, 1990), 규칙과 의무가 아닌 '선택적 가족'이 존재한다(Weeks et al., 2001).

Beck과 Beck-Gernsheim(1995: 73)은 개인의 삶에 깊고 지속적인 영향을 미치는 닻과 같은 존재인 자녀의 중요성을 언급한다. 왜냐하면 개별화 과정과 그에 따른 친밀한 관계는 외관상으로 안정된 가족규범을 통해 안전함을 보장받고자 하는 갈망과 대면하기 때문이라고 한다. 덧붙여 Giddens(1998)는 생물학적 부모가 자녀가 태어나는 순간부터 그 관계에 대해 평생 책임지게 된다고 말한다. 그러므로 성인의 삶에 있어 중요한 진보인 개별화는 자녀가 생기는 순간부터 약간의 제약을 받을 수밖에 없다. 그럼에도 불구하고 친권은 가족생활의 민주화 일환으로 개선된다.

사람들은 자신이 가진 정치 및 가치입장에 따라 개별화의 동일한 과정에 대해 부정적 견해를 표현하기도 한다. 뉴라이트와 수정론자들은 개인생활 양식, 가족생활과 방계 친족관계의 쾌락주의, 자기중심, 개별화의 증가 경향을 설명하기 위해 '개인주의'라는 용어를 사용한다. 그들은 사람들이 자신만의 욕망을 추구한다는 의미로 '욕구 개인주의(appetitive individualism)'라는 용어를 사용하는데, 그 결과 아버지 없는 가족, 남편 없는 아내, 자녀 없는 남성, 영속성 없는 결혼, 헌신 없는 사랑, 자제심 없는 이기심 등이 나타났다고 주장한다(Davies, 1993: 2). 그들의 보수적 관점에서 구조적 관계와 가족생활에 대한 구체적 규범과 가치의 상실은 사회 붕괴와 무질서를 초래하며(예 : Morgan, P., 1995), 부모와 자녀 관계의 민주화는 자녀에 대한 통제력 상실을 불러오고 그 결과로 사회질서에 더 큰 악영향을 미치게 된다고 본다.

좌파 사회이론가들은 가족생활에 자본주의 논리와 **소비자운동**이 잠식한 것에 대해 개별화 개념을 비판한다. 그들은 개인관계와 가족생활의 **도덕적**, 정서적 비용과 그로 인한 개인소외와 사회 붕괴를 강조한다. 동시에 개별화 담론이 사람들로 하여금 자원과 가능성을 형성하는 구조적 제약을 인식하지 못하게 했다고 주장한다(Bauman, 2001). 이것은 시장, 선택, 개인의 책임을 강조하는 신자유주의 정치적 미사여구일 뿐이라고 주장한다(예 : Fevre, 2000).

개별화 논제는 여러 개념적, 경험적 측면에서 비판받고 있다. 특히 사회적 · 역사학적 맥락이 결여된 독립적 선택개념의 강조를 비판한다. **주체**는 구조에서 분리되고, 사회적 상황과 성별 불균형 그리고 사회계층을 다루지 않았다. 또한 개별화 지지자들이 사람의 생활방식에 중요한 **복지국가** 규정과 지역문화 배경의 중요한 체계적 다양성을 무시한다고 비판한다(Brannen and Nilsen, 2005).

또한 개별화 논제는 자기와 **개별성**에 대한 자율적이고 독립적이며, 도구적 개념을 반영한다는 점에서 비판받는다. 이것은 개별성을 합리적으로 이해한 것이 아니며, 동시에 상호 연결되고 **상호의존적인** 관계에만 집착한 것이다(Sevenhuijsen, 1998). 개별적이고 독립적인 개인이라는 개념의 개별화 논제는 성인 남성의 경험만을 반영하고, 특히 어머니와 자녀 간의 과정지향적인 관계보다는 성적 관계를 강조한다는 점에서 논쟁거리가 된다(Ribbens McCarthy and Edwards, 2002). 경험적 연구결과를 통해 개별화 논제는 물질과 권력 불평등을 무시하는 공적 영역의 '민주주의'를 잘못 도입한 것이며, 특히 부모와 자녀 관계에는 더욱 잘못되었다고 주장한다. 그들에 의하면 민주적 자녀양육은 환상일 뿐이며, 그 이유로 권력과 불평등은 결코 없어지지 않고 오히려 억압될 뿐이라고 주장한다(Walkerdine and Lucey, 1989).

어떤 사람은 사회적 과정으로서의 개별화 개념과 개인적 동기로서의 개별화 다루기를 구분하는 것이 중요하다고 주장한다. 사실 개별화가 현대 가족생활의 경험에 미치는 정도는 논의의 여지가 있다. Crow(2002)에 의

제5장 가족과 개인

218

하면, 사람들은 현대보다 과거에 유동성과 다양성을 가지고 가족을 이해하고 활동하였다고 주장한다. 또한 Crow는 현대사회가 여전히 예전부터 내려오는 가족가치와 규범을 고수하며 성별, 사회계층, **연령** 그리고 **민족성**은 가족생활의 주요 구성요소로 남아있다고 주장한다. Jamieson(1998)은 또한 개별화를 다루는 연구들이 가족관계의 현재 상태나 변화 방향성을 지지할 수 있도록 잘 서술되지 못했다고 결론 내린다.

그러나 다양한 형태와 사회계층, 민족 집단을 가진 가족을 다룬 경험적 연구에서 개인의 이기심을 버리고 '가족을 우선시하기'와 '어린이들을 우선시하기'와 같은 도덕적 헌신은 여전히 강력한 영향력이 있음을 밝히고 있다(Reynolds and Zontini, 2006; Ribbens McCarthy et al., 2003). 그러므로 개인 및 가족생활방식의 한 특성인 개인주의 때문에 가족유형이 변화되는 것이 아니므로, 좀비적 범주와 껍데기제도와 같은 논쟁은 적절하지 않은 것 같다.

요약

개별화 논제에서 현대 유럽과 신세계 사회의 사람들은 가족생활의 전통적 유형과 의무에서 벗어나고 있는 과정이라고 주장한다. 그리고 이것은 개인적 관계를 지향한 결과라고 주장한다. 사람들은 유동적이고 민주적인 친밀한 관계 안에서 다양한 가족생활양식을 선택하고 개인의 자기실현을 추구한다. '필요 공동체'로서의 가족은 '선택적 인척'이라는 특징을 가진 가족관계로 대체되고 있다. 그러나 개별화 논제는 개인 간의 연결성보다는 자율성이라는 이론적 가정에 대해 비판받는다. 즉, 구조적 제약과 다양성 때문에 개인적 선택은 여전히 모호하다고 비판한다. 그리고 많은 경험적 연구를 통해 사람들은 가족생활에서 이기심보다는 공동체 가치를 더 중요하게 여기고 있음을 밝히고 있다.

관련문헌

Beck과 Beck-Gernsheim(1995, 2002) 및 Giddens(1992, 1999)에서는 주로 개별화 과정의 긍정적인 관점을, Bauman(2003)에서는 부정적인 입장을 제시한다. Davies(1993)는 이기주의 같은 가족 안에서 개인주의를 논하는 데 공헌하였다. Ribbens McCarthy와 Edwards(2002)에서는 개별화 논제에서 개인의 구성을 논한다.

관련개념 선택적 가족; 가족변화와 지속성; 친밀감; 협상

4
아동발달

정의

아동발달(child development)은 생애 초기 동안의 변화를 이해하기 위한 심리학의 중심 개념이다. 이것은 유년기에서 성인기까지의 성숙단계 측면에서 이 기간을 살펴보는 생물학적 관점에 근거를 둔다.

논의

아동발달이론은 생애 초기를 성인생활을 위한 기초형성으로 간주한다. 유럽과 신세계 사회에서, 발달적 관점은 아동 연구의 주요 패러다임이 되어 왔다. 아동은 성인과는 다른 존재로 또한 특별한 욕구를 가지는 것으로 이해되었다. 아동 보육은 가족의 삶을 이해하는 데 중요하여 부모로서 개인에 대한 **도덕적 평가**를 수행하며, **아동의 욕구**에 대한 이해는 가족에게 중요한 함의를 지니며, 사회정책은 가족의 삶과 부모역할에 관여한다. 이러한 관점에서 아동의 발달 잠재력이 달성되려면 아동의 욕구가 충족되어야 하며, 이것은 적절한 부모역할로서 무엇이 고려되어야 할 것인지를 시사한다. 역사적으로 아동발달에서 정상과 비정상의 범위는 **의무교육**의 도입과 관련되어 발달하였으며, 이것은 연령을 중요한 사회적 지표로 강조한다.

'발달'은 초기가 후기의 결과를 위해 중요하다는 것을 나타내는 방법으로 사용될 수 있고, 발달 목표나 달성을 향한 점진적 행동모델로 참조할 수 있으므로 각각의 단계는 이전 단계보다 높은 순서에 있다. 이 모델은 일관성 있고 성숙한 성인기의 목표에 따라 달라진다.

발달심리학은 일반적으로 신체·사회·인지·도덕·정서 그리고 언어와 같은 기본적 발달영역으로 나누어진다. 인지발달의 Piaget, 도덕발달의 Kohlberg와 같이 다양한 영역에서 주요 이론가는 학문적 주제뿐만 아니라 교사, 방문 간호사, 사회복지사와 같은 전문가들의 훈련에도 막대한 영향력을 끼쳐왔다. 결과적으로 학술적 연구는 초기 기초적 가정에서 상당히 벗어나 진전했을 수 있으며, 전문가들은 제도화되어가는 오랜 방식의 지식에 기초하여 아동발달을 계속 이해하고 증진시킬 수 있을 것이다.

고전적 발달 개념 틀에서 유아는 선천적인 반사운동과 **발달진행**으로 향하는 경향성을 타고난다고 본다. 발달진행과 잠재성은 내부에서 전개되며 적절한 양육이 필요하다. 유아기, 아동기와 청소년기를 거치는 일련의 성숙단계에서 주장하는 '적절한 발달'은 충분히 기능하는 어른이 되기 위하여 순서대로 성공적으로 진행되어야 한다.

과학적 지식이 아동발달에 대한 예측을 이끌어낼 수 있다는 확신은 이런 패러다임에서 생겨났으며, 이것은 관찰과 실험으로 증명될 수 있다. 연구는 **연령**대별로 아동이 기능하는 것에 대해 풍부한 측정을 만들어왔으며, 이것에서 정상 발달의 범위가 되기 위해 무엇이 고려되어야 하는지를 나타내는 기준점이 유래되었다. 이것은 또한 전문가들에게 어디에서 어떻게 개입해야 할지 결정하는 근거를 제공하였다.

이런 규범적이며 측정 지향적인 발달심리학과 대조적인 것이 **정신분석**

적 심리학이다. 정신분석적 관점은 아동발달을 무의식적 욕망과 특히, 어머니와 관련된 유아기 갈등에 근원이 있는 것으로 본다. 다른 많은 발달적 접근과 마찬가지로 정신분석적 접근에서는 생물학(예 : 구강, 항문, 오이디푸스)에 기초한 발달단계에 따라 연속적으로 진행하는 것으로 아동을 보며, 각 발달단계는 다음 단계로 넘어가기 전에 해결되어야 한다. 각 단계에서 해결되지 못한 문제는 성격형성에 영향을 미치는데, 이것은 전 생애 동안 지속될 수 있다. 약간 다르지만 중요한 정신분석적 접근의 한 종류로 **대상관계이론**이 포함되며, Donald Winnicott와 Melanie Klein에 의해 크게 발전되었다. 예를 들면, 여성주의 정신분석적 관점에서, Chodorow (1979)는 내면화된 심리 구조로서 주로 여성인 초기 양육자 혹은 소년과 소녀가 분리하거나 연결하는 '대상'과 관련한 영 · 유아의 동일시를 고찰하여 성별차이를 이론화하였다.

아동발달 이론에 대한 비판은 문화적 가정에 집중한다. 이 이론의 주요 초점은 '아동'에게 있으며, 특정한 역사적 문화 속에서 아동이 변할 수 있는 경험에 초점을 두기보다는 사회적 속성으로부터 동떨어져 추상적이고 일반적인 주제를 구성하는 개념이다. 유럽과 신세계 사회의 문화에 토대를 둔 이 연구는 가족 네트워크나 다양한 사회적 · 경제적 · 문화적 맥락을 포함하는 다른 관계들보다는 개인으로서 혹은 어머니와 아동 2자 관계의 일부로서 아동과 유아에게 초점을 두었다. 이것은 사회로부터 분리된 존재로, **심리 '내적' 삶**을 나타내는 **개인**에 초점을 두는 일반 심리학과 연결된다. 나아가 어머니와 아동의 2자 관계초점은 아동과 적절한 상호작용에 대한 책임을 어머니에게 두는 경향이 있어, 부모됨을 둘러싼 불안이나 비난의 문화를 만들어내고 가족의 삶에 대한 폭넓은 환경을 무시하도록 한다. Burman(1994)은 발달심리가 부르주아 민주주의에 필요한 도덕적 **시민**을 양산하기 위해 발생하였다고 주장한다. 따라서 발달심리학의 명백한 과학적 기초는 이런 접근 속에 깊이 박혀있는 권력 관계를 감추고 있다.

글로벌 관점에서, 아동발달은 아동기라는 문화적 · 역사적으로 구체적인 개념을 명백하게 나타낸다. 나아가 아동발달은 서구 자유민주주의 가치를 지지하며 후기 계몽주의 사상의 '사람됨'에 기초한 성인기의 이상적 발달에 근거한다(Brooker and Woodhead, 2008). 안정적이며 민감한 권위적 부모역할이 최적의 아동발달을 위해 가장 효과적인 스타일임을 보여 주는 연구는 개별화와 독립성을 강화하는 가치 체계 내에서 수행되어왔다(Baumrind, 1989). 아동욕구라는 특별한 양식과 적절한 결과의 기대는 구체적인 문화적 패러다임 내에서 생성되었다. 이것은 과학적이고 생물학적 보편성에 기초한 것처럼 제시되었다. 이것은 Kohlberg의 도덕적 추론 단계에 대한 Gilligan의 비판처럼(Gilligan, 1982), 발달모델 배후에 성별화된 가정이 있다는 비판을 야기하였으며, 아동의 욕구나 발달에 관해 보편적 기술이 어느 정도 가능할지 의문을 가지게 하였다. 보편적 아동발달 관점에서 다른 사회적 맥락 내의 아동능력을 과소평가하는 것 혹은 부적합한 문화적 개념틀을 통해 아동능력을 이해하는 것은 위험하다. 아동을 다른 문화와 비교하여 연구할 때, 연령에 따른 아동의 능력은 다른 생존방식을 경험해왔던 점과 그들 사회의 아동에 대한 기대에 따라 매우 다르다는 것을 발견할 수 있다(Rogoff, 2003).

이러한 일부 비판을 고려하여 아동발달 이론을 수정하고자 하는 중요한 시도가 이루어졌으며, 특히 발달과정을 가족원과 다른 사람을 포함하여 아동생활에서 중요한 인물들, 유전적 능력과 특성에 기초한 아동의 발달 능력, 그리고 더 넓은 사회적 맥락 간의 상호작용으로 보았다. Bronfenbrenner(1979)의 생태학적 모델은 가정, 학교 그리고 이웃 등으로 구성되어 있는 동심원의 중심에 아동이 있으며, 거시체계를 나타내는 가장 바깥쪽 원을 향해 외부로 확산된다. 이 모델은 시간의 경과에 따른 과정뿐만 아니라 개인과 맥락 간, 그리고 맥락들 간의 상호작용과 피드백 메커니즘을 설명하였다. 그러나 이 모델은 제한된 문화적·사회적 맥락을 제공하고 있지만(Uttal, 2009), 개인과 사회적 맥락이 서로 엮여 있는 지점에서 어떻게 상호작용하는지는 고찰하지 못하였다.

'매개행동'에 대한 Vygotsky의 연구는 공동 활동을 통해 개인과 문화 간의 상호작용에서 일어나는 사고를 이론화함으로써 개인/사회 간 분리를 극복하려고 시도한 점에서 중요하며, 다른 사람들과의 공동 활동을 강조하였고 이 접근은 아동발달에 인류학적 연구를 시작하였다(Rapport and Overing, 2007). Gergen의 연구(2009)는 사회적 맥락에서 개인적 발달을 고려하는 **사회구성주의** 관점을 도출하여, **정체성**과 **자기**(self)는 상호작용을 통해 생성되는 것으로 이론화하였다. 나아가 이 연구는 발달심리학의 기초가 되는 서구의 자기 개념(Nsamenange, 2004)과 사람됨의 개념(Zimba, 2002)에 도전하였다.

그럼에도 불구하고 이런 정교한 이론들은 글로벌 사회 정책이나 전문적 훈련을 통해 여과되지 못한 것 같다. 위에서 언급했듯이, 고전적 발달심리학은 예를 들어, 국제법이나 원조기관, UNCRC(아동권리를 위한 국제 연합 위원회), 국제연합교육과학문화기구, 건강과 교육 같은 정부 기관, 그리고 부모와 가족생활에 대한 정책을 통해 제도화되었다. 또한 이런 이론을 통해 가족원들은 자신의 행동을 살펴볼 정도로 평범한 **통치**의 형태가 되었다(Rose, 1999). 보편적 아동보다 개인의 욕구에 초점을 두는 고전적 이론의 권력은 서구 **중산층** 백인 문화의 지식과 가치를 강요할 수 있다. 이것은 글로벌 맥락과 사회 내의 **다양성**을 고려하지 못하고 어떤 차이를 일탈이나 결점으로 간주하는 **문화제국주의**의 한 형태이다.

요약

'아동발달'은 아동기와 발달이라는 구체적 개념에 근거하여 매우 과학적이고 보편적 형태의 지식으로 자리잡아왔다. 그리고 이것은 적절한 돌봄과 가족생활을 평가하는 기초로서 당연하게 여겨지고 제도화되었다. 그러나 이 이론이 광범위하고 중요한 학문일지라도 이론의 바탕이 되는 가정은 특정 문화와 사회적 맥락에 근거를 두고 있다. 이러한 한계를 완화하기 위해 많은 시도들이 행해졌으며 여전히 이 이론은 급속도로 확장되는 분야이다.

관련문헌

Oates 등(2005)에서는 아동발달 이론의 도입을 제공하고 C. Lewis (2005)에서는 부모역할의 상세한 기준에 대한 논의를 개관한다. Woodhead(2009)에서는 아동기 연구 측면에서 아동발달을 논의한다. Coll과 Magnuson(2000) 그리고 Kağitçibaşi(2005)에서는 문화적 관점에서 발달심리적인 면을 논의한다. Rogoff(2003)는 문화적 맥락에서 인간발달에 대한 개관을 보여준 Vygotsky의 연구에 기초하였다.

관련개념 애착과 상실; 아동기/아동; 가족영향; 사회화

5
아동기/아동

정의

아동기(childhood)는 성인이 되는 준비과정이며 또한 성인으로부터 분리되는 생애의 한 단계로서 아동인 상태나 시기를 의미한다. 반면에 아동(children)은 구체적인 개인이나 한 집단을 나타낸다.

논의

현대 유럽과 신세계 사회의 물질적 풍요로움 속에서, 아동기는 아동기에 적합한 주요 공간으로서 '가족'과 '가정'의 구축을 포함한 생애과정의 구체적인 단계로 이해된다. 이것은 가족과 아동기의 개념이 강하게 연결되어 있다는 것을 의미한다. 아동에 관한 주된 사고는 아동의 적절한 신체적·사회적·인지적 그리고 행동적 발달과 결과에 대한 책임은 부모에게 있으며, 아동을 사회의 규범과 기대에 따라 사회화하는 적합한 곳으로 가족을 간주한다. 최근 아동기에 대한 새로운 연구로 알려진 많은 연구문헌들은 아동기를 수동적으로 이해하는 것에 도전하며, 아동을 가족생활 및 다른 환경에서 그들의 주체성을 행사하는 사회적 행위자로 주장한다. 나아가 **근대성**이론은 부모와 자녀 관계에서 권력의 추이로 인해 아동기와 **성인기** 간의 생애단계 구분이 무너지고 있다고 주장한다. 어떤 사회와 시대에서 아동은 신체적·인지적 능력을 가지고, 가족과 지역사회의 경제적·사회적 생활의 한 부분을 담당할 수 있는 존재로 여기는 경우도 있지만, UN이나 원조단체 같은 조직을 통해 서구에 기초한 아동기에 대한 이해가 전 세계에 지배적이다(Boyden, 1997).

생애 개별 단계로서 아동기는 유럽과 신세계 사회의 한 부분으로 **제도화**되었다. 예를 들면, 의무교육(**스쿨링**), 실질적 임금노동으로부터의 배제, 사법체계 내의 특별관리, **시민참여**로부터의 배제(투표할 수 있는 것 같은), 그리고 아동이 들어가는 공적 **공간**의 건립(놀이터와 같은) 등이 있다. 그러므로 아동은 세심하게 분류되어 분리되고, 조직적 환경에서 보호된다. 때로는 전문가에 의해 감독되고 연령과 능력에 따라 조직된다. 아동을 **의존성**, 취약성, 무능력한 존재라고 생각할 뿐만 아니라(Archard, 1993; James et al., 1998) 천진함, 즉흥성, 책임과 도덕적 의무로부터의 해방으로 보는 시각을 가진 서구의 아동기 개념에서는 분리성과 제도화를 우선시한다(Ribbens, 1994; Ribbens McCarthy and Edwards, 2000). 아동기에 대한 이런 관점은 아동이 완전하고 독립적이며 자기 충족적인 '존재(beings)'라기보다 불완전하고 의존적인 발달단계에 있는 '존재(becomings)'로 이해한다(Qvortrup et al., 1994). 따라서 아동에게 필요한 자원과 보호를 제공하는 돌봄과 감독에 대한 요구는 부모와 가족에게 주어지며, 부모는 자녀의 안녕과 발달, 통제에 대한 책임을 갖는다.

지난 2세기에 걸친 탈산업화 시대의 가족과 가구의 특정한 형태나 구조는 가정과 가족을 경계가 있는 '사적 영역'으로 규정하였으며, 아동은 '당연히' 이에 속하는 것으로 보았다(James et al., 1998). 한편, 가족가정의 개인화된 영역은 특히 자유주의적 자본주의와 양립할 수 있는 개인 규제와 독립적인 시민이라는 형태로 아동을 사회화하는 것과 깊이 연관된다 (Rose, 1992). 아래에서 보다 자세히 다루겠지만 아동이 가족 내에서 어느 정도로 의존적인지와 의존적이어야 하는지('가족화'로 일컬어진다), 또한 아동이 가족 내에서 성인과 같이 동등한 발언권을 가지는지와 가져야 하는지('**민주화**'로 일컬어진다) 등은 현대사회의 아동기 특성에 대한 논쟁을 야기한다.

어떤 이는 아동이 성인으로 발달하는 데 가족의 역할에 초점을 맞추는 것을 포함해 아동기에 획득해야 하는 적합한 발달 형태에 대해 문화적 불확실성이 발생해왔다고 주장한다(Lee, 2001). 유럽과 신세계 사회에서 아동은 노동시장에서 생계비를 벌지 않으므로 '경제적으로 쓸모없는' 존재가 되었지만 한편으로 높은 수준의 경제적·정서적 투자 그리고 아동에 대한 의무가 부모에게 요청된다는 의미에서 '정서적으로 소중하게' 되었다(Zelitzer, 1985).

이런 맥락에서, 탈산업화 시대의 아동기 특성으로 분명히 상충되는 두 가지 경향이 있다. 첫 번째는 아동의 삶에서 **가족화**로 심화되는 경향이다 (Edwards, 2002). 이 개념은 현대 아동의 삶에 대한 두 가지 특징을 나타낸다. 첫 번째 특징은 아동이 집단적으로나 사회적으로 또는 개인적으로나 사적으로 조직화되는 정도가 다양한 복지제도에 따라 다르기도 하지만, 아동이 생활수준이나 기본적 조건에서 부모에게 점점 더 의존한다는 것이다(Qvortrup et al., 1994). 두 번째 특징은 아동의 행동 및 태도의 형성에 있어 가족의 양육을 강조한다는 것이다. 예를 들어, 아동의 교육적 성공은 아동의 학교교육에 부모가 참여하는 것과 점점 더 관련이 있어 보인다. 따라서 아동의 **정체성**이나 활동은 실제적으로나 개념상으로 그들의 가족과 점차 통합된다. 이것은 사회계층에 따라 다르기는 하지만 다른 사회공간에서 독립성을 경험할 기회의 감소를 의미한다(Lareau, 2003). 암묵적인 **세대** 간 계약은 가족 내에서 부모와 자녀 관계를 지배하며, 자원과 관계에 있어서 권력, 지원 그리고 의존의 흐름에 따라 세대 간의 노동분업을 형성한다(Alanen and Bardy, 1991). 나아가 학교와 같이 외부의 공식 기관에서 아동의 생활은 부모의 책임이다. 가족생활을 벗어나 감독이 이루어지지 않는 장소나 다른 제도적 환경은 취약한 아동의 안전과 안녕에 위험을 초래할 수 있으며, 규칙을 따르지 않는 아동은 다른 이들에게 위험하며 사회질서에 대한 위협으로 간주된다(Scott et al., 1998). 또한 일부 유럽과 신세계 사회의 법은 부모가 아동의 경범죄를 책임지도록 한다. 대안적인 관점으로 젊은이들이 독립적으로 공공장소에 접근하는 것은 그들이 **시민권**으로 참여하는 것만큼 중요하다(Weller, 2007).

탈산업화 시대 아동기 특성의 두 번째 주요 경향은 가족생활 내의 **민주화**에 관한 것이다. 이는 가족생활과 관계가 **평등** 및 개별성의 방향으로 변화하는 것에 대한 폭넓은 개념이다. 생애단계 개념은 이러한 변화의 영향으로 인해 아동기와 성인기 사이의 경계와 구분이 모호해졌다(Beck, 1992). 이것은 부모와 자녀 관계에 영향을 미칠 수 있다. 부모는 절대적 권력을 행사하기보다는 점차 아동과 협상하고 아동을 동등하게 대하며 토론에 참여시키고 가정의 의사결정에서 그들에게 발언권을 준다. 가족생활의 민주적 관리와 관련하여 Giddens(1992)는 다음과 같이 주장한다. 아동은 소위 '어른에 버금가는 존재'로 취급해야 하며, 아동이 성인의 지식에 접근할 수 있다면 어떻게 부모의 권위를 인정할 수 있는지를 기반으로 해야 한다고 주장한다. 그러나 여기에는 '이다(is)'와 '이어야만 한다(ought)'와 관련하여 강조를 달리한다. 가족생활 내에 그러한 경향이 있다고 보는 이들이 있는 반면(Beck, 1997), 다른 이들은 그것을 바람직한 모델로 간주한다(Giddens, 1992). 표면상으로, 이런 경향은 위에서 토론한 가족화 경향의 일부 측면과 상충하지만, 이런 형태의 아동기를 보장하는 것은 부모의 의무이다.

다른 비평가들은 현대 유럽과 신세계 아동기의 민주화 모습을 비평하였는데, 이것을 좋은 것으로(개별화 이론에서와 같이), 또는 사회에 나쁜 것으로 생각하기도 한다(뉴라이트 수립에서와 같이). 그들은 부모와 자녀 관계에서 상호의존을 강조한다. 아동은 부모의 관심을 통제와 연결의 표시로, 그리고 해방으로 모두 동시에 경험하기도 한다. 아동은 그들의 걱정거리 그리고 그에 대한 책임감을 경험하며, 다른 가족원들도 똑같이 복잡한 방식으로 그것을 경험한다(Brannen, 2000). 동시에, 사회학자들은 아동을 위한 가족 민주화의 환상과 권력 관계의 지속성에 대해 지적하였다(Jamieson, 1998). 이런 환상은 서로 간의 배타적인 관계에 의한 아동기와 성인기의 구축을 우려한다. 따라서 위에서 논의된 현대 아동기의 다른 측면은 부모가 어른으로서, 아동양육의 제공자이자 보호자로서 그들 스스로를 인식할 것과 아동이 '좋은' 아동기를 경험할 수 있도록 보장하고 책임져야 하는 것이다(Ribbens McCarthy et al., 2003).

요약

아동기는 개인이나 집단을 의미하는 아동과는 구별되는 것으로, 제도적으로 조직화된 생애단계를 말한다. 아동기와 아동의 문화적 이해는 전 세계 사회 간, 사회 내에서 다를 수 있다. 서구적 관점에서, 이런 생애단계와 관련되는 특성은 가족이 아동양육을 위해 중요한 사회적 단위로 간주되며, 아동의 의존성과 무지를 포함하여 부모는 이에 대한 책임이 있다는 것을 의미한다. 표면적으로 상충하는 탈산업화시대 아동기 특성의 두 가지 경향으로 가족의 본질과 관련된 가족화와 가족민주화가 확인되었다. 근대 아동기의 특성에 대한 이러한 개념은 지속적인 권력 관계와 아동의 복합적인 가족생활을 지나치게 간소화한 것에 관심을 가지도록 했다고 비판받았다.

관련문헌

James와 James(2008)에서는 가족의 삶을 포함하여 아동기의 논쟁에 대한 관련자료이다. Montgomery(2008)에서는 전 세계 아동기에 대한 인류학적 관점을 제공하고 Elder 등(1994)에서는 아동기 연구에 있어 시간과 장소, 맥락의 중요성을 강조한다.

관련개념 아동발달; 가정; 부모됨; 공과 사

6
사회화

정의

사회화(socialization)란 아동과 성인이 그들이 속했거나 합류하고자 하는 사회집단의 행동과 관습의 모든 측면을 학습함으로써 자신이 속한 사회의 구성원으로 기능할 수 있도록 하는 과정을 의미한다.

논의

사회화는 사람들이 그들의 사회와 환경의 문화(행동과 관습)를 배우는 과정이라고 알려져 있다. **일차 사회화**는 아동이 유아일 때 일반적으로 가족 안에서, 또는 다른 돌봄 관계 안에서 일어난다. 사회화는 사회의 일원으로 기능하는데 필수적인 규범과 기대의 내면화 및 행동의 습득을 포함한다. 사회화는 새로운 직업을 시작하는 것처럼 개인이 합류한 새로운 집단의 문화를 배우는 것을 의미하기도 한다. 이것은 평생을 거쳐 지속되는 과정으로서 **이차 사회화**라고 일컬어진다.

233

어린 아동이 사회적 삶에 참여하는 것을 배울 때 사회적 접촉의 중요성은 '야생' 어린이의 사례를 통해 생생하게 나타난다. 이러한 예는 장기간 사람과의 접촉이 없었던 상황이 아동, 특히 어린 연령의 아동에게 미치는 효과에 대한 증거를 제공해주며, '인간'으로 구분될 수 있기 위해서는 언어, 직립, 사회적 상호작용, 도덕적 인식과 같은 가장 기본적인 특징에 대한 사회화가 중요함을 보여준다(Candland, 1993).

사회화는 개인과 특정 사회의 멤버십 간의 접점으로 기능하기 때문에 중요한 사회학적 개념이다. 이런 면에서 가족은 작은(미시) 수준의 상호작용과 사회의 넓은(거시) 패턴을 연결시키고 있다. 어떤 사람들은 특정한 가족유형은 만족할만한 사회화에 부적절하다고 주장한다. 예를 들어, **아버지가 부재**한 채 홀어머니가 키우는 아들은 만족스러운 성인 남성 역할을 사회화할 수 없다고 말하곤 한다. 사회화의 개념 자체가 그런 평가를 수반하는 것은 아니지만, 사람들이 불만족스러운 행동으로 보는 행동까지도 젊은이는 사회화되는 것이다. 그럼에도 불구하고 어떤 사회학 이론들은 다양한 방식으로 은연중에 사회화를 평가하고 있다.

기능주의 관점에서 볼 때 **사회질서**의 '거대' 이론이 무엇보다 중요한 것으로, 가족 사회화는 아동과 성인이 어떻게 행동해야 하는지 아는 것뿐만 아니라 사회 규범과 가치를 **내면화하여** 이것이 그들의 내적 세계를 구성하게 됨을 보증하는 것이라고 본다. 그러므로 사회화는 개인의 정신세계 안에서 사회를 재생산함으로써 사회질서를 양산하는 기능을 한다. 실제로 **성격**은 사회화를 통해 만들어진다고 본다. 이러한 유형의 거시 분석 안에서, 전체적인 **사회체계**의 욕구는 가족 형성과 가족과정을 결정하며, 가족은 사회의 주체로 작용한다. 이 접근은 부모를 **문화전수**의 주체로 보며, 자녀는 사회화의 수동적 수령자로 주체성의 여지는 거의 없다고 본다. 더 나아가 가족 안에서 이루어지는 사회화는 더 큰 사회체계의 요구에 의해 형성되는 것으로, 예컨대 사회화의 가족관행에 의해 경제적 생활 계획이 형성되지 않는 것과 같다.

사회생활에서 갈등과 **불평등**에 관심이 있는 이론들은 사회화보다 **재생산**이라는 용어를 선호하지만, 기능주의자들은 갈등이론 역시 사회화가 수동적 개인들을 사회생활에 '맞게' 형성하는 것으로 본다고 주장한다. 그러나 이러한 틀에서 거시가족체계는 모두에게 이롭게 작동하지는 않으며, 오히려 지배집단의 이익을 위해 불평등을 재생산한다. 사회규범과 가치를 내면화함으로써 개인은 자신들의 최상의 이익에 반하여 작용하게 되는 **허위의식**을 발달시키게 된다. 예를 들어, 남성과 여성 간의 불평등을 재생산하게 됨에도 불구하고 가족의 삶이나 다른 맥락에서 소년, 소녀들은 성역할을 내면화한다.

보다 넓은 현상학적 접근은 사회화에 대해 다소 다른 설명을 제공한다. **상징적 상호작용주의자**들의 견해로 볼 때, 사회화는 사고의 용량과 의미의 발전을 만들어내는 것이다. Cooley의 '거울로 보는 자아(looking glass self)'의 개념을 통해 우리는 자신의 특성을 반영하여 주는 타자와의 상호작용을 통해서만 우리 자신을 알 수 있다는 관념을 가지게 되었다. 이 개념을 토대로 한 George Herbert Mead의 저작은 아동이 최초의 자아감을 '의미 있는 타자'의 역할을 통해(예를 들어, 아기를 돌보는 부모의 역할놀이를 하면서) 타인의 눈에서 대상으로 발전시킨다고 하였다. 아동이 더 큰 집단과 상호작용을 하게 됨에 따라 그들은 '일반화된 타인'에 대한 이해를 발전시키며, 더 큰 문화 안의 자신을 보는 것을 배우게 된다. **민속방법론적** 이론들이 보다 관심을 두는 것은 아동과 아동을 둘러싼 환경인데, 개인이 독특한 방식으로 사유하고 고안하며 반응하는 사회화의 역동적 개념을 제공한다. 따라서 사회화는 가족 상호작용 또는 기타 맥락에서 아동의 해석학적 역량에 따라 연구된다. 그런 이론들은 보다 최근의 아동발달에 대한 상호작용적 설명과 함께 더욱 멀리 퍼지고 있다. 동시에 행동하고 사고하는 일상적 방식은 너무나 심층적으로 내면화되어, 급진적으로 다른 문화에 직면하여 근본적인 가정이 도전받지 않는 한 완전히 **당연시**되어 버렸다.

현상학자인 Berger와 Luckmann(1971)은 사회화에 대해 개인이 타인이 살고 있는 세계를 '이어받아' 공유하는 내면화된 사회적 세계를 가져오는 창조적 과정이라고 기술하였다. 가족의 삶이라는 **일차 사회적 세계**는 불가피한 것으로 보며, 어떠한 후속적인 사회화 경험과도 비교될 수 없는 강한 견고함을 가지고 있다.

최근 들어 사회화에 대한 관심은 다소 감소되었다. 그 이유 중 하나는 아동을 사회화를 통해 미래의 '존재(becoming)'로 형성되는 수동적 대상이라기보다 현재 '존재(being)'하는 적극적인 사회주체로 보는 '새로운' 아동기 연구의 발전 때문일 수도 있다. 다른 요인은 개인이 시도하는 생활방식과 정체성의 다양성(복수성)을 강조하는 탈근대화 이론이 사회에 맞도록 가치를 사회화한다는 아동에 대한 구식 설명을 포기했기 때문일 수도 있다.

(앞서 설명한) 야생아동의 예시는 얼마나 광범위하게 사람됨이 양육에 의존하는지를 보여준다. 실제로 사회화의 개념은 어느 정도 천성 대 양육(nature vs. nurture)의 구분에 달려있는데, 사회화는 양육을 강조하는 반면 아동발달의 심리학적 개념은 아동의 생물학적 변화 개념에 토대를 두고 있다. 천성 대 양육의 구분이 점점 더 의문시되고 있기 때문에 사회화의 개념은 그 유용성이 감소되고 있다. 유전자, 유기체, 환경은 각각 별개로 연구되기보다 서로 관련되어 있기 때문이다.

그럼에도 불구하고 사회화의 개념은 현대 이론에서 계속 활용될 것이다. 예를 들어, Giddens(1990, 1991)는 세상에 대한 **존재론적 안전**의 토대로써 아동이 가족 안에서 신뢰를 배우는 것의 중요성을 주장한다. 또한 Bourdieu(1990)는 **계층** 불평등에 의해 형성되고 지엽적·물질적 맥락에서 생산된 사회화 경험의 결과로써 개인의 학습되고 내면화된 정신구조를 일컫기 위해 **'아비투스(habitus)'**15)라는 개념을 발전시켰다. 어떤 관점은 아동이나 성인이 자아발견에서 복잡한 사회세계의 요구를 내면화하거나 저항하거나 전복시키는 것을 학습할 때, 사회화는 논쟁할 여지없이 더욱 중요하다고 본다.

----
15) 아비투스(habitus) : 습관적 행위, 습성-역자 주

요약

'사회화'라는 주요한 사회학적 개념은 가족의 삶의 중심적 특징으로 이론화되었다. 기능주의자들과 갈등이론들은 위험을 무릅쓰고 개인은 가족경험을 중재로 하는 외적 힘에 의해 형성되었으며, 과잉 사회화되었다는 관점을 제시하였다. 현상학적 관점은 개인이 적극적으로 그들의 사회적 경험을 활용하여 자신들의 내적 세계를 창조한다는 관점을 제공하였으나, 이 이론적 관점은 가족의 삶을 형성하는 더 큰 사회구조를 간과하였다. 야생 아동에 대한 예시는 '인간'이라 인식할 수 있는 존재가 되기 위해 사회적 접촉이 중요하다는 것을 지적하였지만, 보다 최근의 이론화는 천성 대 양육의 이원성에 토대를 둔 오래된 논쟁에 의문을 제기한다. 최근의 이론은 아동이 더 큰 사회집단과 구조의 기대를 내면화거나 저항하거나 재구조화하는 과정의 복잡성에 대해 점점 더 많이 지적하고 있다.

관련문헌

David H.J. Morgan(1975)과 Ribbens(1994)에서는 사회화의 설명을 개관하고, Ritzer(1996)에서는 사회화를 다양한 이론적 관점 안에서 다루어져야 한다고 주장한다. Karraker와 Grochowski(2006)에서는 현대 미국에서의 부모됨과 사회화에 대해 논하고, Denzin(2009)이 편집한 저서는 맥락에 따른 아동기 사회화에 대해 기술한다. 웹사이트 FeralChildren.com(http://www.feralchildren.com/en/index.php)는 야생어린이에 대한 다양한 자료를 제공한다.

관련개념 아동발달; 갈등이론; 기능주의; 현상학적 접근

제6장

가족과 사회

1
인구학

정의

인구학(demography)은 인구라는 대집단을 대상으로 사회정책에 영향을 미치는 가구 및 가족과 관련된 인구구성과 경향에 따른 인구변화를 연구하는 학문이다.

논의

출생, 결혼, 사망은 가족생활의 주요 요소이기도 하지만, 일반적으로 **인구**를 연구하는 인구학의 기본개념이다. 학문으로서의 인구학은 **민족국가**와 정책을 개발하고 시민을 조직하는 정부와 관련이 있었다. 즉, 동원 가능한 군사의 잠재적 숫자와 경제발전을 위해 필요한 노동력, 그리고 예상되는 세수입 또는 시민을 위한 서비스 제공계획을 수립하는 데 활용하였다. 예를 들면, 프랑스는 19세기 후반부터 인구성장률을 높이기 위한 출산장려 정책을 펼치고 있다. 왜냐하면 국토의 크기에 비하여 인구 밀도가 낮다는 것은 경제적 그리고 군사적 취약함을 초래할 수 있다고 생각했기 때문이다(Hantrais, 2004).

인구를 분석함에 있어 주요 구성요소는 **출산력**(한 해 동안 태어난 사람의 수)과 **사망**(한 해 동안 죽은 사람의 수)과 **이주**(한 해 동안 국내 및 국외 간 이동한 사람의 수)이다. 이 통계수치는 현재 인구현황과 시간의 경과에 따른 인구변화 방식에 대한 정보를 제공해준다. 미래 예측을 위해 사용되는 인구학적 통계는 현재 인구수에 대한 **비율**(출생, 사망, 이주) 형태로 산출된다. 예를 들면, 출산율이란 가임연령 여성의 수를 기준으로 산출하며, 평균출산율은 특정 연령 인구 또는 특정 기간을 기준으로 산출한다. 세계 여러 나라의 출산방식을 비교하거나 미래 인구 변동을 예측하는 방법은 과거의 출산 방식에 관한 자료를 토대로 하여 산출한다. 또한 미래의 인구 수를 예측할 때는 사망률(신생아 및 유아의 사망률도 포함)과 이주율을 고려한다. 여기에는 국내의 다른 연령 집단 간의 사망률 변동도 포함한다. 이주율 계산은 출산율과 사망률에 비하여 오차가 발생할 가능성이 많다. 왜냐하면 사람들의 이동을 추적하고 예측하기가 어렵기 때문이다.

많은 인구학적 자료들은 **인구조사 보고**를 통해 수집된다. 산업화 사회에서는 인구조사를 정부의 정기적인 활동으로 규정하고 있다. **출생 및 사망 신고**, 국경에 접수된 이주기록, 결혼, **이혼**과 같은 법적지위의 변동과 관련된 신고를 통해 자료를 수집한다. 또한 미국에서 매월 진행하는 현재인구조사, 가족과 가구에 대한 연보, 영국에서 매년 수행하는 일반 생활양식 조사(GHS)와 같은 표본**조사**도 중요한 자료로 활용된다. 국가마다 수집하는 정보의 크기와 신뢰성은 차이가 있다. 예를 들면, **출생신고** 자료는 세계인구를 산출하는 데 중요한 자료로 활용할 수 없으며, UN 통계위원회의 권고에 따라 비시장노동에 대한 정보를 제공하는 나라는 거의 없다(Bogenschneider, 2006).

또한 인구학자들은 병원과 학교, 그리고 미래를 위한 정책개발과 같은 정부의 서비스 계획을 돕기 위해, 현재 인구구성과 미래에 예상되는 결과를 분석한다. 가구와 가족의 형성과 해체는 현재에도 매우 중요하다. 예를 들면, 정부는 **동거**가구의 관계방식에 대한 조사를 통해 다양한 가구유형 비율과 부부단독가구 또는 고령인구의 가족 돌봄을 보충할 수 있는 국가 돌봄의 필요성을 예측할 수 있다. 인구학자와 연구자들은 그러한 분석을 통해 가족과 가구집단의 **경계** 및 법과 관계의 범주화 방식을 결정한다. 이러한 결정은 가족과 관계에 대한 정의를 시각화할 뿐만 아니라 사람들의 사고에도 영향을 미친다.

인구조사 자료를 수집하는 데 사용되는 정의들은 시간이 지나면서 변화하기도 한다. 왜냐하면 인구조사원들과 관련분야 사람들이 사람들의 생활과 가족배열을 정의할 수 있는 용어를 연구하기 때문이다. 때로 그러한 용어들은 자연적인 **유대**와 배열을 의미하는 것처럼 보이지만, 노예를 가족으로 포함시켰던 시대가 있었던 것처럼 가족관계의 의미는 시대에 따라 변한다(Davidoff et al., 1999). 인구의 양상을 분류하는 데 사용되는 중립적 용어는 나라와 문화에 따라 다른 의미를 가진다. 현재 영국 통계에서는 가족과 비가족 가구로 나누고, 가족은 **커플 가구** 또는 **부모자녀가구**로 분류하고 있다(Smallwood and Wilson, 2007). 그러나 미국 통계에서는 자녀를 데리고 동거하는 커플을 가족으로 규정하지 않으며, 가족이란 **혈연**, 결혼 또는 **입양**으로 이루어진 사람으로 한정하고 있다.

가족변화와 지속성의 규모 및 특성을 이해하기 위해서는 인구와 가구에 관한 통계를 깊이 이해하고 해석할 필요가 있다. 주어진 자료는 눈에 보이는 변화를 전달하기도 하지만, 또 다른 의미를 전달하기도 한다. 예를 들어 만약 **가구 규모**가 감소했다고 말할 때, 그것이 단독 가구에서 살고 있는 **사**람들의 비율이 아니라 **단독** 가구의 비율을 뜻하는 경우라면 보다 중요한 의미를 지닌다. 유사한 경우로 혼외 출생 **비율**이 증가했다는 의미는 어떤 면에서 혼외 출생자의 실제 수가 증가하였다는 의미보다는 기혼여성의 실제 출산이 감소하였다는 의미일 수도 있다. 그 결과 전체 출생 수에서 혼외출생 수가 차지하는 비율이 증가한 것이다. 성인 이후 독립하여 독신으로 살고 있는 사람들보다는, 현재 독신으로 살고 있는 사람들의 비율에 관한 횡단적 자료를 살펴보는 것은 또 다른 의미가 있다. 왜냐하면 가구 구성원의 수는 개인이 속한 생애과정에 따라 변할 수 있기 때문이다. 그러므로 개인의 생애**궤적** 또는 총 통계량의 조사여부에 따라 주어진 통계 결과의 의미가 다를 수 있다. 성인 이후 독립하여 **독신생활**을 경험하는 사람도 많지만 전체 **생애주기** 중에 어떤 특정기간 동안 독신생활 또는 한부모가정이 되는 경우가 더 많기 때문이다. **노령인구** 또한 성인 단독가구 비율에서 중요한 의미를 가진다. 왜냐하면 그 시기는 전체 인구 중에서 사별로 인해 혼자 살게 될 가능성이 증가하기 때문이다. 더구나 변화 정도는 **기간**에 따라 다를 수 있다. 때로는 특정 기간의 통계수치를 재고해볼 때 변화보다는 지속성이 더 분명한 경우도 있다(Casper and Bianchi, 2002). 통계를 이해함에 있어 국내 인구의 다른 집단 간에 존재하는 **다양성**을 고려한다면 중요한 차이점을 알 수 있을 것이다(Baumle, 2006). 또 다른 주요한 이슈는 **인구학적** 통계가 가구를 넘어서 동거에 의해 한정되지 않는 가족유대감을 어떻게 고려할 수 있는가에 관한 것이다. 또한 가족변화와 지속성을 추적하는 방법은 포함된 공간적 입지의 경계가 얼마나 넓은지에 따라 달라진다. 가끔 국내를 기준으로 하는 경우, 수집된 통계는 그러한 공간적 범주에 따른 가족 유대감과 활동을 간과한다.

　보다 중요한 인구학적 분석은 인구학적 측면에서 언급된 사회적·경제적 양식의 중요한 특성에 따른 인구비율을 비교하는 것이다(Teachman et al., 1999). 예를 들면, 전 세계적으로 사회가 풍요로워지는 것에 비하여 출산율은 감소하고 가족규모는 작아지고 있다. 이러한 **인구학적 전이**[16]가 논쟁이 되지만, 이것은 생존을 위해 가족노동에 의존하는 경향이 감소하고 자녀에 대한 투자와 여성의 취업 선택의 기회 증가 그리고 기대수명의 비율이 높아졌다는 것을 의미할 수도 있다. 20세기 중반 미국과 영국에서

----
16) 인구학적 전이(demographic transition) : 출생률 및 사망률의 주요 변화를 말한다.－역자 주

두 명의 자녀를 둔 부부로 이루어진 **핵가족**이 가장 보편적이었던 반면에, 현대의 미국과 영국에서는 새로운 형태의 가족이 등장하고 있다. 어떤 인구학자들은 이러한 급격한 가족변화를 2차 인구학적 전이라고 말한다. 1960년대와 1970년대에 시작된 이혼율과 한부모가정의 증가, 출산율 감소와 같은 변화율이 최고점에 달할 것이라고 보는 것이다(Casper and Bianchi, 2002). 비록 모든 선진국에서 출산율이 감소하는 것은 아니지만 출산율 감소로 인한 인구감소에 대해 새롭게 관심을 갖는다(Booth and Crouter, 2005). 이러한 2차 인구학적 전이는 개인의 **자율성**과 **성**평등 개념과 관련있는 것으로 논의된다. 개인과 가족에 관련된 결정과 다양한 경제적 방식에 따른 기회와 제약에 대한 관련성은 상호호혜적인 관계에서 각자에게 미치는 상호작용 방식에 대한 분석의 틀을 제공한다.

요약

인구학자는 현재 및 예상인구의 특성에 관심을 갖는다. 그들은 가족과 가구의 양식뿐만 아니라 미래 인구경향을 산출하는 데 필요한 가족과 가구와 관련된 자료 산출에도 관심을 가지고 있다. 인구학은 인구학적 분석을 넘어서 이러한 양식과 경향에 따른 사회적 과정과 영향력까지 폭넓게 연구한다.

관련문헌

Davidoff 등(1999)에서는 인구통계학의 역사적 변화에 관해 논의한다. Hantrais(2004)에서는 유럽지역의 가족 통계의 개요를 다루고, Casper 와 Bianchi(2002)에서는 미국의 가족통계를 설명한다. 최근 영국의 통계를 보고자 원한다면 영국 통계청의 웹페이지 'Focus on families' (http://www.statistics.gov.uk/focuson/families)를 참조하기 바란다. 미국의 통계에 관해서는 미국 통계국의 웹페이지 'Families and Living Arrangments' (http://www.census.gov/population/www/socdemo/hh-fam.html)을 참조하기 바란다.

관련개념 비교학적 접근; 가족변화와 지속성; 가족유형; 가족정책

2
사회적 분리

정의

'사회적 분리(social division)'란 일반적으로 이익과 불이익, 평등과 불평등에 따른 특정 사회집단의 멤버십과 연관된, 사회 내 분리의 규칙적 패턴을 의미한다. 세대나 성별, 성, 인종/민족, 사회계층과 같은 체계적인 사회적 분리는 가족경험에 의해 형성되기도 하고 가족경험을 형성하기도 한다.

논의

사회적 분리는 개인적 삶의 경험에도 중요하지만, 사회적 특성이 차별화된 대우와 불평등한 **자원** 접근성, 비판적 평가의 토대를 제공하게 되는 맥락에서 **인생의 기회** 측면에서도 중요하다. 사회적 분리는 '**층화**' 개념에 의해 이론화된 **불평등** 및 사람들의 범주나 집단 간의 위계질서와 연관되어 있다. 이러한 분리는 제도적 과정과 일상의 사회적 상호작용을 통해 시작된다(Anthias, 2005). 일반적으로 사람들의 범주나 집단에서 나타나는 **경**

계는 부분적으로 개인의 생물학적 특성에 의한 것도 있지만 사회 과정에 뿌리박힌 것이기도 하다. 또한 경계는 개인에게 '외부적'인 것으로 **사회구조**의 결과로 부과되기도 하지만, '내부적'인 것으로 사람들의 **정체성**이나 자기인식에 관련되어 있기도 하다.

사회적 분리는 일상적인 가족 삶과 경험의 여러 측면에서 중요하다. 이는 가족원 간의 체계적 차이와 특정 집단 사람들의 가족 간의 체계적 차이를 모두 포함한다. 가족과 관련하여 특히 중요한 사회적 분리는 세대, 젠더, 섹슈얼리티, 인종/민족, 계층 등이다.

세대는 여러 면에서 사회적 분리를 형성할 수 있다. **출생 코호트** 세대란 특정 연도나 대략 동일한 시기에 태어나 유사한 연령대에 속한 사람들을 의미한다. 아동의 발달과 결과에 영향을 미치는 가족영향에 대한 연구는 종종 시간경과에 따라 특정 코호트를 추적한 조사를 활용한다. 특정 코호트에 속한 사람들은 유사한 연령일 뿐만 아니라 특정 역사적 시기에 성장한 경험을 공유함으로써 역사적 세대를 구성한다.

'가족세대'라는 용어는 후손이나 계보와 같이 시간 속에서 앞과 뒤를 잇는 가계(family lines)의 위치에 따른 가족원 간 차이에 관심을 둔다. 가족 안에서 연령으로 나누어진 세대는 윗세대와 아랫세대 간의 **의존**, 권력, **권위**, **의무**, 책임 등과 연관된다.

세대 이슈는 시간에 따른 가족과정에서 중요하다. 모든 종류의 물질적·상징적 자원과 유물, 특성은 가족 안에서 상속되거나 물려준다고 볼 수 있다. 물질적·경제적 자원뿐만 아니라 성(가족이름), **가족전통**, **가족문화**(종교적, 민속학적 유산), 성격이나 외모에서의 가족**유사성** 등도 포함된다.

현대 유럽과 신대륙에서 **젠더**는 더 이상 중요한 부분이 아니라는 주장과 모든 문화권에서 성불평등이나 복종이 연관되는 것은 아니라는 주장이 있음에도 불구하고, 성별은 여전히 가족의 삶이 유형화되는 방식인 핵심적 사회적 분리이다(Nzegwu, 2006). 성별화된 가족의 삶이 가장 명백하게 드러나는 것은 이성애 부모의 역할이다. 자녀는 태어나는 순간부터 심지어 자궁 안에서부터 여성 또는 남성으로 규정되고 이는 가족관계와 훈육에서 중요한 부분이 된다. 사회 안에서 젠더의 사회적 결과는 **성별질서**가 되는 것으로 알려져 있다.

'자연적'(생물학적) 차이라기보다 사회구조로서 젠더의 의미는 '젠더가 어떻게 사회적 기대와 상호작용의 산물인가'를 보여준 2차 여성주의 운동 이후 학술적 논쟁의 특집이슈가 되었다. **성**은 생물학적 특징으로 고정된 섹스, 그리고 사회화와 더 큰 사회질서에 의해 역할과 정체성이 만들어지는 젠더로 구별되었다. 그러나 섹스와 젠더의 구분은 어찌하였든 **신체**를 사회질서 밖에 존재하는 것으로 취급하였다. 보다 최근의 논의는 어떻게 육체가 성별화되며 사회담론과 행동에 의해 '수행'되는지에 대해 탐색하고 있다(Butler, 2004).

젠더 범주는 섹슈얼리티에 대한 기대와 밀접하게 연관되어 있다. 강요된 **이성애**는 평가적이며, 통계적 의미에서 이성애가 '정상'인 것으로 제도화된다. 예를 들어, 영국에서는 **동성커플**의 **시민연대**(civil partnerships)를 인정하는 법이 있음에도 불구하고, **결혼**은 배타적인 이성애적 제도로 제한되어왔다.

'섹슈얼리티'라는 용어는 성적 욕망과 정체성, 관계 등을 모두 포괄한다. 다른 사회적 분리와 마찬가지로 이성애는 생물학적인 것이며 따라서 보편적 '사실'인 것으로 보았으며, 가족생활과 더 큰 사회에서 두 성 간에 노동이 분리되는 방식을 입증하였고 **남성성**과 **여성성**이라는 관련개념을 끌어들였다. 이 관점은 남성의 성적 저돌성과 여성의 성에서 나타나는 반응적 특성에 대한 가정을 토대로, 결혼과 가족생활이 이성애의 생산과 규제에서 중요한 것으로 보았다. 또 다른 생물학적 토대를 둔 관점은 자손의 정통성을 보장하기 위해 **가부장제**에 의해 남성이 여성의 성을 통제한다고 주장한다. 정도와 유형에는 차이가 있지만, 가부장제가 전 세계적 역사를 통해 지배적인 사회적 유형이었다(Therborn, 2004).

다른 관점은 성을 가족 사회화나 **심리적 과정**의 핵심적 측면으로 간주하는 것이다. 아동은 가족이라는 용광로에서 규범적 이성애를 '학습하도록' 가르침을 받았다. 풍요로운 사회에서는 아동기를 성적으로 순결한 시기로 간주하였기 때문에 아동과 성을 연결 짓는 어떠한 행위도 비난을 피할 수 없다. 그럼에도 불구하고 사회에 따라 이성애가 강요되는 정도나 여부에는 차이가 있다. 어떤 이들은 이성애와 가족생활을 구속했던 연결이 무너지고 있으며, 성은 전통적 가족가치에서 해방되었다고 주장한다.

고정된 생물학적 차이에 대한 생각은 사회적 분리로서의 인종과 민족성에서도 중요하다. '**인종**'과 '**민족성**'이라는 용어는 여러 방식으로 사용되는데, 가끔은 이 개념이 상호교환적인 것인 양 사용되기도 한다. 실제로, 두 용어는 친족, **시민권**, **종교**, **역사**, 언어, 문화, 정체성 등의 문제와 섞여있다.

'인종'은 위계적으로 계층화된 인종 간 분리의 역사와 관련되어 있으며, 별개의 **조상**의 소산으로 간주된다. 인종에 대한 초기연구는 용감성이나 미학적 평가에 대한 민감성뿐만 아니라 관찰 가능한 신체적 차이(예컨대 피부빛, 머리질감, 이목구비의 특징, 골상)와 신체표면 아래 있는 특징(예컨대, 혈액, 뼈, 두뇌크기)을 결합하였다. 이러한 생각 때문에 **다른 종족 간 결혼**(intermarriage)에 대한 장애는 예상된 것이었다. 현대 **유전학**이 인종 집단 간의 유전적 차이보다 집단 내 차이가 더 크다는 증거를 제시하면서 생물학적 고정성에 대한 생각이 변화되었지만, 인종에 대한 생물학적 사고는 사람들을 억압하는 정치적·대중적 사고(예 : 파시즘과 같은)와 그런 생각에 저항하고자 하는 움직임(예컨대 블랙 파워) 속에 여전히 남아 지속되고 있다. 인종적 용어로 순백(whiteness)은 종종 보이지 않는 것이라고 하나, 모든 '다른' 사람들의 차이를 평가하는 기준이 되곤 한다. 예를 들어, 부모의 **양육스타일**이나 특정 가족유형의 비율에 대한 연구에서 소수민족 가족의 삶과 경험은 인정되지 않거나 병리화되곤 한다.

'민족'은 비생물학적 공동체의 신분 범위와 관련된 개념이다. 문화적 구분의 정도는 내부자나 외부자 모두에게 민족 집단의 표시로 인식되고, 집단원은 본인들이 공통적 **혈통**을 가지며 **유산**과 전통을 공유한다고 믿고 이를 수용한다. 사람들이 얼마나 민족적 정체성을 극복할 수 있는지, 그것이 과연 심층적이며 원초적인 신분이거나 상징적 도구적 자원인지 등에 대한 논쟁은 존재한다. 한편 **식생활**이나 의생활과 같은 민속적인 문화관습에 대한 경직된 생각이 소위 '아시안 가족'과 같은 고정관념을 초래할 수 있다. 다른 한편 특정 가족이나 양육방식이 동일민족이나 타민족에게 비판받을 수도 있다. 인종과 마찬가지로 '민족'이라는 용어는 지배민족을 포괄하기보다는 규범 집단과 신체적·문화적으로 다른 소수집단을 일컬을 때만 사용될 수 있다.

가끔 **사회경제적 범주**라고도 하는 **계층** 역시 주요한 사회적 분리로, 위계의 하층으로 갈수록 삶의 문제적 결과와 더불어 좀더 가시적일 수 있다. 비록 사회계층에 대한 학술적 관심은 시간에 따라 유동적으로 변하지만, 가족학을 포함한 사회이론과 연구에서 여전히 중심에 있다. 예를 들어, **사망률**과 양육관행은 각각 사회계층 차이와 관련되어 있다.

계층은 광범위한 사회적 불평등을 나타내는 데 활용되기도 한다. 사회계층의 주된 이해는 산업화된 사회의 직업구조에서 파생되었다. 20세기 중반의 사회 연구에서 전체 가족 단위의 계층 위치는 '가장', 즉 일반적으로 **남성 생계부양자**의 직업으로 유추되었다. **세대 간 이동성**에 관한 연구는 개인이 원가족의 직업계층 위치에 따라 생애과정 동안 얼마나 멀리 움직이는지에 대해 검토한다. 계층에 대한 직업적 관점은 가족을 동일 거주자 또는 가깝게 관련된 개인의 집합으로 본다는 점에서 문제가 있다. 대안으로서 개인이 아동기부터 경험을 통해 관계와 환경을 흡수하여 당연시하게 되는 문화적 차이의 구분으로, 일과 가족 둘 다 분리하여 계층을 이론화하는 것이다[Bourdieu(1990)는 **'아비투스(habitus)'** [17]로 이론화함].

---

17) 아비투스(habitus) : 습관적 행위, 습성을 의미한다.—역자 주

종합적으로, 사회적 분리는 가족 내, 그리고 가족 간의 차이를 초래한다. 이러한 차이가 세대, 성별, 성, 인종/민족, 계층 등의 별개의 개념을 통해 일상적 삶의 일부로 취급됨에도 불구하고, 사회적 분리는 서로 명확하게 가로지르는 것으로 경험되는데, 이를 **상호교차성**(intersectionality)이라 하기도 한다. 어떤 순간에 가장 현저하게 나타나는 사회적 분리는 특정 맥락에 달려있다. 가족 내에서, 그리고 가족을 통해 경험되는 사회적 분리는 더 큰 사회관계망과도 연결되어 있는데, 이는 종종 유사한 사회적 특징을 공유하는 다른 가족과의 상호작용을 의미한다. 마찬가지로 사람들은 비슷한 타인과 짝을 맺음으로써 그 결과 공유된 가족문화를 재생산하며 보다 넓게는 사회구조에 대해 중요한 결과를 가지는 동질혼을 초래한다(Brynin et al., 2009). 어떤 사람들은 넓게 볼 때 가족 안에서의 분리와 위계의 일차적 경험이 사회적 위계와 불평등을 뒷받침한다고 주장한다.

요약

사회적 분리는 더 큰 사회구조를 반영하고 형성하는 방식으로 생물학, 심리학, 사회학을 넘나드는 세계에 대한 내면화된 정체성과 경험의 일부이다. 사회적 분리는 생물학에 토대를 두고 있는 것으로 사회구조와 제도 안에서 또는 이를 통한 산물로서, 일상적 가족과 사회적 실천의 일부로서, 문화 담론을 통해, 개인의 주관성 안에서 이해될 수 있다.

관련문헌

일반적 개요를 위해 Payne(2006)에서는 사회적 분리에 대해 기술하고, Pilcher와 Whelehan(2004)에서는 젠더에 대해 논의한다. Gillies(2007)에서는 영국에서의 계층과 어머니역할에 대해 논의하고, 미국에 대해서는 Lareau(2003)를 참조하라. Ochieng과 Hylton(2010) 및 McAdoo(2006)

에서는 각각 영국과 미국의 흑인가족 삶을 살펴본다. Alanen(2001)에서는 아동 삶에서의 세대에 대해 논하고, Finch(1989)에서는 가족 안에서의 세대 책임에 대해 기술한다. Carabine(2004) 및 Scott과 Jackson(2000)에서는 성과 사적 삶에 대한 개론을 제공한다.

관련개념 생물학; 가족영향; 여성주의; 권력

3
공과 사

정의

가족과 관련하여 공(public)과 사(private)는 일과 가정 혹은 국가와 가정의 가족생활을 구분하는 데 사용된다.

논의

사회과학자들은 공과 사라는 용어를 상호의존적으로 보아야 하는지, 얼마나 멀리 봐야 하는지, 또 어떻게 정의하는지에 대해 의견이 다양하다. 이 용어의 의미가 복합적이며 다양한 맥락의 논쟁에서 사용되기 때문이다. 예를 들어, 공과 사는 공적(국가) 및 사적(비국가) 기업 소유권을 구분하는 데 사용된다. 또한, 공은 국가의 활동을 가리키는 반면에, 사는 경제적 혹은 국가 이외의 다른 조직의 활동을 가리킨다. 이 용어가 한편으로 일 및 정치적인 생활(공)과 다른 한편으로 가정의 가족생활(사)을 구분하기 위해 사용될 수도 있지만, 가족과 관련하여 일과 가정세계에 대해 광범위하게 기술될 수 있어 그 구분은 다양하다.

사적은 **사생활**과 구별되어야 할 필요를 아는 것이 중요하며 공적과는 대조된다. 이런 맥락에서 공적인 것은 눈에 보이고 다른 사람들에게 알려져 있고, 공적인 감시와 침해에 노출되지 않는 개인의 합법적인 권리 개념이 포함될 수 있다.

공과 사라는 개념은 젠더의 분석에 중요한데, 이는 모든 사회에서 공적이고 정치적인 영역에서 남성이 권력을 가지는 것에 비해 **가정**영역에서 여성의 종속에 기초한 젠더 **불평등**을 포함한다(Rosaldo, 1974). 그러나 이런 분석은 서구사회에 기초한 부적절한 정치적 구분을 강요할 수 있다. 공과 사라는 개념은 각 문화의 다양한 **성별질서**를 통해 보다 잘 이해될 수 있다(Overing, 2003).

가정과 분리된 곳에서 '일(유급노동)'을 해야 하는 대규모의 **산업화**가 출현한 이후 공과 사 구분은 다른 사회보다 일부 사회와 더 많은 관련이 있다. 일에서 벗어난 휴식처이며 아동기라는 특정 양식의 경험을 위해 적합한 장소로 생각하는 가정의 본질에 대한 강한 이상은 이런 차이를 수반한다. 사적인 가정세계는 특정한 가치를 표현하는 것으로, 도덕적이지 않은 바깥세상의 힘든 경제적 현실로부터 피난처를 제공하는 것으로 이상화되었다. 여성은 도덕적 관리인이고 이러한 이상의 실체적 **구체화**로 보이는 '가정 내의 천사'였다(Davidoff, 1995). 가정은 공적 감시로부터 벗어난다는 의미에서 사적이었다. 또한 (가정은) 국가의 침입으로부터 안식처이지만, 가정에서 **가구주**인 남성의 권위가 공적 간섭으로부터 안전해진다는 의미이기도 하다.

이런 사적영역의 구축이 선진 사회의 소수에게만 가능하겠지만, 가정이 표명하는 이상과 가치는 사람들의 상상을 넘는 강한 보루로 계속 작용한다. 이런 측면에서 가족학자는 가정과 일터의 물리적인 위치의 분리보다 보다 복합적인 것을 나타내고 있는 공과 사의 구분을 분석하였다. 그들은 사회조직(Cheal, 1991), 다른 가치 체계(Ferree, 1985), 조직적 의식에 대

255

한 모델(Smith, 1987), 세상에서의 다른 **존재방식**(Ribbens and Edwrds, 1998) 등 서로 대조되는 사회조직의 원리를 구별하였다. Ribbens McCarty와 Edwards(2002)는 유럽과 신세계 사회에서 서로 맞물리는 갈등의 범위를 가리키는 이 용어가 아동기의 이해에 초점을 둔다고 주장하였다. 이러한 갈등은 **사람됨**, 현재와 미래에 대한 지향, 공식적 및 비공식적 관계, **시간과 정서**에 대한 다른 성향 등 서로 다른 개념들을 포함한다. 이 의미에서 공적인 존재 방식은 때때로 가정과 관련이 있다(예 : 비가족원이 가사를 담당하여 임금 노동을 하는 곳). 반면에 사적 존재방식은 가정이 아닐 수도 있다(예 : 사람들이 직장 동료와 친밀한 **우정**을 발전시키는 장소). 그럼에도 불구하고 어떤 사회적 장소는 아동에게 적절하고, 다른 곳은 적절하지 않다고 간주되는 방식(예 : 자녀를 사무실에 데리고 가는 것)은 공과 사가 서로 다른 '세계'로 경험될 수 있다는 것을 의미한다(Bell and Ribbens, 1994).

공과 사에 대한 다양한 이해는 용어가 서로 상반되는 방식으로 사용되거나 논쟁에서 사용법을 '실수'할 수 있다는 것을 의미한다. 가족학과 관련해서 여성주의 학자들은 가정과 가족의 삶에서 성별화된 경험과 관련해 이 용어의 의미를 탐색해왔으나 방해 또는 도움처럼 이 용어의 **평가**는 서로 다르다.

한편, 공과 사라는 의미는 역사적으로 정치권력과 임금고용으로부터 소외되었던 여성의 불이익에 작용하였고, 사적인 영역에서 여성에게 특정한 역할을 규정짓는 이데올로기로 압박하였다(Benhabib, 1998). 이 관점에서 볼 때 공과 사 구분은 대다수 여성들의 실제 살아온 경험을 왜곡하는 강압적인 이데올로기의 일부이다. 나아가 이 의미에서 공과 사 경험은 **계층**과 **민족성**뿐만 아니라 **젠더** 문제에 의해 구성되기 쉽다(Fraser, 1998; Hill Collins, 1997).

가정 내의 가족생활은 사회의 바깥에 있는 사회과학자들에 의해 다루어져왔기 때문에 정치적이고 경제적인 권력의 사회적 맥락에서 분리된 **자연**

적 질서의 일부가 되어 왔다. 공과 사라는 용어는 가정 내의 여성과 아동에 대해 사회적으로 구성된 많은 활동을 밝히는 데에 유용하다. 여성주의 연구자들은 19세기 창시자들 이후 사회과학의 관심이 주로 공적 영역에 집중하고 있으며, 사적 영역에 있는 여성과 아동의 삶은 사회의 바깥쪽에 있다는 사상을 재생하고 있음을 주장한다(Yeatman, 1986).

이 용어는 주된 사회학적 개념인 **거시** 및 **미시** 수준의 사회분석으로부터 대안적인 이론적 틀을 제공한다. 여기서 가족은 공과 사 두 영역 사이의 중간부분에 반드시 위치하지만 주로 개인 간 작은 규모의 상호작용으로 구성된다. 이 틀에서 볼 때 가족의 삶은 정치와 경제라는 거시 사회의 힘에 의해 형성되는 것으로 이론화된다. 가족, 경제, 정치적 삶의 관계를 이해하는 대안적인 방법으로서 공과 사를 사용하는 것은, 서로 다른 활동과 영역의 상호의존성에 대한 분석을 용이하게 한다.

요약

공과 사라는 개념은 복합적이고 서로 다른 맥락과 원칙에서 다양한 방식으로 사용될 수 있다. 가족학에서 공은 일의 세계를, 사는 가정 영역에서 가족의 삶을 언급하기 위해 종종 사용한다. 많은 연구자들은 이 용어가 단순한 의미의 물리적인 장소나 구체적인 사회적 장소의 경계를 구분하기보다, 가치지향 또는 존재방식(특히 양육 경험에 초점을 둔)으로 이해될 필요가 있다고 주장한다. 어떤 연구자들은 이러한 구분이 유용하지 않으며 이데올로기로 채워졌을 수도 있다고 주장하는 반면, 다른 연구자들은 사회적으로 역사적으로 구성된 가족 경험의 본질을 명확하게 하는 데에 유용할 수 있다고 주장한다.

관련문헌

Weintraub(1997) 및 Ribbens McCarthy와 Edwards(2002)에서는 각각 공과 사 개념의 사용에 대한 정치적이고 여성주의적 견해를 제공한다.

관련개념 아동기; 노동분업; 여성주의; 가정

4
노동분업

정의

'노동분업(division of labour)'은 상이한 종류의 일이나 과업의 역할을 표준규칙에 따라 책임을 맡은 사람에게 분배하고 할당하는 방식을 말한다. 가족과 가구 내에서 노동은 연령과 성별에 따라 분배된다.

논의

노동분업에 관한 생각은 **산업화 이전**에서 **산업사회**로 이동한 19세기와 20세기 초의 사회학적인 분석에 광범위하게 뿌리를 두고 있다. 산업화 이전에는 사람들 사이에 노동분업이 이루어진 일이 거의 없었으며, 경제적 생산은 가구를 중심으로 조직되었고, 사회적 연대는 유사한 삶에 기반하고 있었다. 그러나 산업화 기간 동안 사람들은 특정 유형의 노동에 훨씬 더 전문화되었고, 생산은 가구를 벗어나 작업장으로 대부분 이동했으며 사회적 연대는 **상호의존성**에 더 기반을 두었다(Crow, 2002). 고용이 이루어지는 공적 영역과 가족 및 가정생활이라는 독립된 사적 영역에 대한 이상과 광범위한 일상의 경험을 확립하게 되었다. 이러한 현상은 사회계층에 따라 다양하게 나타났다. 다른 영역이라는 개념 속에서, 성별 노동분업은 남성이 **가족임금**을 벌어들이는 **생계부양자**로서 공적 영역에서 활동하는 것으로, 여성을 무급의 **전업주부, 아내**와 엄마로서 사적 영역에서 활동하는 것으로 생각해왔다. 남성이 그들이 하는 일에 대한 경제적 가치와 지위에 의해 생산 노동과 연계되는 반면, 여성은 가족과 가구에 대한 재생산노동과 연계되어 있다. 여기에는 **남편**과 자녀를 위한 가사노동과 돌봄노동이 포함되어 있고, 공적으로 경제적 가치나 지위를 인정받지 못하고 있다. 이와 비슷하게, 의무**교육**과 같은 교육의 제도화와 산업화 과정에서 이루어졌던 **아동노동**에 대한 법적 규제는 아동들이 가정 내에서나 밖에서 경제적 생산 활동에서 벗어나는 것을 의미했다.

20세기 중반 연구에서 **교환이론**은 성별노동분업을 이해하는 주요한 방식 중 하나였다. 교환이론은 기능주의 이론에 포함되어 있는 **도구적 · 표현적 역할** 개념과 **합리적 경제선택**이라는 사고를 끌어들여, 남성의 생계부양자 역할과 여성의 주부 역할이 호혜적 교환인 것처럼 주장한다. 여성은 집안일과 돌봄에 보다 적합하기 때문에 가사노동과 성적 호의를 남성 배우자가 제공하는 경제적 지원과 교환한다. 반면에 임금노동의 세계에 좀 더 적합한 남성은 가족에 대한 경제적 기여를 여성 배우자의 가사노동 및 돌봄과 교환한다. 이와 유사하게 성별 노동분업을 설명하는 합리적 선택 관점은 **결혼**에 있어서 권력의 근원을 설명하기 위해 **자원이론**(예 : Blood and Wolfe, 1960)을 참조하였다. 가장 적합한 자원을 갖고 있는 사람이 과업을 가장 잘 수행할 수 있다는 점을 시사하였다. 이러한 관점에서 본다면, 만약 아내가 집 밖에서 일한다면 남편이 가사노동의 영역을 맡을 수 있다고 예측할 수 있다. 사실상 1970년대에 유행한 사상은 이러한 예측을 지지하는 것 같다. 왜냐하면 **대칭적 가족**으로의 전환이 명백하고(Young and Willmott, 1973), 지금까지 분리된 경제노동과 가사노동을 남편과 아내가 점점 더 공유하게 되었기 때문이다.

성별 분업상의 합리적인 자원교환에 관한 생각들에 도전하고, 강력하게 유지되고 있는 공적 영역과 사적 영역에 대한 인식, 그리고 남성과 여성 간의 권력 차이에 관한 사상의 강점을 강조하는 연구들이 1970년대 **이차 여성주의** 운동 기간 동안에 두드러지게 나타났다. 여성이 가정영역에서 수행한 일을 타고난 소명으로 생산영역 밖에서 하는 일이 아니라 '**노동**'으로 재구성하였다. 여성주의 연구자들은 **주부**를 하나의 직업으로 보았으며 **가사노동**이 수행되는 조건과 상황을 조사하였다(예 : Lopata, 1971). 가정 내에서 아내와 엄마가 수행했던 무급노동에 대한 개념과 연계해서 **가사노동 임금**을 지불해야 하는지 여부를 둘러싼 격렬한 논쟁이 있었다. 아내와 엄마의 역할과 활동을 '노동'으로 간주하는 것의 개념적 이점은 그 노동을 가시적인 것으로 만들고, 사람들에게 그것의 경제적 중요성을 상기시키며, 여성이 가정적인 일을 하는 것이 본성의 고유한 부분이라고 취급하는 것을 삼가도록 한다는 것이다. 그러나 이렇게 표현하는 것도 남성의 노동 경험을 공적 영역에 부과하는 것인데, 이는 여성이 그들의 가족 기반 활동과 관계를 재구성해서 이해하도록 한다(Ribbens McCarthy and Edwards, 2002).

자원이론의 신조와 대칭적 가족으로의 사고전환에 대한 도전 속에서 후기 연구들은 여성들이 가정 밖에서 임금 고용에 종사하는 경우에도 남성 배우자보다 가정 내에서 일상적인 가사노동과 **자녀양육**에 훨씬 많은 시간을 보냈다는 것을 보여주고 있다. 합리적 선택 교환 사상에 대한 도전에도 불구하고 여성이 결혼 내에서 전문적으로 가사노동을 하였지만 결혼 관계가 끝나는 경우 노동시장에서는 가사노동의 전문성을 인정받지 못한다는 것이 합리적이지 않다. 과거 몇 십 년 동안 어린 자녀가 있는 엄마들의 유급 노동 참여가 증가했음에도 불구하고 대부분의 산업화된 국가들에서 여성이 남성보다 가정 일에 더 많은 시간을 보내는 사례가 지속되고 있다. 사실상 유럽 국가들의 사회정책은 남성 생계부양자/여성 가사전담자 모델에서부터 벗어나서 성인-노동자 모델로 이동하고 있다. **성인노동자 모델**은 남성과 여성 모두가 완전하고 개별적 노동력을 가진 참여자로 보며, 여성 특히 엄마가 자녀양육과 무급 가사노동에 더 많은 책임을 갖고 있다는 사회적 현실을 무시한다(Lewis, J., 2003).

예를 들어, **시간활용연구**에서, 무엇을 가사노동으로 계산하고 측정해야 하는지에 대해 논란의 여지가 있긴 하지만 1970년대 이후로 양육과 가사노동에 남성의 참여가 증가한데 반하여, 여성은 아직도 쇼핑, 요리, 청소와 같은 대부분의 일상적 가사노동을 떠맡거나 남성의 '도움' 속에서 그들의 관리를 위한 책임을 유지하는 것을 일관성 있게 보여준다(Gray, 2006). 예를 들어, 여성 배우자가 저녁 동안 외출할 때 아빠가 자녀를 잠시 봐준다고 하는 것은 흔한 일이지만 엄마가 자녀를 잠시 봐준다고 하면 좀 낯설다. 엄마들이 가족 구성원들에게 가사노동을 일임하거나 청소부와 같이 가사도우미를 고용하는 경우에도 여성은 여전히 집안일이 제대로 되었는지 점검하는 책임감 있는 가사 관리인이 되려는 경향이 있다. 예를 들어, 여성은 남성 배우자가 슈퍼마켓에 가지고 갈 쇼핑 리스트를 작성할지도 모른다. 성별 노동분업의 다른 측면은 남성이 잔디 깎기와 같이 집안 바깥에서 일어나는 가사일이나 집수리와 같이 기계나 도구를 사용하는 일을 하는 경향이 있다는 점이다(Doucet, 2006). 그러나 노동분업은 동성커플에서도 나타나는데, 둘 중 한 사람이 다른 사람보다 좀더 가사일을 맡게 된다(Dunne, 1997). 나아가 다양한 **가사기술**의 도입과 사용으로 인해 성별 분업 및 가족관계가 형성되었고, 그 자체로 가사기술의 발전을 이루었다는 주장이 있다(Silva, 2010).

노동분업에 감정과 애정이 포함될 수도 있다. 여성이 가족 속에서 수행하는 **정서노동**은 주의를 요하는데, 그 범위가 친족 유지, 즉 여성이 시댁 가족들을 포함하여 확대가족의 구성원들과 연계를 유지하는 책임을 수행하는 것에서부터 사람들을 돌보는 일뿐만 아니라 마음을 쓰는 일과 관련하여 주의와 배려를 실천하는 일에까지 이른다. 또 노동력에서 감정노동일종의 긍정적인 감정 표시라는 점에 대한 요구가 점차 증가하고 있으며, 레스토랑 테이블에서 기다리는 사람들을 미소로 환대해주기를 기대하거나 간호사로부터 온정과 연민을 기대하는 것과 같이, 이러한 직업이 여성들로 채워지는 경향이 있다는 연구가 있다(Hochschild, 2003).

가사노동분업과 정서노동분업을 둘러싼 핵심 논쟁은 평등과 관련된다. 예를 들어, **차이 페미니즘**은 여성이 수행하는 무급 가사노동 및 가족노동의 가치를 사회적 구성으로 재고할 것을 주장하지만, **평등 페미니즘**은 남녀가 동일하다는 입장에서 차이점을 최소화하고 평등성을 강조하고자 한다. 다른 학자들은 분업에서 남녀평등이나 남녀성차를 절대주의적으로 범주화하기보다는 맥락을 고려하는 것이 중요하다고 주장한다(Doucet, 2006). 사실상, 연구자들이 분업의 공평성 여부를 평가하지만(Backett, 1982), 부부의 이해에 초점을 둔 연구에서는 부부가 활동이나 책임감을 성별로 구분하는 것을 '공정한' 것으로 여기며 가족을 '팀 노력'으로 본다는 것을 제시하였다. 팀 노력이란 가족원들이 할 수 있고 또 그들의 필요에 따라 유지되는 일을 각자 하는 것이다(Ribbens McCarthy et al., 2003).

공적 및 사적 영역에서의 성별 노동분업이 사실상 모든 남녀에게 항상 실재하였는가 여부에 대해서는 의문의 여지가 있다. 남성은 생계부양자 및 아버지, 여성은 주부 및 어머니로 보는 모델은 산업사회의 백인 중산층 여성에게만 적용될 뿐이라는 주장이 있어왔다. 노동계층이며 소수인종 여성은 엄마역할까지도 하면서 가족의 생존을 위해 생활비를 벌어야만 했다 (예 : Lewis, J., 1989). 노동계층 여성들은 출산 후에 계속해서 랭커서[18] 면직공장에서 일했고, 역사적으로 흑인여성들은 자신의 가족을 돌보지 못하고 중산층 백인여성의 가족을 위해 일했다(Glenn, 1985). 현재 개발도상국의 여성들은 서구 가족을 위해 일하려고 먼 거리도 마다않고 국경을 건넌다.

'새로운' 아동 연구에 따르면(James et al., 1998), 산업화 시기 아동의

---

18) 랭커서(Lancashire): 잉글랜드 북서부의 면업지대를 일컫는다.−역자 주

임금노동 종사를 금지시키는 신(新) 노동법이 있었지만, 아동과 청소년들은 계속해서 가정 안팎에서 다양한 유형의 노동에 종사했다는 사실이 밝혀지고 있다. 아동들이 가족생활과 가사노동에 기여한다는 증거가 늘고 있는데, 동생을 돌보거나 감정노동 이외에도 일상적인 청소를 하며 가능한 범위 내에서 임금노동을 하고 있다는 것이다. 더욱이 **가족기업**의 경우, 아동과 청소년이 경제생산에서 상당히 기여하지만 그에 대해 인정받지 못할 수도 있다(예 : Seymour, 2005). 또한 아동의 학교교육은 분명 생산노동으로서 재구성될 수 있다.

요약

남성은 생계부양자로 여성은 주부로 보는 성별 노동분업은 공적 영역과 사적 영역의 구분과 연관된다. 교환이론의 주장은 여성은 가사노동을 제공하고 남성은 상호교환으로서 경제지원을 제공한다고 보며, 자원이론은 분업이 합리적인 자원의 배분이라고 주장한다. 여성주의 사상은 이러한 이론을 개념적·경험적으로 도전했으며 아동연구에서 아동의 가족 기여가 밝혀지고 있다.

관련문헌

Doucet(2006)에서는 성차와 성평등의 이슈에 초점을 두고서 가사노동, 특히 부모역할의 성별 분업을 둘러싼 논쟁을 고찰한다. Tong(2009)에서는 노동분업에 관한 여러 여성주의 논쟁을 살핀다. Jacobsen(2007)에서는 가족을 포함한 성별 노동분업에 관한 경제적 문제를 고찰한다. Carling (1992) 및 Capser와 Bianchi(2002)에서는 교환이론에 대해서 설명한다.

관련개념 돌봄; 가구; 권력; 합리성

5
가족법

정의

가족법(family law)은 가족의 구성, 역할, 해소를 통제하는 법적 규칙과 가족 구성원 간에 존재하는 인권 및 재산권과 의무로 이루어져 있다.

논의

전통적이며 좁은 의미에서 가족법은 아내, 아버지, 자녀, 적출, 입양 등과 같은 **지위**에 대한 문제에 관심이 있었다. 가족법은 이러한 지위가 만들어지고, 수행되고, 종결되는 방식을 다루며 성인들 간에 그리고 부모 자녀 간에 발생하는 권리, **책임**, 의무를 통제하고 보호한다. 이러한 법은 실제 비종교적 ─ 국가의 법체계 속에서 이루어진 것 ─ 일 수도 있으며 또는 **종교**에 기반할 수도 있다. 예를 들면, 유대교법과 이슬람교법은 종교 행위뿐 아니라 가족생활상의 지위와 행동의 문제를 포함하여 광범위하게 일상생활을 통제한다. 일부 국가에서 종교법은 국가의 사법 체계 속에 전적으로 또

265

는 부분적으로 포함되어 있다(인도, 이스라엘, 레바논 같은 경우). 비종교 국가에서 가족생활을 통제하고 종교인들에 의해 지지되는 종교법은 그 국가의 가족법과 갈등이 있을 수 있다. 또한 판례법을 통해 남성 판사들에 의해 공인된 전통적인 관습과 헌법 그리고 국제법상 개인의 권리, 가령 여성의 권리 사이에 심각한 갈등이 있을 수 있다(Nzegwu, 2006). 사실상, 가족법 분야는 다양한 정치적 · 종교적 · 민족적 투쟁의 각축장이다(Jayakody et al., 2008). 유럽과 아메리카 사회에서 국가의 법률체계와 종교의 법률체계는 대부분 상호독립적이다.

대부분의 전문가들은 가족법이 역동적이며 사회적 · 인구학적 · 경제적 관심사와 변화하는 공적 규범 및 과학적 가능성에 의한 영향을 받는다는 것에 동의한다. 동시에 가족법은 그것이 기원적으로 법적 전통을 포함하고 있다. 미국과 영국의 경우, 가족법상의 지위에 초점을 두는 것은 관습법에서, 특히 **상속**에 의한 **재산**의 소유권이나 문제가 오랫동안 중심적인 역할을 한 것에서 유래한다고 이해할 수 있다. 영국에서 **관습법**은 수세기에 걸쳐 발전되어왔으며, 재판의 판결에 기초하고 있어 판례법이라고 하기도 한다. 가족법은 '사적' 또는 시민법적 측면이 있다. 즉, 사람들 사이의 **권리**, **의무**, 행위 및 주장과 연관된다. 가족법이 가족원과 국가 간의 관계에 관련되어 있지만, 정부 또는 영국 의회법에서 결의한 법령의 규제를 근거로 하는 '**공법**'적 측면이 있기 때문에 형법으로 고발될 수도 있다. 더욱이 아동법은 학대 부모로부터 아동을 보호하는 것과 관련되어 있다.

가족법에 대한 광의의 정의는 가족생활 및 가족과 국가 간의 관계에 영향을 미치는 모든 영역의 법을 포함한다. 이런 의미에서 사적인 가족법과 공적인 가족법 사이에 일관성이 없을지도 모른다. 예를 들면, 동거인은 **복지혜택**에서는 배우자로 인정되지만 관계의 종결 시 법률조항의 측면에서는 반드시 그렇게 다루어지지는 않는다.

가족법의 규칙과 구별이 사람들이 가족에 대해 이해하고 행동하는 것과 항상 일치하지는 않는다는 점은 중요하다. 더욱이 가족법은 사람들이 가족의 방식에 역행하거나, 뒤로 지체하거나 앞서 나가게 할 수 있다. 예를 들면, 이성애자 간의 관계가 만들어질 때 전통적으로 **결혼**이 영국 가족법의 핵심을 이루었지만 현재는 **이혼**도 똑같이 중요하다. 글을 쓰는 시점에서 동거가족과 결혼가족 사이에, 파트너 관계의 해체에 대한 권리와 책임이라는 면에서 중요한 법적 차이가 존재한다. 그렇지만 영국에서 18세기 중엽 이래 실재하는 '관습법'상 결혼은 민간신앙(folk belief)과 깊이 연관되어 있다. 거기에 '비형식적 결혼'에 대한 법적 인지가 없다고 할지라도 말이다(Barlow et al., 2005). 반대로 미국에서 사적인 '계약 동거'는 일부 주에서 동성애 시민연대협약을 위한 토대가 되었다(Katz, 2007).

부모와 자녀 간 관계에서 결혼은 **합법성**을 부여한다. 비록 **혼외출산**이 증가하여 여기에 부여된 상당한 법적 특권이 유지될 수 없을지라도 말이다. 합법성은 더 이상 지배적인 법적 개념이 아니다. 유럽과 아메리카 대부분의 나라에서 현재 **생물학적 부모** 그 자체로 자녀에 관하여 법적 권리와 의무를 가져온다. 생물학적 부모와 자녀 간의 의무 및 관계 유지에 법의 초점을 두는 것은 **사회적 부모역할**의 중요성과 명백한 가족단위로서 **계부모 가족**의 중요성에 대해서 이해하는 것과 대립될 수 있다(Edwards, R. et al., 1999).

'가족'이라는 용어 그 자체가 항상 '결혼', '부모됨' 그리고 정의된 다른 개념들과 구별되는 것과 같이 가족법 체계 내에서 법적으로 정의되지는 않는다. 이것은 가족지위가 결혼, **혈연**, 가구, 자기인식 또는 기능에 의해 결정될 것인지 아닌지에 대한 문제가 남겨져 있다는 뜻이다. 이런 상황에 대한 다른 관점들이 있다. 어떤 관점은 법속의 '가족'에 대한 결핍된 정의가 가족생활을 사적이며 국가의 통제 밖에 있는 것이라는 이데올로기를 강화하고 가족 내 권력불평등을 무시하면서 젠더화하고, 이성애적인 것을 생산하기 위한 숨겨진 가치를 만든다고 주장한다(Land, 1995). 이와 대조

267

적인 관점에서 가족에 대한 정의가 부족한 것은 가족법이 점차 가족형태의 다양성을 수용할 수 있음을 의미한다고 주장한다(Eekelaar and Nhlapo, 1998).

서구 가족법 체계는 꾸준히 국가 간의 차이를 줄이면서 통합의 방향으로 나아가고 있다는 강력한 주장도 있다(Glendon, 1997). 확인된 추이는 한편으로 사회변화를 반영하기 위해 법과 연관된 지위 이혼, 상속, 합법성 등의 변화를 포함하고 있다. 이 경향은 결혼, 결혼의 해소, 가족생활의 수행에 대해 가령, 무책주의 이혼채택과 같이 통제감소를 포함한다. 그러나 한편으로 또 다른 경향은 결혼 또는 동거에 따른 경제적이며 자녀와 관련된 통제가 증가되는 것이다. 게다가 사회보험, 고용과 같은 법의 다른 영역에서 가족생활에 대한 영향이 증가하고 있다. 통합되고 있지만 여전히 여러 국가 사이에는 그들 국가의 역사적 차이에서 기인한 가족법 속의 본질적인 차이가 유지되고 있다.

다양한 국가의 가족법이 각기 다른 역사에서 유래하였기 때문에 가족법 체계가 통합을 향해 나아가고 있더라도 여전히 국가 간에는 근본적인 차이가 지속되고 있다(Land, 1995). 영국, 미국과 마찬가지로 독일법의 기초는 개별 가족원에 대한 권리, 의무, 합의를 둘러싸고 형성되었다. 이런 체계는 로마법에 뿌리를 두고 있는데, 공동재산이라는 개념과 **호혜성**의 원칙, 상호 생존을 위한 의무가 있는 확대된 **부양가족**의 개념을 포함하고 있다. 그러한 재산 상속에 대한 고려와 다른 가족구성원의 생존을 위한 의무는 개별적으로든 공동으로든 재산을 소유할 가능성이 거의 없는 가난한 가족들의 예를 생각할 때 법에서 언급되고 제공되는 그런 가족에 대한 논쟁을 불러온다.

그러나 민족국가 내에서도 가족의 권리와 의무를 규제하는 법에서 차이가 있을 수 있다. 특히 미국에서 주와 연방의 가족법 간에는 차이가 있기도 하며, 영국에서는 스코틀랜드의 가족법은 영국과 웨일즈 법과 다르다. 그럼에도 불구하고, 가족법은 점차 국제적인 차원에 의해 형성되고 작동한다. 국제법과 조약은 국가적인 가족법에서와 마찬가지로 국제적인 상호협력과 가족 관련 이슈에 대한 상이한 접근에서 접점을 만들어내도록 격려할 뿐 아니라 규범적 기준을 만든다. 예를 들면, 유럽 인권협약과 유엔 아동권리협약은 성인과 아동을 위한 사적 생활과 가족생활에 대한 존중과 권리의 원칙을 규정한다. 비록 거기에 사회와 문화를 망라하는 명확한 '가족' 개념이 없을지라도 말이다.

요약

가족법은 가족 안에 있는 사람 사이의 관계상의 지위와 이 관계에서 나온 권리 및 책임과 관련된다. 좀더 광범위하게 가족법은 가족의 삶에 영향을 주는 모든 영역의 법과 관련될 수 있다. 가족법 체계에서 유럽과 아메리카의 국가별 차이는 수렴되고 있다고 볼 수 있지만, 가족법과 개별적 가족실천이 항상 일치하는 것은 아니다. 가족법은 역동적이며 권리 및 책임 유지를 강조하는 데에서 벗어나 변화하고 있다. 한편 가족법이 점점 더 국제법과 국제조약에 의해 형성된다 할지라도 여전히 여러 국가들의 가족법을 구별하고 있는 법적 전통의 차이에 기반하고 있기도 하다.

관련문헌

다양한 양상의 가족법을 다루고 있는 책들은 변화를 고려하여 정기적으로 신판이 발간된다. Pearl(2000)에서는 소수민족 가족에 대한 종교의 영향과 관련하여 가족법을 언급하며, Bailey-Harris(2000)에서는 동성애 가족 관련법을 논의한다. Masson 등(2008)에서는 영국 가족법의 여러 양상에 대한 권위 있는 자료를 제공하며, Masson 등(2004)에서는 미국 가족법에 대해 논의한다. 반면 Glendon(1997)에서는 미국과 서유럽의 가족생활에 영향을 미친 법의 변화를 조사하였다. De Cruz(2010)에서는 가족법에 대한 전 지구적 차원에서 비교적인 논의점을 제공한다.

관련개념 커플돔; 가정폭력과 학대; 가족정책; 후기 커플돔

6
가족정책

정의

가족정책(family policy)은 일반적으로 가족생활, 가족자원, 가족의 형태에 영향을 미치는 복지의 공급과 재화의 분배에 관련된 정부정책, 목표 그리고 시행과정을 말한다. 또한, 이는 매우 넓은 범위의 정책 영역을 포함한다.

논의

정부(단일민족 정부, 연합이나 연방정부의 수준에 관계없이)가 입안한 사회정책과 가족생활의 관계는 복합적이고 경쟁적이며, 인과관계와 적절한 **국가개입**의 범위에 대해 많은 논쟁이 야기된다. 어떤 비평가는 가족생활의 발달을 도모하며 가족원의 태도를 형성하는 것이 바로 사회정책이라고 주장한다. 이 관계는 최소한의 복지 공급보다 더 많은 공급이 있을 때 가족생활이 약화된다는 주장과 더불어 부정적으로 논의된다. 예를 들어, 복지

271

혜택은 나이 어린 여성들이 부양할 아버지 없이 아이를 가지는 것을 촉진한다. 그리고 이혼무책주의(no-fault divorce)[19]를 쉽게 할 수 있는 법은 **결혼해체**의 비율을 증가시킨다. 그러므로 위의 관점에서 보았을 때 가족정책은 국가에 대한 의존보다 가족에게 책임을 부과하고, 전통적인 자급자족적 가족형태와 생활양식을 장려하도록 강조할 필요가 있다.

다른 비평가는 근대화 과정의 일부분으로 가족원의 생활방식과 가치의 선택이 광범위한 사회 변화를 초래한다고 본다(Giddens, 1992). 비록 정책이 때로는 뒤처질지라도 이들은 이러한 사회변화에 맞추어 정책이 변화하는 것으로 보았다. 예를 들어, 공적인 **보육**공급 확대는 유급고용을 앞서가기보다 어머니들의 유급**고용** 증가를 따라가는 경우가 많으므로 정책의 범위와 접근성 모두가 다소 부족한 편이다. 그러나 어떤 비평가는 현대 사회의 가족생활이 다양해지고 있으므로 가족생활을 명확하게 규정하는 규범적 모델을 지지하는 국가개입은 이롭기보다 해로운 측면이 더 많다고 주장한다. 배우자, 아동 그리고 노인학대와 같은 파괴적인 요소에 대한 규제는 제외하고, 가족유형과 생활양식에 대해 사회적으로 개입하려는 정부의 시도는 가족원의 가치와 대립된다(Cunningham-Burley and Jamieson, 2003; Duncan and Edwards, 1999). 그러나 다른 비평가는 여전히 가족생활과 가치 그리고 사회정책의 관계는 양방향에서 작용하고 있으며, 서로 영향을 미친다고 주장한다(Hantrais, 2004).

가족, 정부 그리고 시장경제의 힘 사이에서 무엇을 최적의 관계로 볼 수 있는지와 관련하여, 국가마다 매우 다양한 역사와 사상이 있다. 각 국가가 실시하는 명확한 가족정책의 범위 역시 다르지만 **교육**, **보건**, 사회적 돌봄, **주택**, 고용, **소득유지**와 세금, 이민과 **시민권**을 포함하는 정부의 여러 영역은 가족생활이 어떻게 예상되고 형성되는지에 대해 중요한 가정과 함의를 지닌다. 가족정책에 대한 다양한 입장은 주로 국가가 가족생활에 개입할

---

19) 이혼무책주의(no fault divorces) : 파탄주의라고도 하며, 재판상 이혼에서 부부 양쪽 가운데 어느 한쪽의 책임 유무에 관계없이 이혼을 인정하는 입법주의를 말한다. -역자 주

수 있거나 해야만 되는 범위, 그리고 가족원의 책임에 대한 국가와 가족 사이의 균형과 관련이 있다. 유형학은 특히 영향력이 있는 Esping-Anderson(1990)의 '세 가지 모델(three-fold model)' [20]과 더불어 이러한 측면에서 **복지국가체제**를 분류하며 발전해왔다.

일반적으로 '자유주의' 체제의 가족과 국가 관계에서 역사적으로 국가는 낙인이 찍히거나 '역기능적인' 가족과 집단에 대한 최저한의 강제된 방식을 제외하고, 원조를 지원하거나 개입하지 않았다. 어떤 이는 '전통적인' **핵가족**의 사유화된 영역은 자유 자본주의와 양립할 수 있는 개인규제 개념으로 사회화하는 것이 매우 중요하다고 주장한다(N. Rose, 1999). 어머니는 남성 배우자에게 의존하여 가정에서 자녀를 양육하거나(혹은 홀어머니 경우처럼 남성배우자가 없어 최소한으로 국가가 지원하거나) 유급노동을 선택할 수 있다. 전통적으로 정부는 조정하는 것을 제외한 기본적인 역할을 하고, 가족 서비스와 지지를 제공하기 위해 시장이나 자원봉사에 의존하였다. 미국과 영국은 이런 복지체제 범주에 해당된다. 예를 들어, 미국의 정책 분석가는 개인주의를 크게 강조하는 문화로 인해 가족에 대한 정책입안은 무익하며, 정책이 '가족영향'이라는 측면에서 분석되어야 한다고 주장한다(Bogenschneider, 2006). 그러나 미국에서는 가족이 법적인 의미의 제도라기보다 다른 사적인 계약상 합의와 같이 보다 개인적인 관계로 구성하는 경향이 있다.

일반적으로 '보수주의' 체제 정부는 전통적인 남성 생계부양자와 여성 전업주부 가족을 지지하며 가족의 **의무**를 확대하였다. 수업일수에 근거한 학교체제를 포함한 제도화된 아동 돌봄은 어머니들이 유급근로에 종사하지 않는 것을 가정한다. 자유주의 체제에서처럼 역사적으로 아동이나 노

----
20) 세 가지 모델(three-fold model) : Esping-Anderson의 복지국가 유형으로 탈상품화 정도에 따라 자유주의(liberal), 보수주의(conservative), 사회민주주의(social democratoc) 복지국가로 나뉜다. 탈상품화는 복지서비스의 제공에 있어서 시장에 의존하지 않음을 뜻한다.-역자 주

인과 같은 부양가족원은 가족에게 책임이 있음을 강조하고, 국가 주도나 시장 공급은 훨씬 적었다. 독일이 예시로 자주 언급된다.

'사회민주주의' 체제에서는 정부가 가족보다 개인에게 초점을 맞춤으로써 가족생활의 본질을 지원하고 형성하는 데 보다 적극적인 역할을 맡는다. 남성 배우자가 있거나 없는 어머니는 정부에서 종일반 및 방과 후 보육을 제공함으로써 유급고용을 기대할 수 있다. 동시에 어머니들은 독립적으로 또는 남성 배우자와 함께 아동이 어릴 때 광범위한 국가 혜택을 통해 **육아휴직**을 선택할 수 있다. 아동 역시 이런 체제에서 강한 시민의 권리를 지니는 경향이 있다. 결국 부양가족원에 대한 물질적, 문화적 책임은 가족(선호하지 않는 형태의)과 정부 간에 공유된다. 사회민주주의 복지 체제의 가장 적절한 예로 확인된 국가는 스웨덴이다.

다른 이들은 이 분류에 '초보적인(rudimentary)' 복지국가 체제를 추가한다. 이 체제에서는, 국가로부터 원조 받을 권리가 없으며 오히려 가족과 종교적인 자선에서 복지를 제공하도록 강조한다(예 : Liebfried, 1993). 그리스와 같은 남부 유럽 국가들이 여기에 해당된다. 그러나 국가는 하나의 복지체제 유형에 정확하게 맞아 떨어지는 완전한 경우는 거의 없으며 시간이 지남에 따라 변한다는 것을 기억할 필요가 있다. 나아가 유형학에서는 성별 불평등과 무임금 돌봄 또는 아동의 지위를 강조해왔다(예 : Pfau-Effinger, 1998).

영국에서 Hendricks(1994)는 아동기의 이미지 및 아동의 욕구는 사회정책 발달과 분리될 수 없음을 도표로 나타냈다. 이런 이미지는 경제와 사회의 도덕적 미래에 연결되는 것으로 보인다. 일반적인 사회 분위기를 통해 위기감과 불확실성이 확산됨에 따라, 정책은 사회의 미래 구조를 형성하고 통제하는 수단으로서 아동양육에 관심을 갖도록 강화할 것을 강조한다(Prout, 2000). 예를 들어, 영국에서 양육 행위와 관계에 대한 지원 및 감독에 있어 정부의 관여는 의미 있게 증가해왔다.

가족, 국가, 시장의 균형이 특히 강조되는 영역은 **홀어머니** 가족과 관련된다. 즉 가족정책은 홀어머니와 자녀가 **비양육 부모**로부터 지원받도록 해야 하는지와 국가가 복지혜택을 통해 홀어머니와 자녀를 지원하여야 하는지, 또는 홀어머니가 일을 하여 자신과 자녀를 부양하도록 해야 하는지를 확실하게 한다. 여러 국가들은 다양한 접근을 한다. 영국은 자유주의 복지체제로서 오랫동안 이것을 딜레마로 여겼으나, 최근에 최소한의 국가지원에서 비양육부모의 재정적 책임(아동지원기관을 통해)과 취업하려는 홀어머니 자신의 책임으로 변화하고 있다(Duncan and Edwrds, 1999).

가족정책에 대한 다른 두드러진 딜레마는 성별화된 노동분업의 가정에서 벗어난 변화에 관심을 갖는 것인데, 아버지는 생계부양자, 어머니는 전업주부라는 것에서 어머니들의 유급노동이 증가하는 경향이다. 이것은 **일·삶 균형**으로 일컬어지며 부모는 고용과 가족생활을 어떻게 조화롭게 성취할 수 있는 지에 대한 초점으로 귀결된다(Hantrais, 2004). 이러한 관심과 관련된 '가족친화' 정책은 출산과 육아휴직, 광범위한 공식적인 아동보육 제공, 그리고 탄력적 근무시간을 포함한다. 이러한 이슈를 다룰 가족정책의 발달 정도는 국가적 맥락과 복지국가 체제에 따라 다르다.

요약

가족정책과 가족생활양식의 관계에 대해 많은 논쟁이 있다. 어떤 이는 복지국가정책이 가족생활의 발달을 촉진하는 것으로 보며, 반면 다른 이는 가족관계의 변화가 가족정책의 발달을 촉진한다고 주장한다. 또한 다른 이는 이 관계가 항상 상호작용하는 것으로 간주한다. 논쟁의 다른 주요 영역은 국가가 가족생활에 개입하는 데에 있어 범위가 어떤 것인가이다. 서로 다른 국가 맥락에서 가족정책은 가족, 국가, 시장 간 책임의 균형뿐만 아니라 가족원과 세대 간의 관계에 대한 규범적인 가정을 포함한다.

관련문헌

Cunningham-Burley와 Jamieson(2003)의 편집 모음은 국가가 가족정책을 통해 가족생활에 개입하는 범위에 대해 많은 논쟁을 열거한다. Hantrais(2004)는 유럽의 가족 동거생활 계약의 변화와 정책토론에 대해 상세하게 설명하며 Strach(2007)는 아메리카의 연방과 주 맥락의 정책 범위에서 가족의 중요성을 논한다.

관련개념 가족법; 뉴라이트; 문제가족; 공과 사

7
뉴라이트

정의

뉴라이트(New Right)는 신자유주의 사상과 사회적 권위주의에 근거하여 자급자족적인 가족구조의 가치, 전통적 도덕과 관계에 대한 일련의 정치적이고 지적인 관념으로 구성된다.

논의

뉴라이트 사상은 **사회적 권위주의**와 **신자유주의**라는 두 가지 주요 사상들의 결합으로 볼 수 있다. 그러므로 이것은 반드시 일관되거나 통합된 사상으로 통합할 필요는 없다. 사회적 권위주의 분파는 사회질서, 자신과 가족들에 대한 경제적·도덕적 책임을 지는 사람의 가치를 강조한다. 신자유주의 분파는 사람들이 국가에 의해 통제되거나 구제받는 것보다, 자신이나 가족에 대한 결정을 스스로 선택하는 자유를 지지한다. 영국과 아메리카에서 정부의 뉴라이트는 각각 보수적이고 공화주의적인 정책과 관련된다.

277

뉴라이트 사상은 기능주의자들의 인식과 어느 정도 유사성이 있다. 그들은 **결혼**과 **단혼제(일부일처제)**에 근거하여 안정된 사회의 보편적이고 주요한 기초로서 핵가족을 주장한다. 뉴라이트의 관점은 **핵가족**이 남성과 여성 그리고 아동의 잠재적인 폭력행위를 통제한다고 본다. 핵가족은 문란하게 행동할 수 있는 남성에게 문화를 규정하여 **생계부양자**/공급자의 역할을 부여하고 에너지를 긍정적인 방식으로 돌리게 한다. 또한 핵가족은 '이기적인 개인주의'였던 여성이 가족과 가사에 관심을 갖도록 하며, 아동을 수용될 수 있는 **도덕적 가치**와 사회적 행동으로 사회화하기 위한 기본적인 조건이다. 예를 들어, 더 강력한 권위주의적 분파인 Roger Scruton(1896)은 **이성애** 유대를 제도화한 결혼과 성역할을 성별 간의 근본적 차이로 가정한다. 보다 자유주의자인 Ferdinand Mount(1982)는 핵가족이 외부의 역사적 변화에도 유지되는 자연적 유형이라고 주장한다. 핵가족은 전체주의 교회와 국가의 통제에 대항하는 파격적인 방패로서, 시장의 힘으로부터 사적인 안식처로서 역할을 한다.

뉴라이트 비평가는 장기간 지속된 가족 삶의 유형이 현대사회에서 붕괴된다고 간주하는 뉴라이트를 찬성하지 않는다. 뉴라이트 지지자들은 동거, 한부모 그리고 동성부모처럼 다양한 종류의 가족유형 확산과 **이혼, 혼외출산** 비율의 증가는 **도덕적 부패**와 일련의 사회적 문제를 야기하는 것으로 본다. 뉴라이트 지지자들은 가장 사회적이며 효율적인 것으로 간주하는 가족 단위를 위협하는 많은 원인들을 지적하고 있다.

1. 여성주의는 특히 가족과 아버지 역할에 대해 적대적이다.
2. **복지국가**는 직업윤리를 약화시키고 무책임한 가족행동에 동의하며 아동을 사회화하고 노인 구성원을 돌보는 가족책임을 대신 부담한다.
3. 인공수정과 같은 **재생산 기술**은 전통적인 가족관계를 혼란시킨다.

예를 들어, 여성주의에 대한 Caroline Quest의 편집 모음의 기고문

(1994)은 여성주의가 가족의 삶을 약화시켜 여성의 이익에 불리하게 작용한다고 주장한다. 여성주의는 해방을 제공하기보다 여성이 이기적인 **개인주의**를 추구하도록 촉진하며, 결혼과 **가족임금**에 의해 부여되는 보호를 해치고, **이혼**과 **자녀양육**에 대해 혼자 대처하도록 내버려둔다. Charles Murray(1990)는 혼외 자녀를 가져 국가 수당을 지원받는 **싱글맘**의 증가는 젊은 남성이 부양자역할에서 벗어나 쉽게 범죄행위에 빠지게 하며, 그들의 아동이 부모로서의 **권위**와 책임 있는 롤 모델 없이 자라도록 내버려두는 것으로 간주하였다. Mount(1982)는 가족의 사적인 영역을 침해하는 건강, 교육 등의 분야에서 일하는 전문가를 비판한다.

뉴라이트 사상의 사회적 권위주의와 신자유주의의 근원은 현대 서구 사회에서 인식되고 있는 가족붕괴에 대한 해결책을 분열시킬 수 있다. 즉, 가족유대와 **책임**을 강화하는 국가개입을 옹호하거나 국가규제의 철회를 권장하여 가족이 독립성과 자기신뢰를 회복할 수 있다는 것이다. 예를 들어, 권위주의 관점은 이혼을 더 어렵게 만드는 반면에 자유주의 관점은 이것을 지지하지 않는다. 지적한 바와 같이 권위주의와 자유주의 분파는 복지국가 이전으로 돌아가려는 요구에서 서로를 수용하는 경우도 있다(King, 1987).

뉴라이트 사상을 비판하는 여성주의에 의하면, 뉴라이트 사상이 백인 **중산층**의 이상에 기초한 **가부장적** 가족생활 방식을 지지하는 반동 이데올로기로 지적이고 학술적으로 가정된 논의 뒤에 숨기며, 선택적이고 의심스러운 실증적 증거를 이용하는 것으로 간주한다.

요약

가족에 대한 뉴라이트 사상은 사회질서와 가족책임을 우선으로 하는 사회권위주의와 국가규제 및 선택의 자유를 강조하는 신자유주에 근거한다. 핵가족은 남성, 여성 그리고 아동이 사회적으로 유익한 도덕적 가치와 자립적 행위를 하도록 문화화하고 사회화하는, 안정된 사회를 위한 핵심적인 기초라고 간주한다. 여성주의와 복지국가를 포함하여 많은 요소들은 뉴라이트 사상가들이 핵가족을 사회적으로 유용한 단위로 보는 것을 위협한다. 이런 위협에 직면하여 사회적 권위주의 입장은 가족을 강화하는 개입을 옹호하는 반면, 신자유주의 관점은 국가개입의 철회를 우선으로 한다. 대부분의 여성주의자는 뉴라이트 사상을 근본적으로 가부장적인 것이라고 간주한다.

관련문헌

Davies(1993)와 Patricia Morgan(1996), 경제관련협회(IEA) 인터넷 사이트(http://www.iea.org.uk/browse.jsp?type=book&pageID=34), 그리고 시민사회연구기관 인터넷사이트(http://www.civitas.org.uk/)는 뉴라이트 관점에서 자원을 제공한다. Abbott와 Wallace(1992)에서는 평론과 비평을 제공한다.

관련개념 가족변화와 지속성; 기능주의; 문제가족; 공과 사

참고문헌

Abbasi-Shivazi, M.J. and McDonald, P. (2008) 'Family change in Iran: religion, revolution, and the State', in R. Jayakody, A. Thornton and W.G Axinn (eds), *International Family Change: Ideational Perspectives*. New York: Lawrence Erlbaum Associates.

Abbott, P. and Wallace, C. (1992) *The Family and the New Right*. London: Pluto Press.

Abbott, P. and Wallace, C. (1997) *An Introduction to Sociology: Feminist Perspectives* (2nd edn). London: Routledge.

Agathonos-Georgopoulou, H. (2006) 'Cross-cultural perspectives in child abuse and neglect', *Child Abuse Review*, 1 (2): 80–8.

Alanen, L. (2001) 'Explorations in generational analysis', in L. Alanen and B. Mayall (eds), *Conceptualising Child–Adult Relations*. London: Routledge.

Alanen, L. and Bardy, M. (1991) Childhood as Social Phenomenon: National Report for Finland. *Eurosocial Report*. Vienna: European Centre for Social Welfare.

Aldous, J. (1995) 'New views of grandparents in intergenerational context', *Journal of Family Issues*, 15 (1): 104–22.

Allan, G. (1996) *Kinship and Friendship in Modern Britain*. Oxford: Oxford University Press.

Allan, G. (2005) 'Boundaries of friendship', in L. McKie and S. Cunningham-Burley (eds), *Families in Society: Boundaries and Relationships*. Bristol: Policy Press.

Allan, G. and Crow, G. (2001) *Families, Households and Society*. Basingstoke, Hants: Palgrave.

Allen, K.R. (2000) 'A conscious and inclusive Family Studies', *Journal of Marriage and Family*, 62 (1): 4–17.

Allen, K.R. (2009) 'Reclaiming feminist theory, methods, and praxis for family studies', in S.A. Lloyd, A.L. Few and K.R. Allen (eds), *Handbook of Feminist Family Studies*. Los Angeles: Sage, pp. 3–17.

Alwin, D.F. (2007) 'Parenting practices', in J. Scott, J. Treas and M. Richards (eds), *The Blackwell Companion to the Sociology of Families*. Malden, MA: Blackwell, pp. 142–57.

Amato, P. (2004) 'Divorce in social and historical context: changing scientific perspectives on children and marital dissolution,' in M. Coleman and L.H. Ganong (eds), *Handbook of Contemporary Families: Considering the Past, Contemplating the Future*. Thousand Oaks, CA: Sage, pp. 265–81.

Anderson, M. (1971) *Family Structure in Nineteenth Century Lancashire*. Cambridge: Cambridge University Press.

Anthias, F. (2005) 'Social stratification and social inequality: models of intersectionality and identity', in F. Devine, M. Savage, J. Scott and R. Crompton (eds), *Rethinking Class: Culture, Identities and Lifestyle*. Basingstoke, Hants: Palgrave Macmillan, pp. 24–45.

Apthekar, B. (1989) *Tapestries of Life: Women's Work, Women's Consciousness and the Meaning of Daily Experience*. Amherst, MA: University of Massachusetts Press.

Archard, D. (1993) *Children, Rights and Childhood*. London: Routledge.

Backett, K. (1982) *Mothers and Fathers: A Study of the Development and Negotiation of Parental Behaviour*. London: Macmillan.

Bailey-Harris, R. (ed.) (2000) *New Families for a New Society?* Family Law: Essays for a New Millennium. Bristol: Jordan Publishing.

Ballard, R. (1994) *Desh Pardesh: The South Asian Presence in Britain*. London: Hurst.

Bank, S. and Kahn, M. (1982) *The Sibling Bond*. New York: Basic Books.

Barlow, A., Duncan, S. and James, G. (2002) 'New Labour, the rationality mistake and family policy in Britain', in A. Carling, S. Duncan and R. Edwards (eds), *Analysing Families: Morality and Rationality in Policy and Practice*. London: Routledge.

Barlow, A., Duncan, S., James, G. and Park, A. (2005) *Cohabitation, Marriage and the Law: Social Change and Legal Reform in the 21st Century*. Oxford: Hart.

Barlow, A., Burgoyne, C., Clery, E. and Smithson J. (2008) 'Cohabitation and the law: myths, money and the media', in A. Park, J. Curtice, K. Thomson, M. Phillips, M. Johnson and E. Clery (eds), *British Social Attitudes: the 24th Report*. London: Sage, pp. 29–52.

Barlow, J., Shaw, R. and Stewart-Brown, S. (2004) *Parenting Programmes and Minority Ethnic Families*. London: National Children's Bureau/Joseph Rowntree Foundation.

Barrett, M. and MacIntosh, M. (1982) *The Anti-Social Family*. London: Verso.

Bauman, Z. (2001) *The Individualized Society*. Cambridge: Polity Press.

Bauman, Z. (2003) *Liquid Love: On the Frailty of Human Bonds*. Cambridge: Polity Press.

Baumle, A.K. (ed.) (2006) *Demography in Transition: Emerging Trends in Population Studies*. Newcastle: Cambridge Scholars Press.

Baumrind, D. (1989) 'Rearing competent children', in W. Damon (ed.), *Child Development Today and Tomorrow*. San Francisco: Jossey-Bass.

Beck, U. (1992) *Risk Society: Towards a New Modernity*. London: Sage.

Beck, U. (1997) 'Democratisation of the family', *Childhood*, 4 (2): 151–68.

Beck, U. and Beck-Gernsheim, E. (1995) *The Normal Chaos of Love*. Cambridge: Polity Press.

Beck, U. and Beck-Gernsheim, E. (2002) *Individualisation*. London: Sage.

Becker, G. (1976) *The Economic Approach to Human Behaviour*. Chicago: University of Chicago Press.

Becker, G. (1996) *Accounting for Tastes*. Cambridge, MA: Harvard University Press.

Beck-Gernsheim, E. (1998) 'On the way to a post-familial family: from a community of need to elective affinities', *Theory, Culture and Society*, 15 (3–4): 53–70.

Bell, C. and Newby, H. (1976) 'Husbands and wives: the dynamics of the deferential dialectic', in D. Barker and S. Allen (eds), *Dependence and Exploitation in Work and Marriage*. London: Longman.

Bell, L. and Ribbens, J. (1994) 'Isolated housewives and complex maternal worlds: the significance of social contacts between women with young children in industrialised societies', *Sociological Review*, 42 (2): 227–62.

Belsky, J. (2007) 'Childcare matters', in J. Oates (ed.), *Attachment Relationships: Quality of Care for Young Children*. Milton Keynes: The Open University.

Belsky, J. and Pluess, M. (2010) 'The nature (and nurture?) of plasticity in early human development', *Perspectives in Psychological Science*, 4: 345–51.

Benavente, J. and Gains, S. (2008) Families of Choice. http://www.ext.colostate.edu/pubs/COLUMNCC/cc050111.html, Colorado State University (accessed 31 March 2010).

Bengston, V., Biblarz, T. and Roberts, R. (2002) *How Families Still Matter: A Longitudinal Analysis of Youth in Two Generations.* Cambridge: Cambridge University Press.

Benhabib, S. (1998) 'Models of public space: Hannah Arendt, the liberal tradition, and Jurgen Habermas', in J.B. Landes (ed.), *Feminism: the Public and the Private.* Oxford: Oxford University Press.

Benjamin, O. (1998) 'Therapeutic discourse, power and change: emotion and negotiation in marital conversations', *Sociology*, 32: 771–93.

Berger, P.L. and Kellner, H. (1964) 'Marriage and the construction of reality', *Diogenes*, 1–23.

Berger, P.L. and Luckmann, T. (1971) *The Social Construction of Reality: A Treatise in the Sociology of Knowledge.* Harmondsworth: Penguin.

Bernardes, J. (1985) '"Family ideology": identification and exploration', *Sociological Review*, 33: 275–97.

Bernardes, J. (1986) 'Multidimensional developmental pathways: a proposal to facilitate the conceptualisation of "Family Diversity"', *Sociological Review*, 34 (3): 590–610.

Bersani, L. (1995) *Homos.* Cambridge, MA: Harvard University Press.

Bianchi, S.M., Casper, L.M. and Berkow King, R. (eds) (2005) *Work, Family, Health and Well-being.* London: Routledge.

Biddle, B.J. (1986) 'Recent development in role theory', *Annual Review of Sociology*, 12: 67–92.

Blood, R. and Wolfe, D. (1960) *Husbands and Wives.* Glencoe: Free Press.

Bogenschneider, K. (2006) *Family Policy Matters: How Policymaking Affects Families and What Professionals Can Do.* Mahwah, NJ: Lawrence Erlbaum.

Booth, A. and Crouter, A.C. (eds) (2005) *The New Population Problem: Why Families in Developed Countries Are Shrinking and What It Means.* Mahwah, NJ: Lawrence Erlbaum Associates.

Bornstein, M.H. and Cheah, C.S.L. (2006) 'The place of "culture and parenting" in the ecological contextual perspective on developmental science', in K. Rubin and O.B. Chung (eds), *Parenting Beliefs, Behaviors, and Parent-Child Relations: A Cross-Cultural Perspective.* New York: Psychology Press.

Boss, P.G., Doherty, W.J. and LaRossa, R. (eds) (2009) *Sourcebook of Family Theories and Methods: A Contextual Approach.* New York: Springer.

Bott, E. (1957) *Family and Social Networks.* London: Tavistock.

Bourdieu, P. (1990) *The Logic of Practice.* Cambridge: Polity Press.

Bourdieu, P. (1996) 'On the family as a realized category', *Theory, Culture and Society*, 13 (3): 19–26.

Boyden, J. (1997) 'Childhood and the policy makers: a comparative perspective on the globalisation of childhood', in A. James and A. Prout (eds), *Constructing and Reconstructing Childhood: Contemporary Issues in the Sociological Study of Childhood.* Lewes: Falmer.

Boyden, J. (2003) 'Children under fire: challenging assumptions about children's resilience', http://www.colorado.edu/journals/cye/13_1/Vol13_1Articles/CYE_CurrentIssue_Article_ChildrenUnderFire_Boyden.htm (accessed 24 March 2009).

Brannen, J., Heptinstall, E. and Bhopal, K. (2000) *Connecting Children: Care and Family Life in Later Childhood*. London: Routledge Falmer.

Brannen, J. and Nilsen, A. (2005) 'Individualisation, choice and structure: a discussion of current trends in sociological analysis', *The Sociological Review*, 53 (3): 412–28.

Bronfenbrenner, U. (1979) *The Ecology of Human Development*. Cambridge, MA: Harvard University Press.

Brooker, L. and Woodhead, M. (eds) (2008) *Developing Positive Identities: Diversity and Young Children*. Early Childhood in Focus. Milton Keynes: Open University with the Bernard van Leer Foundation.

Broome, D.M., Knafl, K.A., Feetham, S. and Pridham, K. (eds) (1998) *Children and Families in Health and Illness*. London: Sage.

Bryceson, D. and Vuorela, U. (eds) (2002) *The Transnational Family: New European Frontiers and Global Networks*. Oxford: Berg.

Brynin, M. and Ermisch, J. (2009) 'Introduction: the social significance of relationships', in M. Brynin and J. Ermisch (eds), *Changing Relationships*. New York: Routledge, pp. 3–28.

Brynin, M., Longhi, S., Pérez, M. (2009) 'The social significance of homogamy', in M. Brynin and J. Ermisch (eds), *Changing Relationships*. New York: Routledge, pp. 73–90.

Budig, M. (2007) 'Feminism and the family', in J. Scott, J. Treas and M. Richards (eds), *The Blackwell Companion to the Sociology of Families*. Oxford: Blackwell Publishing.

Burman, E. (1994) *Deconstructing Developmental Psychology*. London: Routledge.

Butler, J. (2004) *Undoing Gender*. New York: Routledge.

Byng-Hall, J. (1985) 'Family scripts: a useful bridge between theory and practice', *Journal of Family Therapy*, 7 (3): 301–6.

Bynner, J. (2001) 'Childhood risks and protective factors in social exclusion', *Children and Society*, 15 (5): 285–301.

Caballero, C. and Edwards, R. (2008) *Parenting Mixed Heritage Children: Negotiating Difference and Belonging*. York: Joseph Rowntree Foundation.

Candland, D.K. (1993) *Feral Children and Clever Animals: Reflections on Human Nature*. New York: Oxford University Press.

Carabine, J. (ed.) (2004) *Sexualities*. Bristol: Policy Press.

Carling, A. (1992) *Social Division*. London: Verso.

Carling, A., Duncan, S. and Edwards, R. (eds) (2002) *Analysing Families: Morality and Rationality in Policy and Practice*. London: Routledge.

Carr Steelman, L., Powell, B., Werum, R. and Carter, S. (2002) 'Reconsidering the effects of sibling configuration: recent advances and challenges', *Annual Review of Sociology*, 28: 243–69.

Carrithers, M. (1999) 'Person', in A. Barnard and J. Spencer (eds), *Encyclopedia of Social and Cultural Anthropology*. London: Routledge.

Carsten, J. (2004) *After Kinship: New Departures in Anthropology*. Cambridge: Cambridge University Press.

Casper, L.M. and Bianchi, S.M. (2002) *Continuity and Change in the American Family*. Thousand Oaks, CA: Sage.

Caspi, J. (ed.) (2010) *Sibling Relationships in Practice: Cultural and Environmental Influences*. New York: Springer Publishing.

Celsius (2010) 'Centre for Longitudinal Study Information and User Support', London School of Hygiene and Tropical Medecine, http://www.celsius.lshtm.ac.uk (accessed 13 February 2010).

Chamberlain, M. (1999) 'A lateral perspective on Caribbean families', in E. Silva and C. Smart (eds), *The New Family?* London: Sage.

Chandler Sabourin, T. (2003) *The Contemporary American Family*. Thousand Oaks, CA: Sage.

Charles, N., Davies, C.A. and Harris, C. (2008) *Families in Transition: Social Change, Family Formation and Kin Relationships*. Bristol: Policy Press.

Chase, S.E. and Rogers, M.F. (2001) *Mothers and Children: Feminist Analyses and Personal Narratives*. Chapel Hill, NC: Rutgers University Press.

Cheal, D. (1991) *Family and the State of Theory*. New York: Harvester Wheatsheaf.

Cheal, D. (2002) *Sociology of Family Life*. Basingstoke, Hants: Palgrave Macmillan.

Chodorow, N. (1979) *The Reproduction of Mothering: Psychoanalysis and the Sociology of Gender*. Berkeley, CA: University of California Press. Second edition (1999).

Cicirelli, V. (1994) 'Sibling relationships in cross-cultural perspective', *Journal of Marriage and the Family*, 56: 7–20.

Cieraad, I. (ed.) (1999) *Introduction: Anthropology at Home*. Syracuse, NY: Syracuse University Press.

Clarke, A.M. and Clarke, A.D.B. (1976) *Early Experience: Myth and Evidence*. Chicago: Open Books.

Clarke, A.M. and Clarke, A.D.B. (2000) *Early Experience and the Life Path*. London: Jessica Kingsley.

Clarke, J. and Fink, J. (2008) 'Unsettled attachments: national identity, citizenship and welfare', in W. van Oorschot, M. Opielka and B. Pfau-Effinger (eds), *Culture and Welfare State: Values and Social Policy in Comparative Perspective*. Cheltenham: Edward Elgar, pp. 225–46.

Coleman, J.S. (1988) 'Social capital in the creation of human capital', *American Journal of Sociology*, 94 (Suppl): pp. 95–120.

Coleman, M. and Ganong, L.H. (eds) (2004) *Handbook of Contemporary Families: Considering the Past, Contemplating the Future*. Thousand Oaks, CA: Sage.

Coll, C.G. and Magnuson, K. (2000) 'Cultural differences as sources of developmental vulnerabilities and resources' in J.P. Shonkoff and S.J. Meisels (eds), *Handbook of Early Childhood Intervention* (2nd edn). Cambridge: Cambridge University Press, pp. 94–114.

Collier, R. and Sheldon, S. (eds) (2006) *Fathers' Rights Activism and Law Reform in Comparative Perspective*. Oxford: Hart Publishing.

Collier, R. and Sheldon, S. (2008) *Fragmenting Fatherhood: A Socio-Legal Study*. Oxford: Hart Publishing.

Collins, R. and Coltrane, S. (2001) *Sociology of Marriage and the Family: Gender, Love and Property*. Florence, KY: Wadsworth Publishing Co.

참고문헌

Cooper, C., Selwood, A., Blanchard, M., Walker, Z., Blizard, R. and Livingston, G. (2009) 'Abuse of people with dementia by family carers: representative cross sectional survey', *British Medical Journal*, 338: 1–3.

Crompton, R., Lewis, S. and Lyonette, C. (eds) (2010) *Women, Men, Work, and Family in Europe*. Basingstoke, Hants: Palgrave Macmillan.

Crossley, N. (2001) *Intersubjectivity*. London: Sage.

Crow, G. (2002) *Social Solidarities: Theories, Identities and Social Change*. Buckingham: Open University Press.

Crozier, G. and Reay, D. (2005) *Activating Participation: Parents and Teachers Working Towards Partnership*. Stoke-on-Trent: Trentham.

Cunningham-Burley, S. and Jamieson, L. (eds) (2003) *Families and the State: Changing Relationships*. Basingstoke, Hants: Palgrave Macmillan.

Daly, K. (2003) 'Family theory versus the theories families live by', *Journal of Marriage and Family*, 65: 771–84.

Daly, M. and Wilson, M. (1998) *Truth About Cinderella: A Darwinian View of Parental Love*. London: Weidenfeld and Nicolson.

Davidoff, L. (1995) *Worlds Between: Historical Perspectives on Gender and Class*. Cambridge: Polity Press.

Davidoff, L. and Hall, C. (2002) *Family Fortunes: Men and Women of the English Middle Class 1780–1850*. London: Routledge.

Davidoff, L., Doolittle, M., Fink, J. and Holden, K. (1999) *The Family Story: Blood, Contract and Intimacy, 1830–1960*. London: Longman.

Davies, J. (ed.) (1993) *The Family: Is it Just Another Lifestyle Choice?* London: IEA Health and Welfare Unit.

Dawson, A. and Rapport, N. (1998) *Migrants of Identity*. Oxford: Berg.

De Cruz, P. (2010) *Family Law, Sex and Society: A Comparative Study of Family Law*. Abingdon, London: Routledge.

Delphy, C. and Leonard, D. (1992) *Familiar Exploitation: A New Analysis of Marriage in Contemporary Western Societies*. Cambridge: Polity Press.

Dempsey, K. (1997/1999) *Inequalities in Marriage: Australia and Beyond*. Melbourne: Oxford University Press.

Dench, G. (1997) *Rewriting the Sexual Contract*. London: Institute of Community Studies.

Dench, G. and Ogg, J. (2002) *Grandparenting in Britain: A Baseline Study*. London: Institute of Community Studies.

Denzin, N. (ed.) (2009) *Childhood Socialization*. NJ: Transaction Publishers.

Dermott, E. (2008) *Intimate Fatherhood: A Sociological Analysis*. London: Routledge.

DeVault, M.L. (1991/1994) *Feeding the Family: The Social Organisation of Caring as Gendered Work*. Chicago: University of Chicago Press.

Dilworth-Anderson, P., Burton, L.M. and Boulin Johnson, L. (1993) 'Reframing theories for understanding race, ethnicity and families', in P.G. Boss, W.J. Doherty, R. LaRossa, W.R. Schumm and S.K. Steinmetz (eds), *Sourcebook of Family Theories and Methods*. New York: Plenum Press, pp. 627–49.

Dinnerstein, D. (1987) *The Rocking of the Cradle and the Ruling of the World* (2nd edn). London: The Women's Press.

Doucet, A. (2006) *Do Men Mother? Fathering, Care and Domestic Responsibility.* Toronto: University of Toronto Press.

du Bois-Raymond, M., Sünker, H. and Krüger, H.H. (eds) (2001) *Childhood in Europe: Approaches, Trends, Findings.* New York: Peter Lang Publishing.

Duncan, S. and Edwards, R. (1999) *Lone Mothers, Paid Work and Gendered Moral Rationalities.* London: Macmillan.

Duncan, S. and Phillips, M. (2008) 'New families? Tradition and change in modern relationships', in A. Park, J. Curtice, K. Thomson, M. Phillips, M. Johnson and E. Clery (eds), *British Social Attitudes: the 24th Report.* London: Sage, pp. 1–28.

Duncan, S., Edwards, R. and Alexander, C. (eds) (2010) *Teenage Parenthood: What's the Problem?* London: Tufnell Press.

Dunne, G. (1997) *Lesbian Lifestyles: Women's Work and the Politics of Sexuality.* London: Macmillan.

Dutton, D.G. (2007) 'Female intimate partner violence and developmental trajectories of abusive females', *International Journal of Men's Health*, 6 (1): 54–70.

Edgar, D. (2007) 'Globalization and western bias in family sociology', in J. Scott, J. Treas and M. Richards (eds), *The Blackwell Companion to the Sociology of Families.* Malden, MA: Blackwell.

Edwards, J. (2000) *Born and Bred.* Oxford: Oxford University Press.

Edwards, R. (2002) 'Introduction: conceptualising relationships between home and school in children's lives', in R. Edwards (ed.), *Children, Home and School: Resistance, Autonomy or Connection?* London: Routlege Falmer.

Edwards, R. (2008) 'Introduction', in R. Edwards (ed.), *Researching Families and Communities: Social and Generational Change.* London: Routledge and Kegan Paul, pp. 1–10.

Edwards, R. and Alldred, P. (2000) 'A typology of parental involvement in education centring on children and young people: negotiating familialisation, instutionalisation and indivualisation', *British Journal of Sociology of Education*, 21 (3): 435–55.

Edwards, R. and Gillies, V. (2004) 'Support in parenting: values and consensus concerning who to turn to', *Journal of Social Policy*, 33 (4): 627–47.

Edwards, R. and Weller, S. (eds) (2010) *A Sideways Look at Gender and Sibling Relationships.* New York: Springer Publishing.

Edwards, R., Ribbens McCarthy, J. and Gillies, V. (1999) 'Biological parents and social families: legal discourses and everyday understandings of the position of stepparents', *International Journal of Law, Policy and the Family*, 13: 78–105.

Edwards, R., Bäck-Wiklund, M., Bak, M. and Ribbens McCarthy, J. (2002) Stepfathering: comparing policy and everyday experiences in Britain and Sweden. *Sociological Research Online*, 7 (1) (http://www.socresonline.org.uk/7/1/edwards.html).

Edwards, R., Hadfield, L., Lucey, H. and Mauthner, M. (2006) *Sibling Identity and Relationships.* London: Routledge.

Eekelaar, J. and Nhlapo, T. (eds) (1998) *The Changing Family: International Perspectives on the Family and Family Law.* Oxford: Hart.

Elder, G.H. (1999) *Children of the Great Depression: Social Change in Life Experience, 25th Anniversary Edition.* Boulder, CO: Westview Press.

Elder, G.H., Park R.D. and Modell, J. (eds) (1994) *Children in Time and Place: Developmental and Historical Insights*. Cambridge: Cambridge University Press.

Elder, G.H., Johnson, M.K. and Crosnoe, R. (2003) 'The emergence and development of life course theory', in J.T. Mortimer and M.J. Shanahan (eds), *Handbook of the Life Course*. New York: Kluwer Academic/Plenum Publishers.

Elshtain, J.B. (1981) *Public Man, Private Woman*. Princeton NJ: Princeton University Press.

Engels, F. (1884) *The Origin of the Family, Private Property and the State*. http://www.marxists.org/archive/marx/works/1884/origin-family/index.htm (accessed 24 July 2010).

Erel, U. (ed.) (2002) 'Reconceptualising motherhood: Experiences of migrant women from Turkey living in Germany', in D. Bryceson and U. Vuorela (eds), *The Transnational Family: New European Frontiers and Global Networks*. Oxford: Berg.

Esping-Anderson, G. (1990) *The Three Worlds of Welfare Capitalism*. London: Polity Press.

Etzioni, A. and Bloom, J. (2004) *We Are What We Celebrate: Understanding Holidays and Rituals*. New York: New York University Press.

Farmer, A. and Tiefenthaler, J. (1997) 'An economic analysis of domestic violence', *Review of Social Economy*, 55 (3): 337–58.

Farrington, K. and Chertok, E. (2009) 'Social conflict theories of the family', in P.G. Boss, W.J. Doherty, R. LaRossa, W.R. Schumm and S.K. Steinmetz (eds), *Sourcebook of Family Theories and Methods: A Contextual Approach*. New York: Springer, pp. 357–81.

Featherstone, B. (2009) *Contemporary Fathering: Theory, Policy and Practice*. Bristol: Policy Press.

Ferguson, N., Douglas, G., Lowe, N., Murch, M.A. and Robinson, M. (2004) *Grandparenting in Divorced Families*. Bristol: Policy Press.

Ferree, M.M. (1985) 'Between two worlds: German feminist approaches to working class women and work', *Signs*, 10 (2): 517–36.

Fevre, R. (2000) *The Demoralisation of Western Culture*. London: Continuum.

Finch, J. (1989) *Family Obligations and Social Change*. Cambridge: Polity Press.

Finch, J. (2007) 'Displaying families', *Sociology*, 4 (1): 65–81.

Finch, J. and Mason, J. (1993) *Negotiating Family Responsibilities*. London: Routledge.

Fink, J. (2004) 'Questions of care', in J. Fink (ed.), *Care: Personal Lives and Social Policy*. Bristol: Open University/Policy Press.

Firestone, S. (1979) *The Dialectic of Sex: The Case for Feminist Revolution*. London: Women's Press.

Flax, J. (1984) 'Theorising motherhood', *Women's Review of Books*, 1(9).

Fortes, M. (1958) 'Introduction', in J. Goody (ed.), *The Developmental Cycle in Domestic Groups*. New York: Cambridge University Press.

Fortin, J. (2009) 'Children's right to know their origins – too far, too fast?', *Child and Family Law Quarterly*, 21: 336–355.

Fox, R. (1967) *Kinship and Marriage: An Anthropological Perspective*. London: Pelican.

Fraser, N. (1998) 'Sex, lies and the public sphere: reflections on the confirmation of Clarence Thomas', in J.B. Landes (ed.), *Feminism: the Public and the Private*. Oxford: Oxford University Press.

참고문헌

Freeman, T. and Richards, M. (2006) 'DNA testing and kinship: paternity, genealogy and the search for the "truth" of genetic origins', in F. Ebtehaj, B. Lindley and M. Richards (eds), *Kinship Matters*. Oxford: Hart Publishing.

Friedan, B. (1963) *The Feminine Mystique*. London: Victor Gollancz.

Furedi, F. (2001) *Paranoid Parenting: Abandon Your Anxieties and Be a Good Parent*. London: Allen Lane.

Furstenberg, F.F. (1988) 'Good dads – bad dads: two faces of fatherhood', in A.J. Cherlin (ed.), *Making Men Into Fathers: Men, Masculinities and the Social Politics of Fatherhood*. Cambridge: Cambridge University Press.

Gabb, J. (2008) *Researching Intimacy and Sexuality in Families*. Basingstoke, Hants: Palgrave Macmillan.

Garland-Thomson, R. (2006) 'Integrating disability, transforming feminist theory' in L.J. Davis (ed.), *The Disability Studies Reader*. London: Routledge, pp: 257–74.

Garmezy, N. (1994) 'Reflections and commentary on risk, resilience and development', in R.J. Haggerty, L.R. Sherrod, N. Garmezy and M. Rutter (eds), *Stress, Risk and Resilience in Children and Adolescents: Processes, Mechanisms and Interventions*. Cambridge: Cambridge University Press.

Garrett, P.M. (2007) '"Sinbin" solutions: the "pioneer" projects for "problem families" and the forgetfulness of social policy research', *Critical Social Policy*, 27 (2): 203–30.

Gergen, K.J. (2009) *An Invitation to Social Construction*. Thousand Oaks, CA: Sage.

Giddens, A. (1990) *The Consequences of Modernity*. Cambridge: Polity Press.

Giddens, A. (1991) *Modernity and Self Identity: Self and Society in the Late Modern Age*. Cambridge: Polity Press.

Giddens, A. (1992) *The Transformation of Intimacy: Sexuality, Love and Eroticism in Modern Societies*. Cambridge: Polity Press.

Giddens, A. (1998) *The Third Way: The Renewal of Social Democracy*. Cambridge: Polity Press.

Giddens, A. (1999) *Runaway World: How Globalisation is Reshaping Our Lives*. London: Profile.

Gillies, V. (2003) *Family and Intimate Relationships: A Review of the Sociological Literature*. London: London South Bank University, Families and Social Capital Research Group.

Gillies, V. (2007) *Marginalised Mothers: Exploring Working-Class Experiences of Parenting*. London: Routledge.

Gillies, V. (2008) 'Perspectives on parenting responsibility: contextualising values and practices', *Journal of Law and Society*, 35: 95–112.

Gillies, V. and Lucey, H. (2006) '"It's a connection you can't get away from": Brothers, sisters and social capital', *Journal of Youth Studies*, 9 (4): 479–93.

Gilligan, C. (1982) *In a Different Voice: Psychological Theory and Women's Development*. Cambridge, MA: Harvard University Press.

Gillis, J. (1997) *A World of Their Own Making: the History of Myth and Ritual in Family Life*. Oxford: Oxford Paperbacks.

Gittins, D. (1989) *The Family in Question: Changing Households and Familiar Ideologies*. Basingstoke: Macmillan.

참고문헌

Glendon, M.A. (1997) *The Transformation of Family Law: State, Family and Law in the United States and Western Europe*. Chicago: University of Chicago Press.

Glenn, E.N. (1985) 'Racial ethnic women's labor: the intersections of race, gender and class oppression', *Review of Radical Political Economics*, 17 (3): 86–108.

Goffman, E. (1959) *The Presentation of Self in Everyday Life*. New York: Anchor Books.

Goldberg, S. (2000) *Attachment and Development*. New York: Oxford University Press.

Goldthorpe, J.E. (1987) *Family Life in Western Societies: A Historical Sociology of Family Relationships in Britain and North America*. Cambridge: Cambridge University Press.

Golombok, S. (2000) *Parenting: What Really Counts?* London: Routledge.

Gopaul-McNicol, S.-A. (1999) 'Ethnocultural perspectives on childrearing practices in the Caribbean', *International Social Work*, 42 (1): 79–86.

Goulbourne, H., Reynolds, T., Solomos, J. and Zontini, E. (2009) *Transnational Families: Ethnicities, Identities and Social Capital*. Abingdon. London: Routledge.

Gray, A. (2006) The time economy of parenting. *Sociological Research Online*, 11 (3) http://www.socresonline.org.uk.libezproxy.open.ac.uk/11/3/gray.html (accessed 22 June 2009).

Greenstein, T.N. (2006) *Methods of Family Research*. Thousand Oaks, CA: Sage.

Gubrium, J.F. and Holstein, J.A. (1990) *What Is Family?* Mountain View, CA: Mayfield Publishing.

Gubrium, J.F. and Holstein, J.A. (2000) *Constructing the Life Course*. Dix Hills, NY: General Hall.

Gubrium, J.F. and Holstein, J.A. (2009) 'Phenomenology, ethnomethodology, and family discourse', in P.G. Boss, W.J. Doherty, R. LaRossa, W.R. Schumm and S.K. Steinmetz (eds), *Sourcebook of Family Theories and Methods: A Contextual Approach*. New York: Springer, pp. 651–72.

Gustafson, D.L. (2005) *Unbecoming Mothers: The Social Production of Maternal Absence*. Bingham, NY: Haworth Clinic Practice Press.

Hackstaff, K.B. (2009) '"Turning points" for aging genealogists: claiming identities and histories in time', *Qualitative Sociology Review* 5(1), www.qualitativesociologyreview. org.

Hantrais, L. (2004) *Family Policy Matters: Responding to Family Change in Europe*. Bristol: Policy Press.

Hareven, T. (1993) *The Home and Family in Historical Perspective*, in A. Mack, *Home: A Place in the World*. New York: New York University Press.

Hartmann, H. (1979) 'The unhappy marriage of Marxism and feminism: towards a more progressive union', *Capital and Class*, 8: 1–33.

Haskey, J. (1994) 'Stepfamilies and stepchildren in Great Britain', *Population Trends* 76: 17–28.

Hays, S. (1996) *The Cultural Contradictions of Motherhood*. New Haven, CT: Yale University Press.

Hearn, J. and Pringle, K. (eds) (2003) 'Thematic network on the social problem and societal problematization of men and masculinities (MEN)', Luxembourg Office for Official Publication of the European Communities.

Heaton, C., McCallum, L. and Jogi, R. (2009) *Forced Marriage: A Special Bulletin*. Bristol: Jordan Publishing.

Held, V. (2006) *The Ethics of Care: Personal, Political and Global*. Oxford: Oxford University Press.

Hendricks, H. (1994) *Child Welfare: England 1872–1989*. London: Routledge.

Hendry, J. (1999) 'Rethinking marriage and kinship', Unpublished lecture given as part of the *MA in Family Research*, Oxford Brookes University, Oxford.

Hendry, J. (2008) *An Introduction to Social Anthropology: Sharing Our Worlds*. Basingstoke, Hants: Palgrave Macmillan.

Hetherington, E.M. (2003) 'Social support and the adjustment of children in divorced and remarried families', *Childhood: A Global Journal of Child Research*, 10 (2): 217–53.

Hill Collins, P. (1990/2008) *Black Feminist Thought: Knowledge, Consciousness and the Politics of Empowerment*. London: HarperCollins/Routledge.

Hill Collins, P. (1997) *The More Things Change, the More They Stay the Same: African American Women and the New Politics of Containment*. British Sociological Association Annual Conference, 7–10 April, University of York, York.

Himmelweit, S. (ed.) (2000) *Inside the Household: From Labour to Care*. Basingstoke, Hants: Macmillan.

Hochschild, A.R. (2000) 'Global care chains and emotional surplus value', in W. Hutton and A. Giddens (eds), *On the Edge: Living with Global Capitalism*. London: Jonathan Cape.

Hochschild, A. (2003) *The Commercialisation of Intimate Life: Notes From Home and Work*. Berkeley, CA: University of California Press.

Hollinger, M.A. (2007) 'Ethical reflections for a globalized family curriculum: a developmental paradigm', in B. Sherif Trask and R.R. Hamon (eds), *Cultural Diversity and Families: Expanding Perspectives*. Thousand Oaks, CA: Sage, pp. 244–78.

Hollway, W. (2006) *The Capacity to Care*. London: Routledge.

hooks, B. (1991) *Yearning: Race, Gender and Cultural Politics*. London: Turnaround.

Hooper, C.A. (1992) *Mothers Surviving Child Sexual Abuse*. London: Routledge.

Horne, A. and Ohlsen, M.M. (2002) *Family Counselling and Therapy*. Florence, KY: Wadsworth.

Howe, D., Schofield, G., Brandon, M. and Hinings, D. (1999) *Attachment Theory, Child Maltreatment and Family Support: A Practice and Assessment Model*. London: Routledge.

Humphries, J. (1995) 'Women's labour force participation and the transition to the male breadwinner family, 1790–1865', *Economic History Review*, XLVIII: 89–117.

Jackson, P. (ed.) (2009) *Changing Families, Changing Food*. Basingstoke, Hants: Palgrave Macmillan.

Jacobsen, J. (2007) *The Economics of Gender*. Malden, MA: Blackwell Publishing.

James, A. and James, A.L. (2008) *Key Concepts in Childhood Studies*. London: Sage.

James, A., Jenks, C. and Prout, A. (eds) (1998) *Theorizing Childhood*. Cambridge: Polity Press.

Jamieson, L. (1998) *Intimacy: Personal Relationships in Modern Societies*. Cambridge: Polity.

Janeway, E. (1971) *Man's World, Women's Place*. New York: Bell.

Jayakody, R., Thornton, A. and Axinn, W. (eds) (2008) *International Family Change: Ideational Perspectives*. New York: Lawrence Erlbaum.

Johnson, M.P. (1992) 'Patriarchal terrorism and common couple violence: two forms of violence against women', *Journal of Marriage and the Family*, 57: 283–94.

Johnson, P. (2005) *Love, Heterosexuality and Society*. London: Routledge.

Jordan, B., Redley, M. and James, S. (1994) *Putting the Family First*. London: UCL Press.

Kağitçibaşi, Ç. (2005) 'Autonomy and relatedness in cultural context: implications for self and family', *Journal of Cross-Cultural Psychology*, 36 (4): 403–22.

Kağitçibaşi, Ç. (2007) *Family, Self and Human Development Across Cultures: Theory and Applications*. Mahwah, NJ: Lawrence Erlbaum.

Kamerman, S. and Moss, P. (eds) (2009) *The Politics of Parental Leave Policies: Children, Parenting, Gender and the Labour Market*. Bristol: Policy Press.

Karraker, M.W. and Grochowski, J.R. (2006) *Families with Futures: A Survey of Family Studies for the 21st Century*. Mahwah, NJ: Lawrence Erlbaum.

Katz, S.M. (2007) 'New directions for family law in the United States', *InDret* http://ssrm.com/abstract=1371031 (accessed 17 February 2010).

Kiernan, K. (2007) 'Changing European families: trends and issues', in J. Scott, J. Treas and M. Richards (eds), *The Blackwell Companion to the Sociology of Families*. Malden, MA: Blackwell.

Kingsbury, N. and Scanzoni, J. (2009) 'Structural-functionalism' in P.G. Boss, W.J. Doherty, R. LaRossa, W.R. Schumm and S.K. Steinmetz (eds), *Sourcebook of Family Theories and Methods: A Contextual Approach*. New York: Springer.

Kirchler, E., Rodler, C., Hoezl, E. and Meier, K. (2001) *Conflict and Decision-Making in Close Relationships: Love, Money and Daily Routines*. Hove: Psychology Press/ Taylor and Francis.

Kjørholt, A.T. and Lidén, H. (2004) 'Children and youth as citizens: symbolic participants or political actors?' in H. Brembeck, B. Johansson and J. Kampmann (eds), *Beyond the Competent Child: Exploring Contemporary Childhoods in the Nordic Welfare Societies*. Roskilde: Roskilde University Press.

Klass, D., Silverman, P.R. and Nickman, S.L. (eds) (1996) *Continuing Bonds: New Understandings of Grief*. London: Taylor and Francis.

Laham, S.M., Gonsalkorale, K. and von Hippel, W. (2005) 'Darwinian grandparenting: preferential investment in more certain kin', *Personality and Social Psychology Bulletin*, 31 (1): 63–72.

Laing, R.D. (1971) *The Politics of the Family and Other Essays*. London: Tavistock.

Lamb, M.E. (2007) 'Child-parent attachment' in J. Oates (ed.), *Attachment Relationships: Quality of Care for Young Children*. Milton Keynes: The Open University.

Lamb, M.E. (2010) *The Role of the Father in Child Development*. Chichester: John Wiley and Sons.

Lamb, M.E., Pleck, J.H., Charnov, E.L. and Levine, J.A. (1987) 'A biosocial perspective on paternal behavior and involvement', in J.B. Lancaster, J. Altmann, A.S. Rossi and

참고문헌

L. Sherrod (eds), *Parenting Across the Lifespan: Biosocial Dimensions.* New York: Aldine, pp. 111–142.

Land, H. (ed.) (1995) *Families and the Law,* in J. Muncie, M. Wetherell, R. Dallos and A. Cochrane (eds) *Understanding the Family.* London: Sage.

Lareau, A. (2003) *Unequal Childhoods: Class, Race and Family Life.* Berkeley, CA: University of California Press.

Lee, G.R. and Haas, L. (2004) 'Comparative methods in family research ', in P.G. Boss, W.J. Doherty, R. LaRossa, W.R. Schumm and S.K. Steinmetz (eds), *Sourcebook of Family Theories and Methods: A Contextual Approach.* New York: Springer, pp. 117–134.

Lee, N. (2001) *Childhood and Society: Growing Up in an Age of Uncertainty.* Buckingham: Open University Press.

Leslie, L.A. and A.L. Southard (2009) 'Thirty years of feminist family therapy: moving into the mainstream', in S.A. Lloyd, A.L. Few and K.R. Allen (eds), *Handbook of Feminist Family Studies.* Los Angeles: Sage, pp. 328–39.

Levi-Strauss, C. (1969) *The Elementary Structures of Kinship.* Boston, MA: Beacon Press.

Levner, L. (1998) 'A "dysfunctional" triangle or love in all the right places: social context in the therapy of a family living with AIDS', in P. Sutcliffe, G. Tufnell and U. Cornish (eds), *Working with the Dying and Bereaved; Systemic Approaches to Therapeutic Work.* Basingstoke, Hants: Macmillan, pp. 152–76.

Lewis, C. (2000) *A Man's Place in the Home: Fathers and Families in the UK.* York: Joseph Rowntree Foundation.

Lewis, C. (2005) 'Parenting and the family', in *Cambridge Encyclopedia of Child Development.* Cambridge: Cambridge University Press.

Lewis, C. and Lamb, M.E. (2003) 'Fathers' influences on children's development: the evidence from two-parent families', *European Journal of Psychology of Education,* 18 (2): 211–28.

Lewis, J. (1989) *Labour and Love: Women at Work and Home 1850–1939.* Oxford: Blackwell.

Lewis, J. (2002) 'Individualisation: assumptions about the existence of an adult worker model and the shift towards contractualism', in A. Carling, S. Duncan and R. Edwards (eds), *Analysing Families: Morality and Rationality in Policy and Practice.* London: Routledge.

Lewis, J. (2003) *Should We Worry About Family Change?* Toronto: University of Toronto Press.

Lewis, J. (2006) 'Men, women, work, care and policies', *Journal of European Social Policy,* 16 (4): 387–92.

Lewis, S., Brannen, J., and Nilsen A. (eds) (2009) *Work, Families and Organisations in Transition.* Bristol: Policy Press.

Liebfried, S. (ed.) (1993) 'Towards a European Welfare State?', in C. Jones (ed.), *New Perspectives on the Welfare State in Europe.* London: Routledge.

Lloyd, S.A., Few, A.L. and Allen, K.R. (2009) *Handbook of Feminist Family Studies.* Thousand Oaks: Sage.

Lopata, H.Z. (1971) *Occupation: Housewife.* New York: Oxford University Press.

Low, M. and Lawrence-Zúñiga, D. (eds) (2003) *The Anthropology of Space and Place: Locating Culture*. Oxford: Blackwell.

Lowie, R.H. (ed.) (2004) 'Unilateral descent groups', in R. Parkin and L. Stone (eds) *Kinship and Family: An Anthropological Reader*. Oxford: Blackwell.

Lucey, H. (2010) 'Families and Personal Relationships', in M. Wetherell and C. Talpade Mohanty, *The Sage Handbook of Identities*. London: Sage.

Luseke, D.R., Gelles, R.J. and Cavanaugh, M.M. (2005) *Current Controversies on Family Violence*. Thousand Oaks, CA: Sage.

Luthar, S.S., Cicchetti, D. and Becker, B. (2000) 'The construct of resilience: a critical evaluation and guidelines for future work', *Child Development*, 71 (3): 543–62.

Mackenzie, C. and Stoljar, N. (2000) 'Introduction: autonomy reconfigured', in C. Mackenzie and N. Stoljar (eds), *Relational Autonomy: Feminist Perspectives on Autonomy, Agency, and the Social Self*. New York: Oxford University Press.

Mackinnon, A. (2006) 'Fantasizing the family: women, families and the quest for an individual self', *Women's History Review*, 15 (4): 663–75.

Mahalingam, R., Balan, S. and Molina, K.M. (2009) 'Transnational intersectionality: a critical framework for theorizing motherhood', in S.A. Lloyd, A.L. Few and K.R. Allen (eds), *Handbook of Feminist Family Studies*. Los Angeles: Sage, pp. 69–80.

Mallett, S. (2004) 'Understanding home: a critical review of the literature', *Sociological Review*, 52 (1): 62–89.

Mangen, S. (1999) 'Qualitative research methods in cross-national settings', *International Journal of Research Methodology*, 2 (2): 109–124.

Marris, P. (1996) *The Politics of Uncertainty: Attachment in Private and Public Life*. London: Routledge.

Marsiglio, W. (ed.) (1995) *Fatherhood: Contemporary Theory, Research and Social Policy*. Thousand Oaks, CA: Sage.

Martin, B. (1984) '"Mother wouldn't like it!" Housework as magic', *Theory, Culture and Society*, 2: 19–36.

Martin, J. and Roberts, C. (1984) *Women and Employment: a Lifetime Perspective: The Report of the 1980 Department of Employment/Office of Population Censuses and Surveys, Great Britain Women and Employment Survey*. London: HMSO.

Mason, J. (2002) *Qualitative Researching*. London: Sage.

Mason, J. (2004) 'Personal narratives, relational selves: residential histories in the living and telling', *Sociological Review*, 52: 162–179.

Mason, J. (2008) 'Tangible affinities and the real life fascination of kinship', *Sociology*, 42 (1): 29–46.

Mason, M.A., Fine, M.A. and Carnochan, S. (2004) 'Family law for changing families in the New Millennium', in M. Coleman and L.H. Ganong (eds), *Handbook of Contemporary Families: Considering the Past, Contemplating the Future*. Thousand Oaks, CA: Sage, pp. 432–50.

Masson, J., Bailey-Harris, R. and Probert, R. (2008) *Cretney's Principles of Family Law*. London: Sweet and Maxwell.

Mauthner, M. (2002) *Sistering: Power and Change in Female Relationships*. Basingstoke, Hants: Palgrave.

McAdoo, H.P. (ed.) (2006) *Black Families*. London: Sage.

McIntosh, M. (1979) 'The welfare state and the needs of the dependent family', in S. Burman (ed.), *Fit Work for Women*. London: Croom Helm.

McLeod, J. and Thomson, R. (2009) *Researching Social Change: Qualitative Approaches*. London: Sage.

Mcquillan, J., Greil, A.L., Scheffler, K.M. and Tichenor, V. (2008) 'The importance of motherhood among women in the contemporary United States', *Gender and Society*, 22 (4): 477–96.

McRae, S. (1999) 'Introduction: family and household change in Britain' in S. McRae (ed.), *Changing Britain: Families and Households in the 1990s*. Oxford: Oxford University Press.

Mead, M. (1971) *Male and Female*. Harmondsworth: Penguin.

Melito, R. (2003) 'Values in the role of the family therapist: Self determination and justice', *Journal of Marital and Family Therapy*, 29 (1): 3–11.

Meyer, J. (1991) 'Power and love: conflicting conceptual schema', in K. Davis, M. Leijenaar and J. Oldersama (eds), *The Gender of Power*. London: Sage.

Miller, A.C. and R.J. Perelberg (1990) *Gender and Power in Families*. London: Routledge.

Miller, T. (2005) *Making Sense of Motherhood: A Narrative Approach*. Cambridge: Cambridge University Press.

Miller, T. (2007) '"Is this what motherhood is all about?" weaving experiences and discourse through transition to first-time motherhood' *Gender and Society*, 21 (3): 337–58.

Miller, T. (2010) *Making Sense of Fatherhood: Gender, Caring and Work*. Cambridge: Cambridge University Press.

Mitchell, J. (2003) *Siblings, Sex and Violence*. Cambridge: Polity Press.

Moffitt, R.A. (2000) 'Female wages, male wages, and the economic model of marriage: the evidence', in L.J. Waite (ed.), *The Ties That Bind: Perspectives on Marriage and Cohabitation*. New York: Walter de Gruyter.

Moffitt, T.E., Caspi, A. and Rutter, M. (2006) 'Measured gene–environment interactions in psychopathology: concepts, research strategies, and implications for research, intervention, and public understanding of genetics', *Perspectives on Psychological Science*, (1): 5–27.

Monaghan, J. and Just, P. (2000) *Social and Cultural Anthropology: A Very Short Introduction*. Oxford: Oxford University Press.

Montgomery, H. (2008) *An Introduction to Childhood: Anthropological Perspectives on Children's Lives*. Oxford: Wiley Blackwell.

Montgomery, H. (2009) 'Children and families in an international context' in H. Montgomery and M. Kellet (eds), *Children and Young People's Worlds: Developing Frameworks for Integrated Practice*. Bristol: Policy Press.

Mooney, J. (2000) *Gender, Violence and the Social Order*. Basingstoke: Macmillan.

Morgan, D.H.J. (1975) *Social Theory and the Family*. London: Routledge and Kegan Paul.

Morgan, D.H.J. (1985) *The Family, Politics and Social Theory*. London: Routledge and Kegan Paul.

Morgan, D.H.J. (1996) *Family Connections: An Introduction to Family Studies*. Cambridge: Polity Press.

Morgan, D.H.J. (2003) 'Introduction', in D. Cheal (ed.), *Family: Critical Concepts in Sociology*. London: Routledge, pp. 1–16.

Morgan, D.H.J. (2004) 'Men in families and households', in J. Scott, J. Treas and M. Richards (eds), *The Blackwell Companion to the Sociology of Families*. Malden, MA: Blackwell Publishing.

Morgan, D.H.J. (1999) 'Risk and family practices: accounting for change and fluidity in family life', in E.B. Silva and C. Smart (eds) *The New Family?* London: Sage.

Morgan, P. (1996) *Who Needs Parents?* London: IEA Health and Welfare Unit.

Morris, L. (1994) *Dangerous Classes: The Underclass and Social Citizenship*. London: Routledge.

Mount, F. (1982) *The Subversive Family*. London: Cape.

Munson, M. and Stelbourn, J.P. (1999) *The Lesbian Polyamory Reader: Open Relationships, Non-monogamy and Casual Sex*. Abingdon: Haworth Press.

Murdock, G.P. (2003) 'The nuclear family', in D. Cheal (ed.), *Family: Critical Concepts in Sociology*. London: Routledge, pp. 19–54.

Murray, C. (ed.) (1990) *The Emerging British Underclass*. London: IEA Health and Welfare Unit.

Neimeyer, R.A. and Anderson, A. (2002) 'Meaning reconstruction theory', in N. Thompson (ed.), *Loss and Grief: A Guide for Human Service Practitioners*. Basingstoke, Hants: Palgrave, pp. 45–64.

Nelson, M.K. (1990) 'Mothering others' children: the experiences of family day-care providers', *Signs*, 15: 586–605.

Nsamenange, A.B. (2004) *Cultures of Human Development and Education: Challenge to Growing Up African*. New York: Nova.

Nzegwu, N.U. (2006) *Family Matters: Feminist Concepts in African Philosophy of Culture*. New York: State University of New York Press.

Oakley, A. (1976) *Housewife*. Harmondsworth: Penguin.

Oates, J. (ed.) (2007) *Attachment Relationships: Quality of Care for Young Children*. Early Childhood in Focus. Milton Keynes: The Open University with the support of the Bernard van Leer Foundation.

Oates, J., Wood, C. and Grayson, A. (2005) *Psychological Development in Early Childhood*. Malden, MA: Blackwell Publishing with the Open University.

Ochieng, B.M.N. and Hylton C.L.A. (eds) (2010) *Black Families in Britain as the Site of Struggle*. Manchester: Manchester University Press.

O'Connor, P. (1991) 'Women's experience of power within marriage: an inexplicable phenomenon?', *Sociological Review*, 39 (4): 823–42.

O'Connor, T.G. and Scott, S. (2007) *Parenting and Outcomes for Children*. York: Joseph Rowntree Foundation.

O'Reilly, A. (2009) 'Introduction', in A. O'Reilly (ed.), *Maternal Thinking: Philosophy, Politics, Practice*. Toronto: Demeter Press, pp. 1–13.

Overing, J. (1985) '"Today I shall call him Mummy": multiple worlds and classificatory confusion', in J. Overing (ed.), *Reason and Morality*. London: Tavistock.

Overing, J. (2003) 'In praise of the everyday: trust and the art of social living in an Amazonian community', *Ethos*, 68: 293–316.

Paetsch, J.J., Bala, N.M., Bertrand, L.D. and Glennon, L. (2007) 'Trends in the formation and dissolution of couples', in J. Scott, J. Treas and M. Richards (eds),

The Blackwell Companion to the Sociology of Families. Malden, MA: Blackwell, pp. 289–305.

Pahl, J. (2005) 'Individualisation in couple finances: who pays for the children?', *Social Policy and Society*, 4: 381–91.

Pahl, R. (2000) *On Friendship*. Cambridge: Polity Press.

Parkes, C.M. (1996) *Bereavement: Studies of Grief in Adult Life*. London: Routledge.

Parkes, C.M. (2006) *Love and Loss: The Roots of Grief and its Complications*. London: Routledge.

Parreñas, R.S. (2005) *Children of Global Migration: Transnational Families and Gendered Woes*. Stanford: Stanford University Press.

Parsons, T. (1964) *The Social System*. London: Routledge and Kegan Paul.

Parsons, T. and Bales, R.F. (1955) *Family: Socialization and Interaction Process*. New York: Free Press.

Payne, G. (2006) *Social Divisions*. Basingstoke: Palgrave Macmillan.

Payne, G. and Payne, J. (2004) *Key Concepts in Social Research*. London: Sage.

Pearl, D. (2000) 'Ethnic diversity in family law', *Family Law: Essays for the New Millennium*. Bristol: Jordan Publishing.

Pfau-Effinger, B. (1998) 'Gender cultures and the gender arrangement – a theoretical framework for cross-national gender research', *Innovation*, 11 (2): 147–66.

Phelps, E., Furstenberg, F.F. and Colby, A. (eds) (2002) *Looking at Lives: American Longitudinal Studies of the Twentieth Century*. New York: Russell Sage Foundation.

Phoenix, A. and Husain, F. (2007) *Parenting and Ethnicity*. York: Joseph Rowntree Foundation/National Children's Bureau.

Pilcher, J. and Whelehan, I. (2004) *Fifty Key Concepts in Gender Studies*. London: Sage.

Pine, F. (1998) 'Family', in A. Barnard and J. Spencer (eds), *Encyclopedia of Social and Cultural Anthropology*. London: Routledge, pp. 223–8.

Pink, S. (2004) *Home Truths: Gender, Domestic Objects and Everyday Life*. Oxford: Berg.

Pinker, S. (1998) *How the Mind Works*. Harmondsworth: Allen Lane.

Pleck, J.H. and Masciadrelli B.P. (2004) 'Paternal involvement by US residential fathers: levels, sources and consequences', in M.E. Lamb (ed.), *The Role of the Father in Child Development*. Chichester: John Wiley and Sons, pp. 222–71.

Prout, A. (2000) 'Children's participation: control and self-realisation in British late modernity', *Children and Society*, 13: 304–15.

Pryor, J. and Trinder, L. (2007) 'Children, families and divorce', in J. Scott, J. Treas and M. Richards (eds), *The Blackwell Companion to the Sociology of Families*. Malden, MA: Blackwell.

Quest, C. (ed.) (1994) *Liberating Women … From Modern Feminism*. Choice in Welfare Series No. 19. London: Institute for Economic Affairs Health and Welfare Unit.

Qvortrup, J., Bardy, M., Sigritta, G. and Wintersberger, H. (eds) (1994) *Childhood Matters: Social Theory, Practice and Politics*. Aldershot: Avebury.

Raghuram, P., Madge, C. and Noxolo, P. (2009) 'Rethinking responsibility and care for a postcolonial world', *Geoforum*, 40: 5–13.

Rapp, R., Ross, E. and Bridenthal, R. (1979) 'Examining family history', *Feminist Studies*, 5: 174–195.

Rapport, N. and Overing, J. (2007) *Social and Cultural Anthropology: The Key Concepts*. Abingdon: Routledge.

Renzetti, C.M. (1992) *Violent Betrayal: Partner Abuse in Lesbian Relationships*. Newbury Park, CA: Sage.

Reynolds, T. (ed.) (2002) 'Re-analysing the Black family', in A. Carling, S. Duncan and R. Edwards (eds) *Analysing Families: Morality and Rationality in Policy and Practice*. London: Routledge Falmer.

Reynolds, T. (2005) *Caribbean Mothers: Identity and Experience in the UK*. London: Tufnell Press.

Reynolds, T. and Zontini, E. (eds) (2006) *Assessing Social Capital and Care Provision in Minority Ethnic Communities: A Comparative Study of Caribbean and Italian Transnational Families*. Assessing Social Capital: Concept, Policy and Practice. Newcastle: Cambridge Scholars Press.

Ribbens, J. (1994) *Mothers and Their Children: A Sociology of Childrearing*. London: Sage.

Ribbens, J. and Edwards, R. (eds) (1998) *Feminist Dilemmas in Qualitative Research: Public Knowledge and Private Lives*. London: Sage.

Ribbens McCarthy, J. (2006) *Young People's Experiences of Loss and Bereavement: Towards an Inter-disciplinary Approach*. Buckingham: Open University Press.

Ribbens McCarthy, J. (2008) 'Security, insecurity and family lives', in A. Cochrane and D. Talbot (eds), *Security: Welfare, Crime and Society*. Maidenhead: Open University Press/McGraw Hill, pp. 61–92.

Ribbens McCarthy, J. (2010) 'The powerful relational language of "family": togetherness, belonging and personhood'. Paper in progress. Open University.

Ribbens McCarthy, J. and Edwards, R. (2000) 'Moral tales of the Child and the Adult: narratives of contemporary family lives under changing circumstances', *Sociology*, 34(4): 785–804.

Ribbens McCarthy, J. and Edwards, R. (2002) 'The individual in public and private: the significance of mothers and children', in A. Carling, S. Duncan and R. Edwards (eds), *Analysing Families: Morality and Rationality in Policy and Practice*. London: Routledge.

Ribbens McCarthy, J., Edwards, R. and Gillies, V. (2003) *Making Families: Moral Tales of Parenting and Step-Parenting*. Durham: Sociology Press.

Rich, A. (1977) *Of Woman Born: Motherhood as Experience and Institution*. London: Virago.

Richards, M. (2007) 'Assisted reproduction, genetic technologies, and family life', in J. Scott, J. Treas and M. Richards (eds), *The Blackwell Companion to the Sociology of Families*. Oxford: Blackwell.

Ritzer, G. (1996) *Modern Sociological Theory*. New York: McGraw-Hill.

Riviere, P. (1985) 'Unscrambling parenthood: the Warnock report', *Anthropology Today*, 1 (4): 2–7.

Rodgers, J.J. (1996) *Family Life and Social Control: A Sociological Perspective*. Basingstoke, Hants: Macmillan.

Rogoff, B. (2003) *The Cultural Nature of Human Development*. Oxford University Press.

Rosaldo, M. (1974) 'Women, culture and Society: a theoretical overview', in M. Rosaldo and L. Lamphere (eds), *Women, Culture and Society*. Stanford: Stanford University Press.

Rose, N. (1999) *Governing the Soul: The Shaping of the Private Self.* London: Routledge.

Rose, S. (ed.) (1980) *It's Only Human Nature: The Sociobiologist's Fairyland. Sociobiology Examined.* Oxford: Oxford University Press.

Rose, S. (2006) *The 21st Century Brain: Explaining, Mending and Manipulating the Mind.* London: Vintage.

Rose, S., Lewontin, R. and Kamin L.J. (1984) *Not in Our Genes.* Harmondsworth: Penguin.

Roseneil, S. and Budgeon, S. (2004) 'Cultures of intimacy and care beyond "the family": personal life and social change in the early 21st century', *Sociology*, 52 (2): 135–59.

Ross, N., Hill, M., Sweeting, H. and Cunningham-Burley, S. (2006) Grandparents and teen grandchildren: Exploring intergenerational relationships. *Centre for Research on Families and Relationships*, http://www.crfr.ac.uk/reports/rb23grandparents.pdf (accessed 25 July 2010).

Rubin, K.H. and Chung, O.B. (2006) *Parenting Beliefs, Behaviors, and Parent-Child Relations: A Cross-Cultural Perspective.* New York: Psychology Press.

Ruddick, S. (1989/90) *Maternal Thinking: Towards a Politics of Peace.* New York: Ballantine Books.

Sahlins, M. (1977) *The Uses and Abuses of Biology.* London: Tavistock.

Scanzoni, J. (2004) 'Household diversity: the starting point for healthy families in the new century', in M. Coleman and L.H. Ganong (eds), *Handbook of Contemporary Families: Considering the Past, Contemplating the Future.* Thousand Oaks, CA: Sage, pp. 3–22.

Schalge, S. (2009) 'Maternal practice: mothering and cultural variation in anthropology', in A. O'Reilly (ed.), *Maternal Thinking: Philosophy, Politics, Practice.* Toronto: Demeter Press, pp. 239–251.

Scheper-Hughes, N. (1993) *Death Without Weeping: The Violence of Everyday Life in Brazil.* Berkeley, CA: University of California Press.

Schoon, I. (2006) *Risk and Resilience: Adaptations in Changing Times.* Cambridge: Cambridge University Press.

Schoon, I. and Parsons, S. (2002) 'Competence in the face of adversity: the impact of early family environment and long-term consequences', *Children and Society*, 16: 260–272.

Scott, J.W. and Tilly L.A. (1980) 'Women's work and the family in nineteenth century Europe', in M. Anderson (ed.), *Sociology of the Family.* Harmondsworth: Penguin.

Scott, S., Jackson, S. and Backett-Milburn, K. (1998) 'Swings and roundabouts: risk, anxiety and the everyday worlds of children', *Sociology*, 32 (4): 689–705.

Scott, S. and Jackson, S. (2000) 'Sexuality', in G. Payne (ed.), *Social Divisions.* Basingstoke, Hants: Macmillan, pp. 168–84.

Scruton, R. (1986) *Sexual Desire.* London: Widenfeld and Nicolson.

Seiffge-Krenke (2000) 'Causal links between stressful events, coping style and adolescent symptomology', *Journal of Adolescence*, 23 (6): 675–91.

Sennett, R. (2004) *Respect in an Age of Inequality.* London: W.W. Norton & Co.

참고문헌

Sevenhuijsen, S. (1998) *Citizenship and the Ethics of Care: Feminist Considerations on Justice*. London: Routledge.

Seymour, J. (2005) 'Entertaining guests, or entertaining the guests: children's emotional labour in hotels, pubs and boarding houses', in J. Goddard, S. McNamee, and A. James (eds), *The Politics of Childhood: International Perspectives, Contemporary Developments*. Basingstoke, Hants: Palgrave Macmillan, pp. 90–106.

Sheldon, S. (2009) *Fatherhood and Legal Change: Joint Birth Registration*. Parenting Cultures. University of Cambridge, Cambridge. http://www.parentingculturestudies. org/seminar-series/seminar2/summary.html (accessed 17 July 2009).

Shore, C. (1992) 'Virgin births and sterile debates: anthropology and the new reproductive technologies', *Current Anthropology*, 33 (3): 295–301.

Silva, E.B. (2010) *Technology, Family, Culture*. Basingstoke, Hants: Palgrave.

Smallwood, S. and Wilson, B. (2007) 'Focus on Families', http://www.statistics.gov.uk/ downloads/theme_compendia/fof2007/FO_Families_2007.pdf (accessed 12 June 2009).

Smart, C. (2007) *Personal Life*. Cambridge: Polity Press.

Smart, C. and Neale, B. (1999) *Family Fragments?* Cambridge: Polity Press.

Smart, C., Neale, B. and Wade, A. (2001) *The Changing Experience of Childhood: Families and Divorce*. Cambridge: Polity Press.

Smith, D.E. (1987) *The Everyday World as Problematic: A Feminist Sociology*. Milton Keynes: Open University Press.

Sommerville, J. (2000) *Feminism and the Family: Politics and Society in the UK and USA*. Basingstoke: Macmillan.

Spencer, L. and Pahl, R. (2006) *Rethinking Friendship: Hidden Solidarities Today*. Princeton: Princeton University Press.

Stacey, J. (1990) *Brave New Families: Stories of Domestic Upheaval in Late Twentieth Century America*. New York: Basic Books.

Strach, P. (2007) *All in the Family: The Private Roots of American Public Policy*. Stanford: Stanford University Press.

Strathern, M. (1992a) *After Nature: English Kinship in the Late Twentieth Century*. Cambridge: Cambridge University Press.

Strathern, M. (1992b) *Reproducing the Future: Anthropology, Kinship and the New Reproductive Technologies*. Manchester: Manchester University Press.

Sutcliffe, P., Tufnell, G. and Cornish, U. (eds) (1998) *Working with the Dying and Bereaved: Systemic Approaches to Therapeutic Work*. London: Macmillan.

Szinovacz, M.E. (ed.) (1998) *Handbook on Grandparenthood*. Santa Barbara, CA: Greenwood Publishing.

Tadmor, N. (1996) 'The concept of the household-family in eighteenth century England', *Past and Present*, 151: 111–40.

Taylor, S. (1992) 'Measuring child abuse', *Sociology Review*, 2 (3).

Teachman, J.D., Polonko, K.A. and Scanzoni, J. (1999) 'Demography and families', in M.B. Sussman, S.K. Steinmetz and G.W. Peterson (eds), *Handbook of Marriage and the Family*. New York: Plenum Press, pp. 39–76.

Therborn, G. (2004) *Between Sex and Power: Family in the World, 1900–2000*. London: Routledge.

참고문헌

Thèry, I. (1989) '"The interest of the child" and the regulation of the post-divorce family', in C. Smart and S. Sevenhuijsen (eds), *Child Custody and the Politics of Gender*. London: Routledge, pp. 78–99.

Thomas, R. (1999) 'Household definition', Question Bank Commentary: http://surveynet.ac.uk/sqb/qb/topics/housedefinition/household%20definition%20thomas.pdf.

Thomson, R., Kehily, M.J., Hadfield, L. and Sharpe, S. (2008) *The Making of Modern Motherhood: Memories, Representations, Practices.* http://www.open.ac.uk/hsc/_assets/yqwnotatstun71rdbl.pdf (accessed 25 July 2010).

Thorne, B. and Yalom, M. (eds) (1992) *Rethinking the Family: Some Feminist Questions.* Boston: North Eastern University Press.

Thornton, A. and Fricke, T.E. (1987) 'Social change and the family: comparative perspectives from the West, China and South Asia', *Sociological Forum*, 2 (4): 746–79.

Tong, R.P. (2009) *Feminist Thought: A More Comprehensive Introduction* (3rd edn). Boulder, CO: Westview Press.

Tronto, J.C. (1993) *Moral Boundaries: A Political Argument for an Ethic of Care.* New York: Routledge.

Troost, K.M. and Filsinger, E. (2004) 'Emerging biosocial perspectives on the family', in P.G. Boss, W.J. Doherty, R. LaRossa, W.R. Schumm and S.K. Steinmetz (eds), *Sourcebook of Family Theories and Methods: A Contextual Approach.* New York: Springer, pp. 677–710.

Tufnell, G., Cornish, U. and Sutcliffe, P. (1998) *Death of a Parent in a Family with Young Children: Working with the Aftermath.* London: Macmillan.

Uttal, L. (2009) '(Re)visioning family ties to communities and contexts', in S.A. Lloyd, A.L. Few and K.R. Allen (eds), *Handbook of Feminist Family Studies*. Los Angeles: Sage, pp. 134–46.

Utting, D. (2007) *Parenting and the Different Ways it can Affect Children's Lives: Research Evidence.* York: Joseph Rowntree Foundation.

Van Der Geest, S. (2004) 'Grandparents and grandchildren in Kwahu, Ghana: the performance of respect', *Africa*, 74: 47–61.

Van Every, J. (1995) *Heterosexual Women Challenging The Family: Refusing to be a 'Wife'.* London: Taylor & Francis.

Van Ijzendoorn, M.H., Bakermans-Kranenburg, M.J. and Sagi-Schwartz, A. (2007) 'Attachment across diverse socio-cultural contexts: the limits of universality', in K. Rubin and O.B. Chung (eds), *Parenting Beliefs, Behaviors, and Parent-Child Relations: A Cross-Cultural Perspective*. New York: Psychology Press, pp. 108–142.

Walby, S. (1990) *Theorizing Patriarchy*. Oxford: Blackwell.

Walkerdine, V. and Lucey, H. (1989) *Democracy in the Kitchen: Regulating Mothers and Socialising Daughters*. London: Virago.

Walkover, B.C. (1992) 'The family as an overwrought object of desire', in G.C. Rosenwald and R. Ochberg (eds), *Storied Lives: The Cultural Politics of Self-Understanding.* New Haven: Yale University Press.

Walzer, S. (2004) 'Encountering oppositions: a review of scholarship about motherhood', in M. Coleman and L.H. Ganong (eds), *Handbook of Contemporary*

Families: Considering the Past, Contemplating the Future. Thousand Oaks, CA: Sage, pp. 209–23.

Warr, D.J. and P.M. Pyett (1999) 'Difficult relations: sex work, love and intimacy', *Sociology of Health and Illness*, 21 (3): 290–309.

Weeks, J., Donovan, C. and Heaphy, B. (2001) *Same Sex Intimacies: Families of Choice and Other Life Experiments*. London: Routledge.

Weintraub, J. (1997) 'The theory and politics of the public/private distinction', in J. Weintraub and K. Kumar (eds), *Public and Private in Thought and Practice: Perspectives on a Grand Dichotomy*. Chicago: Chicago University Press.

Weller, S. (2007) *Teenagers' Citizenship: Experiences and Education*. Abingdon: Routledge.

Welshman, J. (1999) 'The social history of social work: the issue of the "problem family" 1940–1970', *British Journal of Social Work*, 29: 457–76.

Welshman, J. (2007) *From Keith Joseph to Tony Blair: Transmitted Deprivation and Social Exclusion*. Bristol: Policy Press.

Weston, K. (1991) *Families We Choose: Lesbians, Gays, Kinship*. New York: Columbia Press.

Wetherell, M. (2001) 'Editor's introduction, and debates in discourse research', in M. Wetherell, S. Taylor and S.J. Yates (eds), *Discourse Theory and Practice: A Reader*. London: Sage.

White, J.M. and D.M. Klein (2008) *Family Theories*. Los Angeles: Sage.

Widmer, E.D. and Jallinoja, R. (eds) (2008) *Beyond the Nuclear Family: Families in a Configurational Perspective*. Bern: Peter Lang.

Williams, F. (2004) *Rethinking Families*. London: Calouste Gulbenkian Foundation.

Wilson, E.O. (1975) *Sociobiology: The New Synthesis*. Cambridge, MA: Harvard University Press.

Wilson, E.O. (1978) *On Human Nature*. Cambridge, MA: Harvard University Press.

Wilson, H. (2002) 'Brain science, early intervention and "at risk" families: implications for parents, professionals and social policy', *Social Policy and Society*, 1: 191–202.

Wilson, P. and Pahl, R. (1988) 'The changing sociological construct of the family', *Sociological Review*, 36: 233–72.

Woodhead, M. (2009) 'Child development and the development of childhood', in J. Qvortrup, W.A. Corsaro and M.S. Honig (eds) *The Palgrave Handbook of Childhood Studies*. Basingstoke, Hants: Palgrave Macmillan.

Yeates, N. (2009) *Globalizing Care Economies and Migrant Workers*. Basingstoke, Hants: Palgrave Macmillan.

Yeatman, A. (1986) 'Women, domestic life and sociology', in C. Pateman and E. Gross (eds), *Feminist Challenges: Social and Political Theory*. Sydney: Allen and Unwin.

Young, M. and Willmott, P. (1973) *The Symmetrical Family*. London: Routledge and Kegan Paul.

Zelitzer, V. (1985) *Pricing the Priceless Child: The Changing Social Value of Children*. New York: Basic Books.

Zelitzer, V. (2007) *The Purchase of Intimacy*. Princeton, NJ: Princeton University Press.

Zimba, R.F. (2002) 'Indigenous conceptions of childhood development and social realities in southern Africa', in H. Keller, Y.P. Poortinga and A. Scholmerish (eds),

Between Cultures and Biology: Perspectives on Ontogenetic Development. Cambridge: Cambridge University Press.

Zonabend, F. (1998) 'Marriage', in A. Barnard and J. Spencer (eds), *Encyclopedia of Social and Cultural Anthropology*. London: Routledge.

Zontini, E. (2004) 'Immigrant women in Barcelona: Coping with the consequences of transnational lives', *Journal of Ethnic and Migration Studies*, 30 (6): 1113–44.

Zvinkliene, A. (1996) 'The state of Family Studies in Lithuania', *Marriage & Family Review*, 22 (3/4): 203–32.

참고문헌

하위개념 찾아보기

서론에서 설명했듯이 이 찾아보기는 그 자체가 주 내용은 아니지만 가족학에서 중요한 하위개념들을 추적하는 방식을 구체적으로 제공한다. 이 찾아보기는 각각의 하위개념들이 연관된 주 내용 중 어디에서 가장 의미 있게 논의되어 있는지 보여주며, 본문에서 그 부분들을 굵게 표시하였다.

찾아보기 찾아보기

ㅅ

ㅈ

ㅋ

ㅌ

찾아보기 | 한국어개념

역자 소개

전영주
Purdue University 아동발달가족학과 석사
Purdue University 아동발달가족학과 박사
현재 신라대학교 가족노인복지학과 교수

원성희
부산대학교 대학원 사회복지학과 및 신라대학교 가족상담학과 석사
신라대학교 가족학과 박사수료
현재 원아동가족상담소 소장

황경란
인제대학교 사회복지학과 석사
신라대학교 가족학과 박사수료
현재 조은아동가족상담소 소장

양무희
동의대 보육가정상담학과 석사
신라대 가족학과 박사과정
현재 부산진구건강가정지원센터 전문상담위원

배덕경
한동대학교 상담심리학과 석사
신라대학교 가족학과 박사과정
현재 사상구건강가정지원센터 전문상담위원

송정숙
신라대학교 가족상담학과 석사
신라대학교 가족학과 박사과정
현재 사상구건강가정지원센터 전문상담위원

이복숙
신라대학교 가족상담학과 석사
신라대학교 가족학과 박사과정
현재 해운대구건강가정지원센터 사무국장

정수빈
신라대학교 가족상담학과 석사
신라대학교 가족학과 박사과정
현재 빈아동가족심리상담소 소장